韓日간 선린 교류의 섬

대마도 역사문화 기행

대마도는 본시 우리 땅인가 對馬島本是我國之地

대마도 역사문화 기행

2008년 7월 25일 초판 1쇄 인쇄
2008년 7월 31일 초판 1쇄 발행

지은이 유 종현
펴낸이 허 만일
펴낸곳 華山文化

등록번호 2-1880호(1994년 12월 18일)
전화 02-736-7411~2
팩스 02-736-7413
주소 서울시 종로구 통인동 6, 효자상가 A 201호
e-mail huhmanil@empal.com

ISBN 978-89-86277-90-6 03910
ⓒ 유종현, 2008

한일역사문화기행시리즈

韓日간 선린 교류의 섬

대마도 역사문화 기행

대마도는 본시 우리 땅인가 對馬島本是我國之地

유종현 지음

화산
문화

〈일러두기〉

* 이 책의 내용에서 '대마도(對馬島)'의 호칭과 관련, 일본어 발음인 '쓰시마'
  와 '대마도'로 병기하였다. '대마도'라 표기한 것은 마치 '日本'을 '니혼' 또
  는 '닛폰'이라 하지 않고 '일본'이라 표기하는 것과 같이 우리에게 '대마도'
  가 더 익숙하기 때문이며 다른 뜻이 내포되어 있지 않음을 밝혀둔다. 일부 기
  고 인사의 일본 고유명사 표기가 상이한 것이 있는 점과 현지 관광안내 부분
  에서는 현지에서 쓰는 대로 표기하였음을 양해 바란다.
* 대마도 6町(쵸)의 호칭은 2004년 3월 6町이 합쳐 대마시로 승격한 이래
  '쵸'를 '마치'로 변경하였다. 예를 들면, 嚴原町(이즈하라쵸)를 '이즈하라
  마치', 上縣町(가미아가타쵸)를 '가미아가타마치' 등으로 고쳐 부르게 되었
  다. 그러나 이 책에는 2004년 이전부터 쓰여진 원고가 일부 있어 여러 군데
  에 종래의 호칭인 町(쵸)로도 표기되어 있다.

이 책을 쓰면서...

나는 대마도를 네 번 방문하였다.

첫번째는 2002년 10월 23일 부산항 국제여객터미널에서 쾌속정 (주) 대아고속해운 소속 시플라워호편으로 대마도 아즈하라(嚴原)에 도착하여 역사유적을 답사하고 1박 후 일본 규슈를 향해 여행을 계속하였다.

두 번째 방문은 2004년 11월 27일과 28일, 일본의 조선통신사연고지 연락협의회 발족 10주년을 계기로 개최된 조선통신사연고지 한일교류 쓰시마대회를 참관하기 위한 것이었다. 이때에도 위와 같은 선편으로 부산-이즈하라-히타카츠(比多勝)-부산을 왕래했으며, 세 번째는 2005년 11월 21일, 대마도 미네쵸(峰町)의 엔추지(圓通寺)에 세워진 통신사 이예선생공적비(通信使李藝先生功績碑) 제막식(除幕式)에 참석 차 부산에서 이즈하라로 들어가서 1박 후 히타카츠를 통해 돌아온 적이 있었다. 그리고 네 번째는 2006년 8월 5일과 6일, 이즈하라에서 열리는 통신사기념 행사인 아리랑축제를 참관했던 2박 3일의 여정이었다.

대마도를 여러 번 다녀온 분도 있고 또한 대마도의 역사를 연구하는 많은 분들이 계시는데, 불과 4번 정도 대마도를 방문한 내가 이 책을 펴내기는 겸연쩍다는 생각이 앞선다. 그러나 기행을 쓰기에는 한 곳을 너무 오래 자주 드나들거나 익숙해지면 오히려 새로운 느낌이 살아지고 모든 것이 대수롭지 않게 보이기 쉬운 법이다. 대마도 역사문화 기행을 책으로 펴내기 위해서는 서너 번 방문이 적당하지 않을까 생각된다.

나는 대마도를 방문할 적마다 먼 옛날부터 이 섬에 얽힌 역사와 문화에 흥미를 더하기 시작하여 그동안 실제로 가보고 들은 이야기, 현장을 답사하면서 느낀 점을 기행문으로 엮어 왔다. 그리고 내 주위에 가깝게 지내는 한일역사 관계를 연구하는 분들에게 협조를 구했다. 그 결과 여러분의 따뜻한 격려와 더불어 귀한 옥고를 보내왔다. 강남주(姜南周) 조선통신사문화사업추진위원장의 추천사를 비롯하여 2008년 3월에 새로 당선된 다카라베 야스나리(財府能成) 대마사장의 격려사와 시청 관광교류과에서도 한국인들의 대마도 관광 안내를 곁들여 환영의 인사문을 보내왔다.

이어 대마도를 100번 이상 방문하신 정영호(鄭永鎬)교수, 대마도와 각별한 인연을 맺고 있는 나가사키 시볼트대학의 서현섭(徐賢燮)교수(前 駐福岡總領事, 駐로마敎皇廳大使), 부산대학교 한태문(韓泰文)교수, 일본 니시니혼신분(西日本新聞)의 시마무라 하츠요시(嶋村初吉) 대기자, ANA(全日本航空) 근무 오다기리 유코(小田切裕子)씨, 대마도부산사무소 김경일부소장, 여행가 차백성(車白星) 전 대우건설상무이사로부터 귀한 원고를 보내주셔서 이 책에 함께 게재하였다.

한편 나가사키현 대마지청장으로 오랫동안 근무하고 퇴임한 사진작가 니이 다카오(仁位孝雄)선생은 많은 사진자료를 제공해 주셨으며, 일부 사진과 기록조회는 전 이즈하라쵸(嚴原町)의 다치바나 아츠시(橘厚志) 부정장의 도움을 받았다. 그리고 부록편에 수록된 자료는 대마시청과 대마도부산사무소에서 제공하였다. 이 책의 출간에 즈음하여 그동안 협조를 아끼지 않으신 여러분에게 심심한 사의를 표한다.

내가 이 책을 쓰게 된 동기는 다목적이지만, 그 중의 하나는 대마도를 방문하는 우리 나라 사람들이 좀 더 대마도에 관하여 알고 찾기를 바라는 마음에서였다. 그러나 나 자신부터 이 책을 쓰면서 현지답사와 참고문헌을 통해 숨겨져 있던 대마도의 역사와 문화를 많이 배웠다. 특히 위에서 언급한 바와 같이 이 책에 기고해 주신 여러분들의 경험담을 읽고 한일 양국의 징검다리 '국경의 섬' 대마도에 대한 또 다른 모습을 엿볼 수 있었다. 대마도는 선사시대로부터 정말 오랜 세월 동안 어두운 역사의 뒤안길에 묻혀져 쌓이고 쌓였던 무궁무진한 '역사와 문화의 보고(寶庫)'임을 새삼 깨닫게 되었다. 따라서 우리 나라 남해안 일대도 대마도의 역사와 무관하지 않다는 점을 알았고, 때문에 늦게나마 2008년 6월, 나는 전남 순천의 낙안읍성, 경남 진해 웅천의 제포와 웅천읍성, 부산 초량의 왜관, 울산의 염포 등 왜구와 왜관의 흔적을 답사한 바 있다.

대마도를 찾는 분들이 요즘 점차 크게 증가하고 있다. 이분들이 대마도에 가는 이유는 여러 가지일 것이다. 여행의 목적이야 어쨌든 그저 한번 가서 둘러보고 오는 것보다는 대마도의 역사와 문화를 좀 익혀서 섬의 참모습을 이해하여 주시기를 권하고 싶다. 대마도야말로 한일 양국이 공유하는 역사와 문화의 보물이 가득한 섬임을 다시금 인식하고 특히 대마도를 연구하는 후학들에게는 좋은 지침이 되기를 기대하며, 이런 뜻에서 이 책이 조금이나마 독자 여러분에게 도움이 되기를 바라는 바이다.

끝으로 이 책의 출판을 맡아 애써주신 화산문화사의 허만일(許萬逸) 사장님에게도 아울러 감사를 드린다.

2008년 7월
지은이 유 종 현

한일우호의 맥을 더욱 두텁게

다카라베 야스나리(財部能成), 쓰시마 시장

쓰시마는 한일 간의 역사가 교차하고 있는 섬이다. 일본에서 어느 지역보다도 한반도와의 인연이 깊으며 이를 입증하는 수많은 역사유적이 남아 있다. 최근에는 부산항과 이즈하라(嚴原)항을 잇는 국제정기항로를 이용하여 쓰시마를 찾는 한국관광객이 증가하여 2007년에는 약 6만5천 명에 이르렀다.

한국에는 이미 '쓰시마 팬'이라고 할 수 있는 '리피터즈(repeaters)'들이 많이 있다. 이는 쓰시마의 관민이 일체가 되어 '하드'와 '소프트' 양면으로부터 받아드린 정책을 충실히 이행해 온 성과라 하겠다.

20년 전부터 쓰시마 지자체에 파견되어 오는 국제교류요원의 존재도 큰 몫을 하고 있다. 이들의 활약 등으로 쓰시마에는 한국통이 많이 양성되어 풀뿌리 차원의 시민교류를 추진하고 있다. 한편 국경의 섬 쓰시마에는 한일교류의 큰 이벤트 세 가지가 있다. 이것은 아리랑축제, 친구음악제, 국경마라톤대회로서 일본 각지로부터는 많은 일본 시민은 물론 한국 전역으로부터도 많은 시민과 관광객들이 같이 참가하고 있다.

21세기는 아시아의 세기이며 한일중 3국은 경제를 축으로 하여 여러 가지 분야에 걸쳐 교류가 성행하고 있다. 때문에 본인은 15년 이내에 본격적인 동아시아시대를 맞이하리라고 보고 있다. 이러한 시대에 쓰시마가 어떻게 대처해 나아가야 하는가? 쓰시마의 생존전략을 시장인 본인이 모색하여 틀을 만들어 가고자 한다. 단적으로 말하자면 이는 쓰시마만이 할 수 있는 한반도와 일본을 연결하는 징검다리의 역할이다. 이에 관하여는 그동안 한일교류사업을 추진해오면서 아이디어가 축적되었으며, 한국측으로부터도 많은 지혜를 얻고자 한다.

이번에 『대마도 역사문화 기행』을 펴내시는 유종현선생은 지난날 사단법인 사명당기념사업회의 오재희(吳在熙)회장과 함께 쓰시마를 방문했을 때 본인과 만나 여러 가지 의견을 나눈 적이 있다. 사명당은 임진왜란 후 조선통신사 파견의 실마리를 푼 외교승(外交僧)이며 쓰시마와는 깊은 연고가 있다.

지은이 유종현 선생은 주요코하마총영사로 근무한 경험도 있으며, 한일교류사에 조예가 깊은 분이다. 이와 같은 지일파인 유종현 선생의 이 저서가 출판됨으로써 여태까지 이어져왔던 한일우호의 맥이 더욱 더 두터워지기를 기대한다.

대마도의 3대 이벤트인 왼쪽) 아리랑축제, 가운데) 친구음악제, 오른쪽) 국제마라톤대회

역사와 문화가 스며있는 섬

강남주(姜南周) 전 부경대학교 총장
조선통신사문화사업회 집행위원장

이방인인 나에게는 대단한 충격이었다. 그리고 반성하라고 등을 내려
치는 죽비(竹篦)와도 같았다. 8월 염천도 아랑곳없이 눈앞에서 전개되는
저 서사적 부활은 나를 당황하게 했다. 그리고 나의 뇌리를 향해 걸어오
고 있는 역사의 함성이었다. 순간 등골이 서늘해 옴을 숨길 수 없었다.

1994년 8월 첫 번째 토요일.

일본 땅 대마도의 이즈하라 복판을 관류하며 부두 쪽으로 뜨겁게 움직
이는 조선통신사 행렬 재현. 타임캡슐 속에서 되살아 나오는 듯한 조선시
대를 보면서 나는 스스로에게 정녕 한국인인가를 되묻지 않을 수 없었다.
그리고 그 대답은 부끄러운 한국인임을 확인시켜 주는 것뿐이었다.

작열하는 태양도 아랑곳없이 환호하는 구경꾼 속에 묻혀서 나는 문득
밀려오는 외로움을 감당하기 어려웠다. 내가 대마도에서 처음 경험하게
된 조선통신사는 이렇게 분명한 정신적 외상이 되었다. 그리고 대마도는
전혀 새로운 곳이 되고 말았다. 그렇다면 대마도는 어떤 곳인가.

그때까지 나에게는 그저 여기저기 흩어져 있는 유형무형의 문화를 조
사하면 그만이었던 섬이다. 남의 나라 일본이긴 하지만 한국문화의 잔영

이 아직도 사그라지지 않고 남아 있으려니 기대하면서 섬의 북단에서 남단까지 골목을 뒤지고, 낯선 집들을 방문하는 것이 그때 내가 대마도에서 하는 일의 전부였다. 섬의 중심지이고 호텔을 포함한 생활시설이 비교적 좋은 곳이 이즈하라이기 때문에 숙소를 이즈하라에 정하고 있었을 뿐이었다. 바로 그 작은 항구도시 이즈하라에서 그날은 아리랑 축제가 열렸다. 조선통신사 행렬 재현은 그 행사의 하이라이트였다. 운이 좋아서 거리에서 조선통신사 행렬 재현을 조우하게 된 것이다. 남의 나라 낯선 항구에서 나는 다시 놀라야 했다. 이 행사는 벌써 12년째 이 작은 항구에서 계속되고 있다는 것이 아닌가. 인구가 겨우 4만 정도의 대마도. 산과 바다, 그리고 우거진 나무뿐인 이 섬에서 10년 이상 이런 문화행사를 계속하는 저력이 괴력처럼 느껴졌다. 이유가 어디에 있건 난해한 문제 앞에서 한국 사람인 나의 심경은 복잡했다.

조선통신사는 임진왜란 이후 꽉 막혔던 한일관계를 평화적으로 풀어준 공식 사절단이었다. 첫 출발은 일본의 요청에 의해서 이루어졌다. 조선통신사의 정사, 부사, 종사관 등 3사(三使)는 출국 전 창경궁 명정전에서 임금께 출국 인사를 했다. 이들 3사를 비롯한 100여 명 전후의 대표 일행은 한양을 떠나 부산으로 향했다. 여기서 바다를 건너는 모든 준비가 착착 이루어졌다. 미술, 의술과 문장, 음악, 무용, 무술, 마술 등 문화교류를 위한 전문가가 보충되었고, 중급과 하급 구성원, 선원과 요리사까지도 이곳에서 충원되었다.

일본으로 떠날 5백 명 정도의 인적 구성이 완료되면 출발의 날짜를 잡았다. 이때는 마중과 안내를 위해 바다를 건너온 수십 척(때로는 1백 척도 넘었다)의 대마도 선박이 부산항에서 대기하고 있었다. 출발 전날 바다의 신에게 무사 항해를 비는 해신제를 지내면 준비 과정은 끝나고 출발 명령을 기다렸다.

조선통신사현지연락협의회 때 양국대표인 강남주위원장과
마스바라 가즈유키이사장이 선물을 교환하며 같이 인사하고 있다

대략 30톤 정도의 통신사 선박 6척은 화려한 깃발을 펄럭이며 대마도 안내선을 따라 부산항을 떠난다. 오륙도를 돌아나가는 출항 광경은 장관이었다. 그러나 반년 이상 장도에 오르는 사람들에게는 비장함과 함께 긴장감이 감돌지 않을 수 없었다.

이들은 대마도 북단에 도착해서 다시 선박 정비를 했다. 대마 번주(藩主)의 뜨거운 환대를 받고 중남부 이즈하라(嚴原, 당시는 府中)로 옮겨 얼마간 머문 뒤 다시 일본 본토를 향했다. 날씨에 따라 대마도에 머무는 기간은 달랐다. 그러나 대마도에서 머무는 열흘 정도에서 스무날 사이에 휴식과 정비는 꼼꼼히 진행되었다.

조선통신사의 첫번째 일본 상륙지이자 통과지 대마도는 두 나라 모두에게 여러 가지 의미가 있었던 곳이다. 그런 대마도에서 해마다 조선통신사 행사를 화려하게 치르고 있다. 1982년에 시작해 벌써 10년이 넘었다는데 어째서 당시 한국에서는 이런 행사가 없었다는 것인가. 혹시 이런 행사를 재현하기에는 부끄러운 면이라도 있었던 것일까.

남의 나라, 그것도 일본의 변방에서 의문을 가득 간직한 채 우두커니 서 있던 그때로부터 이제 15년의 세월을 계산하게 되었다. 그동안 나는 한번도 빠지지 않고 대마도의 조선통신사 행사에 참가했다. 일본에서 최초로 조선통신사 바람을 일으킨 영화인 고 신기수(辛基秀) 선생도 거기서 만날 수 있었다. 일본 외무성 아시아 조정관 아베 다카야(阿部孝哉)씨도 대마도 행사 때 만난 뒤 오랜 교분을 쌓게 되었다.

존경받아 마땅한 향토 사학자 나가도메 히사에(永留久惠)선생, 조선통신사 연고지협의회를 만들어 일본 전국을 하나로 묶어낸 마쓰바라 가즈유키(松原一征)이사장, 대마도를 끔찍이 사랑하면서 한국과의 교류에 정열을 불태웠던 다치바나 아츠시(橘厚志)선생, 조선통신사 행사에 힘을 쏟는 쇼오노 신쥬로(庄野伸

일본의 조선통신사 연구자 나카오히로시 (仲尾宏)선생의 저서 『조선통신사』

十郎), 야마모토 히로미(山本博已), 우메노 키쿠치(梅野菊次)선생 등은 이제 대마도의 기억과 함께 영원히 동행할 분들이 되고 말았다.

대마도의 북단, 조선통신사가 최초로 상륙했던 곳에서부터 남단의 신 공항후에 관한 신화가 살아 숨쉬고 있는 곳까지 81km. 길게 굽은 이 섬 대마도는 창망한 역사의 저쪽에서부터 한반도와 끊임없이 호흡을 나누어 왔다. 애증의 한 꺼풀만 벗겨 그 안으로 내려가 보면 공존하고 있는 두 나라의 문화가 현미경으로 보듯 명징하게 드러난다.

그러나 그런 대마도를 빗 눈으로 보는 사람도 더러 있다. 낚시질이나 하고, 낮은 산에 오르기 위해서 대마도를 찾는 사람도 드물지 않다. 어떤 사람은 대마도에 놀 곳이 없다고 말하기도 한다. 어떻게 놀아야 하는지 알 수는 없지만 노는 방법에 따라서 대마도는 후진 곳이기도 하고 옹골진 곳이기도 하다.

문화 조사를 위해서, 조선통신사 행사 참가를 위해서, 또 한일교류 문제를 논의하는 세미나에 참석하기 위해서, 그도 저도 아니면 그냥 대마도가 좋아서 친구와 함께 간 것이 2008년 3월 14일 현재로 44회, 올해 조선통신사 행사에 참가하기로 된 8월 2일이면 45회 – 어쩌면 그 사이에 몇 번이나 더 갈지 알 수 없지만 – 이 정도라면 어지간히 자주 대마도에 간 셈이다.

나는 지난 2002년에 발족을 본 부산의 조선통신사문화사업회의 추진위원장을 맡아 대마도 행사에 협력해 오고 있다. 그만큼 대마도는 조선통신사 행사를 통하여 부산과 더 가까워진 것이다. 그러나 대마도는 아직 나에게는 미지의 섬이다. 양파 속 같은 문화의 속살을 더듬으면 더듬을수록 의미가 새로워지는 섬이다.

임진왜란이 끝난 뒤 1607년 조선통신사가 불안한 마음으로 대한해협을 건넌 뒤 1811년에 이르기까지 12차례나 거쳤던 섬 대마도. 그들의 발자국이 어떤 모습으로 이 섬에 각인되어 있는지는 아직도 더 살펴봐야 할 과제가 많다. 그 과제를 해결하기 위해서는 대마도를 더 잘 알아야 한다. "그를 안다는 것은 그를 사랑한다는 것이다"라는 영국 속담도 있지 않은가.

그러나 불행하게도 대마도를 다각적으로 이해할 수 있는 한글판 서적은 귀했다. 문화가 숨쉬고, 역사가 이끼처럼 푸르게 엉켜 있고, 경관이 아름다운 환경 친화의 섬이 대마도이건만 관광객을 위해 동서남북을 지시해 주는 안내서가 마냥 아쉬운 것이 현실이다.

그런 터에 이번에 유종현대사께서 『대마도 역사문화 기행』이란 역저를 내시게 되었다. 늦었지만 참으로 다행한 일이다. 그리고 저자에 대해서는 어려움을 무릅쓰고 귀한 책을 출판함에 대하여 축하의 큰 박수를 보내지 않을 수 없게 되었다.

유종현대사께서는 이미 여러 번에 걸쳐 대마도를 방문하신 일이 있다. 나도 대마도에서 몇 번 만난 적이 있으며 도쿄, 시즈오카를 비롯한 일본의 여러 곳에서도 뵌 일이 있다. 그는 그 때마다 조선통신사에 대한 천착의 정도를 넘볼 수 있게 하는 박학의 면모를 보여주었다. 요코하마에서 총영사로 근무하신 일이 있어 일본에 대해서도 깊은 이해를 하고 계시는 분이다.

유종현대사는 특히 한양대학교에서 문화인류학을 강의하셨으며 몇 년 전에는 일본의 조선통신사 연구자 나카오 히로시(仲尾宏)선생이 쓴 저서 『조선통신사』를 번역 출판한 일도 있다. 그의 학문적 배경에 곁들인 조선통신사 연구는 때를 맞춘 일이고, 대마도에 관한 그의 시점은 우리의 눈길을 끌기에 충분할 것으로 확신한다.

조선통신사가 조선시대의 외교 사절이었다면, 외교관 출신의 유종현대사께서 조선통신사에 깊은 관심을 가지고 연구하시는 일은 참으로 자연스러운 일이다. 현대적 관점에서 새로운 해석도 도출될 수 있을 것으로 기대된다. 또 조선통신사가 통과한 역사적 지점이자, 조선통신사의 성립이 가능하도록 역량을 발휘했던 대마도에 대해서는 우리 모두가 눈을 좀 더 크게 뜨고 살펴볼 필요가 있는 지역이다.

부산에서 배를 타고 대마도를 찾는 관광객이 2008년에는 현지 인구의 네 배를 넘을 것이라고 현지 관광 당국은 전망하고 있다. 그 가운데는 물론 놀러가는 광객도 있을 것이다. 그러나 역사를 생각하고 문화를 생각하며 찾는 관광객도 상당수 있을 것이다. 해마다 8월 첫번째 토요일과 일요일에는 대마도에서 어김없이 열리는 조선통신사 문화행사가 있어 이 행사에 참가하기 위해 바다를 건너는 사람도 많을 것이다.

그들에게는 스스로의 여행을 한 단계 높게 하기 위하여 유종현대사가 쓴 『대마도 역사문화 기행』을 잃고 가보라고 권하고 싶다. 역사의 섬, 국경의 섬 대마도는 제주도보다 가까운 외국이다. 이국정취와 함께 우리 문화의 향기를 새롭게 호흡할 수 있다면 어찌 이 책의 책장을 넘기는데 게으를 수 있겠는가.

차례

제1부 역사와 문화의 보고 대마도 기행

1. 곳곳에 남아 있는 우리 민족의 흔적

대마도는 역사적으로 우리 조상들이 일본으로 건너갈 때 딛고 가는 징검다리였다. 지금부터 15만 년 전 아득한 먼 태고 시절에는 대마도가 한반도에 붙어 있다가 대한해협이 함몰되면서 섬이 되었다고 한다. 때문에 이 섬의 군데군데에는 아직도 우리식 지명과 유적이 많이 남아 있고, 우리 민족의 숨결이 살아 있는 섬이라 할 수 있다. 고구려, 신라, 백제, 그리고 통일신라시대와 고려조에 이어 조선조에서도 수많은 인적 물적 교류가 이루어져 왔다. 특히 고대로부터 일본에 파견된 우리 사신이 왕래했던 길목이었으며, 임진왜란을 전후하여 양국의 이해관계가 첨예하게 대립했을 때는 서로가 긴밀한 접촉을 거듭했던 외교의 각축장이기도 했다.

섬 곳곳에 남아 있는 역사유적이 이 사실들을 입증하고 있으며, 그 중에서도 통신사와 관련된 흔적은 오늘날까지 고스란히 남아 있다. 물론 구한말 충의지사 최익현(崔益鉉)선생과 대마도주와의 정략결혼에 희생되었던 덕혜옹주(德惠翁主)의 애환의 흔적 또한 이 섬의 중심지인 이즈하라에 남아 있다.

이와 같은 밀접한 역사적 배경을 반영하듯 현재 대마도에는 매년 8월에 소위 아리랑 축제를 열고 통신사 행렬을 재현한다. 또한 상 중 하 대마에 각각 고등학교가 하나씩 있는데 학교마다 사물놀이 등 한국문화를 익히면서 많은 학생들이 일본 쪽 보다는 오히려 한국 쪽 뿌리에 접근하려 한다. 이들에게 졸업 후 진학을 물으면 서슴없이 대부분 부산의 대학을 선호한다고 대답한다.

대마도에는 많은 지명들이 신라와 고구려에서 유래되고 있다. 이즈하라 동쪽 산 이름은 시라기야먀(白木山, 新羅山)이며, 상도(上島)의 와니우라(鰐浦) 포구에서 한반도를 마주보고 있는 산은 고마산(高麗山)이다. 이 것은 삼국시대 신라, 고구려, 백제가 각각 대마도에 그들의 읍락(邑落)을 형성하였다는 사실을 입증한다. 신라는 하도(下島)의 게치(鷄知)와 이즈 하라에, 고구려는 상도의 니이(仁位)와 와니우라(鰐浦)에, 백제는 스사 (須佐)와 깊은 관련이 있고 이에 따라 유적과 지명이 그대로 남아 있다. 그 밖에도 대마도에는 우리 나라에서 건너간 불경, 불상, 범종, 금고(金鼓), 거울 등이 지금까지 유물로 남아 있다.

또한 상도 북부의 시다루(志多留)에는 가라쿠라(神座)라는 성지(聖地) 가 있는데 이는 가야인(伽倻人)들이 정착했던 전설의 고장이다. 전설은 오늘날까지 전해오고 있으며 그 줄거리는 이러하다.

아득한 옛날 시다루 해변에 커다란 항아리가 떠내려 왔다. 이 항아리는 "나는 가라(加羅)에서 왔다. 가라가 보이는 장소에 있고 싶다"고 했다. 마을 사람들은 항아리에서 들려오는 말대로 사토노카미야마 위에 안치시켜 놓았 다. 그랬더니 바다에서 밀려오는 만조 때는 그 항아리에 물이 가득 차고 간 조 때는 항아리에 물이 없어졌다.

이곳 주민들은 가야인을 천손(天孫)으로 숭배한 나머지 항아리가 평온 과 풍요를 안겨 주는 신(神)으로 믿고 있다. 시다루 인근 마을 우나츠라 (女連)에도 고대 가락(駕)의 왕녀가 통나무배를 타고 진귀한 보물을 가 져왔다는 전설이 있다. 이 밖에 가야인이 대마도에 오래전부터 살고 있었 음을 입증하는 흔적들이 여러 곳에 남아 있다. 이를 미루어 보면 일본 신 화에 나오는 개국 신들이 가야에서 대마도를 거쳐 일본열도로 건너갔음 을 입증하는 중요한 역사자료가 될 것이다.

한편 일본 고대에 해당하는 죠몬(繩文)문화의 유적으로서 한반도에 널리 남아 있는 패총(貝塚)이 군데군데 발견되고 여기서 고대 토기, 석기 그리고 사슴 뼈, 묏돼지 뼈, 고래 뼈, 상어 이빨이 출토되고, 인골도 발굴되고 있어 대마도의 역사는 멀리 석기시대로 거슬러 올라간다. 야요이(彌生)시대의 대표적인 문화인 벼농사와 더불어 생겨난 석관군(石棺群), 적석총(積石塚), 석검(石劍), 동검(銅劍), 철검(鐵劍) 등이 발굴되고, 여러 곳에 이시대의 것으로 추정되는 고분(古墳)들이 많이 남아 있다.

한편 3국시대 이래 고려조와 조선조에 걸쳐 대마도는 우리 나라의 불교문화를 많이 전수 받았다. 청동불상(佛像), 석상(石像), 도상(陶像) 등 신라시대로부터 고려조에 이르기까지 수많은 불상이 유입되었다. 또한 고려후기 고려제 범종과 대정(大釘)이 대마도 남단 츠츠의 간온지(觀音寺)에 소장되어 있으며, 이즈하라의 쇼겐지(淸玄寺)의 범종, 미네쵸(峰町)의 엔추지(圓通寺) 범종과 고려불 동조약사여래좌상(高麗佛 銅造藥師如來坐像)이 조선조의 기증으로 반입된 것이다. 그리고 니시도마리(西泊)의 사

철불두와 대마도 엔추지(圓通寺)의 범종. 삼국시대 이래로 수많은 불상이 유입되었으며 이 범종은 조선조 초기 통신사를 통해 기증한 것이다(사진작가 니이 다카오(仁位孝雄) 제공)

이후쿠지(西福寺)에는 고려판 6백 권의 대반야경(大般若經)이 있고, 고부네오츠(小船越)의 바이린지(梅林寺)와 가시(加志)에도 고려판 대반야경이 있다. 그 밖에도 앞서 말한 츠츠의 간온지에 고려판 대장경 1천수백 권이 보존되고 있다.

또한 대마도에서 쓰이는 일상용어 가운데 우리말이 상당히 섞여 있다. 예를 들면 고구마를 일본말로 '사츠마이모'라고 하는데 대마도 사람은 이를 '고우코오'(孝行)라고 하므로 고구마에 가깝다고 볼 수 있다. 사실 우리 나라 고구마는 알고 보면 대마도에서 들어 왔다고 기록되어 있다. 이처럼 우리 나라와 대마도 간에는 언어와 생활문화, 동식물에 이르기까지 교류가 많았다고 한다. 17세기 경 대마도가 수입해 간 고려 꿩은 일본 꿩보다 크고 목에 흰 띠가 있는 수컷이 특징이며 지금도 섬 여러 곳에 고려 꿩이 서식하고 있다.

2. 대마도는 우리 땅인가

『세종실록』에 보면 '대마도 본시 아국 땅(對馬島本是我國之地)'이라고 기록되어 있다. 이 기록은 1449년(세종 31) 세종대왕이 석가모니의 공덕을 찬양하여 지은 가요집 『월인천강지곡(月印千江之曲)』에서 옮긴 것이라 한다. 또한 대마도의 명칭은 중국의 『삼국지』 「위지 동이전(魏志 東夷傳)」의 <왜전>(倭傳)에 대마국(對馬國)이라 기록되어 있으며, 우리 나라 『삼국사기』에는 대마도라 하고, 일본 『고사기(古事記)』에는 쓰시마(津島), 『일본서기(日本書記)』에는 대마국(對馬國), 대마도(對馬島), 대마주(對馬州), 한향지도(韓向之島) 등으로 표기되어 있다.

『삼국사기』와 『세종실록』을 토대로 살펴보면 대마도는 원래 조선 경상도 소속 영토였으며, 말(馬)을 기르던 땅이었다고 하면서도 잦은 왜구로 인해 일시 점거했다가 다시 일본에게 양도한 사실을 알 수 있다. 대마도는 고려 말기부터 조선조 초기까지 우리 나라에 조공을 바쳐온 기록도 있지만, 그 이후 이 섬을 근거지로 왜구가 자주 출몰하여 세종 원년(1419년) 원정군을 보내어 대마도를 일시 점거한 기해동정(己亥東征)이라는 역사적 사건도 있었다.

그러나 현재 대마도는 엄연히 일본 영토로서 규슈의 나가사키(長崎)현 관할이다. 면적이 고작 695km2 규모의 작은 섬이지만 규슈에서는 128km나 떨어져 있는 반면 부산에서는 불과 49.5km의 가까운 거리에 있다. 때문에 우리는 노상 '대마도는 본래 우리 땅' 이라는 생각을 쉽게 지우지 못한다.

1) 세종대왕 때의 대마도 원정

조선조 초기 1419년 6월 이종무(李從茂) 등이 선봉장이 되어 200여 척의 군선으로 편성된 대마도 원정대가 출병하였다. 우리는 이를 기해동정(己亥東征)이라 하며 일본 측은 오에이노가이코(應永の外寇) 또는 대마도에서는 조선군과 전투를 벌인 지명을 따서 '누카타케노갓센(糠岳の合戰)라고도 한다.

우리 나라 역사 교과서에는 대마도 정벌이 대성공을 거둔 것으로 민족주의 학자들이 미화했기 때문에 지식인들마저 대부분이 그렇게 믿고 있다. 그러나 대마도 정벌은 동원된 군사병력이나 군선 그리고 장비와 군량미조차도 부실하여 이종무가 이끈 조선군은 대마도수비군에게 예상보다 고전을 면치 못한 채 상륙 약 10여일 만에 거제도로 퇴각했다는 사실이 한일 양국학계에서 조선 측 문헌의 기록에 의해 밝혀졌다고 한다.

어쨌든 기해동정 이후 조선조정은 대마도를 경상도의 속주로 편입하고 도주에게 인신(印信, 圖書)을 하사하여 도주는 조선의 수도서인(受圖書人)이 되었다는 것은 사실인 듯하다.

그 후 막부가 개입하여 당시 대마도를 관할하던 규슈의 다자이후(太宰府)와 대마도 측의 항의가 잇따라, 조선조 회례사(回禮使) 송희경(宋希璟)이 이에 대해 유화적 태도를 취함으로써, 대마도는 불과 1년 3개월 만에 되돌려주게 되고, 대마도를 영토로서 복속시키기보다는 도주를 신하로 삼아 변경을 다스린다는 명분을 앞세워 정치적 종속관계만으로 만족하였다. 대마도 정벌은 왜구 진압이 목적이지 영토지배가 아니라는 명분으로 하여, 대마도를 단지 조선의 번병(藩屛)이라고 본 것이었다. 또한 설상가상으로 일본은 명치유신 이후 왕정복고와 외교일원화 조치에 따라 대마도를 중앙정부가 직접 관리함으로써 사실상 조선조의 대마번병 의식은 점점 더 그 의미를 잃게 되었다.

2) 이승만 전 대통령의 영유권 주장

그러나 대마도가 우리 땅이라는 주장은 여기서 그치지 않았다. 1949년 1월 8일 이승만 초대대통령은 신년기자회견에서 대마도의 영유권을 주장하면서 일본에 대하여 대마도 반환을 요구하였다. 한편 국회에서도 앞으로 열릴 대일강화회담에서 대마도 반환을 관철시킬 것을 촉구하는 결의안을 제출하였다. 그러나 당시 일본 요시다 시게루(吉田茂) 내각은 이에 강력 항의하는 동시 연합군최고사령부(SCAP)의 맥아더 사령관에게 이승만 대통령의 요구를 막아주기를 요청했다. 맥아더 사령부도 대마도 영유권 주장을 당시 동아시아에 대한 미국의 구도를 방해하는 요소로 받아드려 오히려 유감을 표시하였다. 이러한 상황에서 대마도 영유권 문제는 그 이상 공식문서나 외교채널을 통해 정식 제기되지 않았다.

우리 나라는 해방 직후, 미군정 시기의 1948년 2월 17일에 열린 제204차 입법의원 본회의에서 입법의원 허간용(許侃龍, 서북도 관선의원) 외 62명이 대마도를 우리 영토로 복귀시킬 것을 대일강화조약에 넣자는 결의안을 제출한 적이 있었으나, 결의안은 당시 정부를 만들기 위한 기초작업의 폭주로 연기되다가 회기 종료로 실현을 보지 못했다. 한편 이승만 전 대통령은 그 이후에도 외교사절을 만날 때 가끔 대마도 영유권을 역설하였다고 한다. 한편 약 30년 이후 이 문제와 관련 미 국무성이 기밀문서를 공개하였는데, 공개내용에 따르면 당시 주미한국대사가 미 국무성을 방문하여 대마도 영유권문제를 제기한 것으로 밝혀졌다.

반면 일본 측의 대응은 매우 신속하고 신중하였다. 대마도 반환요구에 대한 반대자료 작성을 위해 외무성 산하에 위원회를 구성하였으며 학계에서도 단호하게 나섰다. 역사학, 고고학, 인류학 등 관련 5대 학회가 앞장서서 2년간 대마도 관련사항을 조사하고 보고서를 통해 한국 측 주장의 부당성을 지적하는 논문을 잇달아 발표했다. 이중에는 1949년 7월 간행 나카무라 에이코(中村榮孝)의 「대마도의 역사적 위치(對馬の歷史的 位置)」(『日本歷史』 19호), 누사 하라시데(幣原坦)의 논문 「대마문제(對馬問題)」(『朝鮮學報』 창간호 1951)등이 포함되어 있었다.

(1) 영유권 주장에 대한 시바 료타로의 비판

이승만 전 대통령의 대마도 영유권 주장에 대하여 일본의 유명한 문학작가이며 기행작가인 시바 료타로(司馬遼太郎)는 『이키 · 쓰시마의 길』(壹岐. 對馬の道 -街道をゆく, 13)에서 다음과 같이 비판하였다.

1985년 경, 미국은 국가적 관례에 의하여 1951년도의 미 국무성기밀문서를 공개하였다. 이에 관한 당시의 신문기사에는 '1951년 7월 9일, 한국의 주미대사 양(梁)씨가 국무성 덜레스장관을 만나, 대마도의 영유권을 주장하였다.'라고 보도되었다. 이는 당당한 외교교섭이다. 예부터 조선은 다른 나라의 영토에 야심을 품거나 침탈한 적이 없다. 이런 점에서 세계적으로 드문 국가이지만, 평화적인 외교채널이라 하더라도 이 문제를 제기한 것은 이질적인 사건이라 해도 좋을 것이다.

무로마치(室町)시대부터 전국(戰國)시대에 이르기까지 동아시아 연안에 출몰하던 왜구 가운데 조선연안을 전문적으로 약탈한 자들이 곧 대마인이었다. 김달수(金達壽) 선생의 이야기에 따르면, 한국에서 아이가 너무 보채고 말을 듣지 않으면 '대마도로 쫓아버린다'라고 겁을 주었다고 한다. 일본에서도 전쟁이전에는 비슷한 말을 썼다. 규슈에서는 보채는 아이들에게 '무쿠리, 코쿠리가 온다'고 하고 겁을 주는 말이 있다. 무쿠리는 몽고, 코쿠리는 고려를 뜻한다. 이는 원구(元寇)의 상처가 민속(民俗)으로 남아 있다고 하겠다. 원구 이후 대마도를 중심으로 이키(壹岐), 마츠우라(松浦) 등 세 군데의 섬사람들은 왜구가 되었는데, 무서운 왜구 때문에 한국에서는 '대마도로 쫓아버린다'라고 했는지 모른다. 왜구의 피해는 막중했다. 고려조가 쇠망한 원인의 하나이기도 했지만, 1392년 이성계가 조선을 세우고 왜구를 다스리기에 부심하였다.

조선조는 결국 대마도를 거점으로 한 왜구들이 출몰하는 것은 굶주림 때문이라고 생각하여 쌀을 주기만 하면 진정될 것으로 생각했던 것이다. 이런 방침이 14세기 말부터 15세기까지 세도화되어 대마도주 소우지(宗氏)를 교섭의 상대로 하여 매년 쌀과 콩 200석씩을 공여하였다. 그리고 조건부이긴 했지만 무역을 허용하였고, 이어 도주에게 조선의 관직을 주었다.

이승만 박사는 아마 학자들로부터 이런 역사적 사실을 듣고 '대마도는 우리 땅'이라고 생각한 것 같다. 이와 같은 잘못된 생각은 비단 이승만 박사뿐만 아니었다. 먼 옛날 조선조 초기부터 있었다. 제2대 태종이 대마도 회유를 위해 소우지(宗氏)에게 보낸 문서를 병조판서 조말생(趙末生)에게 기안토록 하였는데, 이 문서에는 '대마도는 원래 경상도의 계림(鷄林)에 속하는 조선령이었다'라고 기록되어 있다. 사실 이런 전제가 없다면 조선이 대마도에 쌀을 무상으로 줄 명분이 서지 않았을 것이다. 그런데 이런 문서란 한번 칙허(勅許)를 거치면 그 내용이 사실 이상의 것이라 하더라도 후세에 그대로 전해진다.

일본의 유명한 작가 시바 료타로(司馬遼太郎)의 기행집 『이키 · 쓰시마의 길(壹岐.對馬の道)』의 표지

시바 료타로는 1419년(세종 1) 이종무를 선봉장으로 한 대마도 원정을 아는지 몰랐던 것인지 기해동정에 관하여는 언급하지 않았다. 그러나 그는 1719년(숙종 45)의 통신사 제술관 신유한의 『해유록(海游錄)』에서 대마도 관련 부분을 인용하여, 조선이 대마도를 자국속령으로 취급했다며 꼬집어 말했다. 그는 이어 조선시대의 대마도에 대한 양곡의 원조나 양측 간의 무역거래 등으로 미루어 조선인 유학자들의 대마도에 대한 영유권 인식을 근거로 이승만 전 대통령이 이 문제를 제기하게 되었다고 설명하고 다음과 같이 결론지었다.

이승만 전 대통령의 대마도 영유권 주장은 역사적으로 과거 조선통신사 특히 신유한과 같은 세계관, 묵은 감각과 근거에 의한 것 같다. 공개된 미 국무성 기밀문서에 관한 신문기사에 의하면 '대마도 영유권 제기'에 대하여 당시 국무성 덜레스장관은 "대마도는 극히 장기간에 걸쳐 일본 영토였다"(회의 메모)라고 매우 간결한 답변으로 문제를 종결시켰다.

시바 료타로의 기록은 너무 장황하여 전문을 모두 인용하지 못하지만, 사실을 정확히 파악하기 위해서는 상대방의 입장을 듣는 것도 매우 중요하다. 이러한 뜻에서 시바 료타로가 시사하는 바를 결코 단순히 빈정대는 것으로 간과해서는 안 될 것이다.

(2) 영유권 주장에 대한 하우봉 교수의 분석

그렇다면 이승만 전 대통령은 어떤 근거로, 어떤 목적으로 대마도 영유권을 주장했을까. 이에 대하여 전북대학교 하우봉(河宇鳳) 교수의 저서 『조선시대의 한국인의 일본인식』에 기술된 내용을 간추려 소개한다.

당시 일부 언론은 '대일배상 요구를 위해 미리 띄어 본 애드벌룬', 혹은 '고도의 외교적 책략의 일환'이라 분석하기도 한다. 그러나 이 박사의 발언은 돌연한 일회적인 것이 아니었다. 그는 건국 직후인 1948년 8월 18일 대마도 반환요구를 처음으로 발설한 뒤 일본 측에서 물의가 일자 9월 9일 이를 반박하면서 다시 대마도속령에 관한 성명을 발표케 하였다. 그리고 이듬해 1월 6일 대일배상 요구를 한데 이어 이틀 후인 8일에 대일강화회의 참가 계획을 발표하면서 거듭 대마도 반환요구를 주장한 것이다. 그는 또 건국 초부터 북간도, 두만강정계비, 독도, 대마도 등 영토와 국경선 문제에 대해 전문가들에게 자문을 구하고 보고서를 제출하도록 하였다. 이와 같이 이 박사의 발언은 상당한 검토를 거쳐서 나온 만큼 나름대로의 역사적인 대마도관이 개재되었다고 보인다.

하우봉 교수는 이상과 같이 전제하고 고대에서 근대에 이르기까지 한국인의 대마도인식과의 관련 문헌을 중심으로 분석하였다. 그 내용을 요약하면, 우선 고대에는 중국의 『삼국지(三國志)』「위지동이전(魏志東夷傳)」의 <왜전(倭傳)>, 우리 나라의 『삼국사기』, 일본의 『일본서기(日本書紀)』와 『고사기(古事記)』에 기록된 대마도 명칭 중, 특히 일본 『고사기』의 쓰시마(津島)와 『일본서기』의 신대(神代)에는 '가라시마(韓向之島)'라는 기록을 지목하여, 쓰시마는 '한반도로 가는 배가 머무는 항구와 같은 섬'이고, 가라시마는 '한반도로부터 사람과 문화가 건너올 때 거쳐 온 섬' 혹은 '한국섬'라는 의미가 강하다고 지적하였다.

이어 고려 중기의 소위 조공(朝貢)과 회사(回賜)로 이루어졌던 진봉선무역(進奉船貿易)체제와 조선조시대에 걸친 수직인 제도, 그리고 세종 원년의 대마도 정벌과 속주화(屬州化) 사실, 조선중기 임진왜란 전후에 파견된 통신사일행의 대마도관, 이중 특히 김성일(金誠一)부사가 '우리 나라의 동쪽 울타리로서 군신관계를 맺은 번방국(藩邦國)'이라고 말하였다는 점, 또한 『선조실록』의 27년 8월 7일 기록에 '대마도를 동번(東藩)으로 칭하면서 우리 나라의 신하로서 섬겼으므로 나라에서 심히 후하게 대접하였다. 세견선의 곡식으로 먹이고 수레의 포목으로 입혔으니 섬의 모든 백성이 조상 대대로 은덕을 입고 양육 받지 않음이 없었다. 그로써 생활하였으니 추호라도 모두 우리 나라의 은혜이다.'라는 구절, 조선조 초기 문헌인 『동국여지승람(東國輿地勝覽)』23권 <동래현 산천조>의 기록에 '대마도는 곧 일본의 대마주이다. 옛날에 우리 계림에 예속되었는데, 어제부터 왜인이 살게 되었다(對馬島卽日本國對馬州也, 舊隸我鷄林, 未知何時爲倭人所據)'라는 기록, 조선조 시대에 제작된 『동국여지승람』의 「경상도지도」, 「조선방성지도(朝鮮方之圖)」, 「팔도총도(八道總圖)」, 「대동총도(大東總圖)」에 나타난 대마도 표지, 그리고 역대 통신사들의 대마도 인식에 관한 기록 등을 사실대로 소상히 분석하였다. 결론 부분에서 하우봉 교수는 다음과 같이 언급하였다.

특히 조선시대 전기의 대마도인식은 고려시대 중기 진봉선 무역체제하에서 조공 관계와 고려 말기부터 대마도주의 '수직왜인화' 등에 의해 생긴 것으로 추정하였다. 여기에 대마도 정벌 후 일시적이나마 대마도가 경상도 속주로 들어왔다는 사실, 또 대일통교 체제상 대마도가 조선의 국제질서 속에서 번신(藩臣)으로 편입되었던 사실 등에 의해 이러한 대마도 인식은 체계화되었다. 조선조는 대마도에게 대일외교의 창구를 맡기는 대신 수도서제와 수직왜인제를 실시하였고 세견선(歲遺船)과 세사미두(歲賜米豆)를 지원해주었다. (중략)

대마도가 일본에 소속되기는 했지만 정치적으로는 조선의 번속국으로 간주하였던 것이다. (중략)

일본제국주의에 의해서 우리 국토가 유린당했던 상황에서 영토에 강한 집착을 가졌던 민족주의자들에게는 (대마도가) 더욱 환상의 대상이 되었다. (중략) 대마도 영유권과 반환을 주장한 이승만 전 대통령의 발언은 면면히 이어져 내려온 한국의 전통적인 대마도인식을 바탕으로 해서 나타난 나름대로의 역사성이 (내포되어)있는 것이다. 일본이 독도문제에 대해 영유권을 주장하면서 제시하는 역사적 근거와 비교해 볼 때 훨씬 시기적 연원도 깊고 자료도 풍부하다고 할 수 있다.

하우봉 교수는 이어 1985년 미국 국립문서기록관리청(NARA)의 국무성문서 공개와 관련, 앞서 시바 료타로의 기술 보다 좀 더 소상히 분석하였다.

1951년 4월 27일 한국정부는 국무부에 '한국은 정의가 영구적 평화의 유일한 기반이라는 굳건한 믿음으로 대마도의 영토적 지위에 대한 완전한 검토를 할 것을 요청한다. 역사적으로 이 섬은 한국영토였으나 일본에 의해 강제적, 불법적으로 점령당했다.' 라는 내용의 외교문서를 보낸 것으로 확인되었다. 이 문서는 또 평화조약 초안에 '일본은 사할린의 남쪽 절반과 모든 부속도서 그리고 쿠릴열도를 소련에 넘겨주도록 명령받는다.' 라고 명시된 점을 지적하면서 '이런 사실을 교려해 한국은 일본에 대마도에 대한 모든 권리, 호칭, 청구를 분명히 포기하고 그것을 한국에 돌려줄 것을 요청한다.' 고 하였다.

당시 양유찬 주미대사는 그로부터 3개월 후인 7월 9일 국무성에서 존 포스터 덜레스 대사를 만나 대마도는 당연히 한국에 속한다는 점을 강조하면서 샌프란시스코 조약에 대마도가 한국에 귀속될 것인가를 거듭 확인하였다. 그러나 덜레스대사는 '대마도는 일본이 오랫동안 완전히 통제하고 있었으며, 평화조약은 대마도의 현재 지위에 영향을 미치지 않을 것이다.' 라고 답변하였다.

대마도가 분명히 일본 영토임에도 불구하고, 이승만 전 대통령의 대마도 영유권 주장에 대해 일본인 시바 료타로의 빈정대는 비판보다는 하우봉 교수의 견해가 보다 더 우리의 가슴에 와 닿는다. 이는 오늘날에도 한국인의 대마도에 대한 고토 인식이 계속 잠재된 형태로 남아 있다는 사실을 입증하는 것이리라.

3. 여원연합군(麗元聯合軍)의 대마도 침공

일본 가마쿠라(鎌倉)시대 중기, 1274년(文永 11) 10월 5일 몽고군이 대마도를 습격하였다. 침공군은 고려와 원나라군사 약 2만8천 명과 군선 약 900여 척으로 구성되어 있었다. 우리에게는 여원연합선단(麗元聯合船團)의 일본 침공으로 알려져 있으나 일본에서는 원구(元寇) 또는 분에이 노 에키(文永の役), 몽고습래(蒙古襲來)라 부른다. 여원연합군이 대마도에 상륙한 지점은 하도(下島)의 서쪽, 이즈하라의 반대편인 사수가노우라(佐須浦), 현재의 고모도하마(小茂田浜)이었다. 이곳에는 오늘 날 겐코(元寇)유적지로 조성되어 당시 여원연합군과 맞싸우다가 전사한 도주 소 스케쿠니(宗助國)의 무덤이 있다.

원나라 세조(世祖) 쿠빌라이 한(忽必烈汗)은 고려조를 항복시킨 후, 일본에 대하여 조공을 바치도록 국교를 맺고자 고려를 중개로 사절을 일본에 파견하였다. 1227년 고려 사절이 일본을 방문한 이래, 다시 공식사절로 파견된 1266년 제1회 여원혼성사절(원나라 측 黑的과 殷弘, 고려 측 宋君斐, 金贊)은 거제도에서 풍랑을 만나 철회하였지만, 1273년 제6회의 사절 조양필(趙良弼)이 파견되자, 일본 측은 원나라의 침략을 예상하고 이를 막기 위해 전국 사원에 기도를 명하고, 규슈 등 서쪽에 방비체제를 강화하고 있었다.

당시는 가마쿠라(鎌倉)시대로서 대마도는 규슈의 다자이후(太宰府)에 소속되어 있었다. 그때 대마도주는 요인(遙仁)이었으나 그는 교토에 상주하고 있었다. 그 후 한동안 대마도 지배자로 현지에 주둔한 자이쵸(在廳)는 아비루(阿比留)였다. 아비루는 1242년 다자이후 쇼니우지(太宰府少貳氏)에게 발탁되었던 것이나, 다자이후와 불화로 인해 얼마 지나지 않

여원연합군(麗元聯合軍)의 대마도와 규슈 침공도 및 전투장면이 기록된 지도와 그림

아 다자이후의 관인 고레무네 시게히키(惟宗重商) 또는 시게히사(重尙)가 200기(騎)의 군사를 거느리고 아비루를 정복하여 초대도주(島主)가 되었다는 설이 있다. 그러나 최근의 연구 결과 여원연합선단 내습 때 전사한 스케쿠니(資國 또는 助國)가 초대 도주라는 설이 유력해졌다. 당시 정식호칭은 쓰시마쿠니 지토다이(對馬國地頭代)이다. 동생은 제2대 우마타로(右馬太郞)이며 이들의 아버지는 무장(武將) 도모무네(知武)였다고 한다.

여원연합선단이 조선 남단의 합포(合浦, 현재의 마산)를 출발하여 대마도의 서북해를 가로질러 일본으로 향하던 선단의 일부가 대마도 하도의 서쪽 연안 사스가노우라(佐須浦)에 기착하여 닻을 내렸다. 동쪽에 있는 후츄(府中)에 적의 침공을 알리는 급보는 2시간이 걸려 도주 스케쿠니에게 전달되었다. 도주는 지체 없이 현장으로 달려갔다. 한편 원나라 침공을 본토에 통보하기 위해 로도(郎黨)를 사자로 삼아 다자이후로 급파하였는데 이것이 몽고습래의 제일보가 된 셈이다. 여원연합선단은 규슈 하카타(博多)로 쳐들어가는 길목에서 대마도에 기착한 것으로 보고 있다.

도주 스케쿠니가 현장으로 나가면서 인솔한 병력은 80여 기(騎)에 지나지 않았다. 어둠을 뚫고 산을 넘어 사스가노우라에 당도한 것은 새벽녘이었다. 도주는 조선어를 구사하는 마츠기(眞繼)라는 통역관을 데리고 갔다. 날이 새자 사정을 물어 보기 위해 작은 배를 타고 현장으로 접근하려 했다. 이때 적의 선단으로부터 1천여 병사가 내려와 다가오면서 화살을 쏘아댔다. 도주는 말을 달리며 맞싸웠으나 불과 2시간에 걸친 전투 끝에 도주 부자(父子)와 양자 그리고 믿었던 군졸들이 줄줄이 전사하였다.

훗날 도주 스케쿠니와 그 일족 그리고 전사자의 넋을 달래고 나라를 위해 목숨 바친 공적을 기리기 위해 도민들이 전투 현장이었던 고모도하마에 사당을 세우고, 도주 스케쿠니를 가미다이묘노카미(帥大明神)로 섬기고 있다. 한편 스케쿠니의 무덤은 두 군데가 있다. 하나는 시체의 두상을 묻은 구비츠카(首塚)로서 시모하라(下原)의 간온지(觀音寺)에 있고, 또하나는 몸통을 묻은 오도츠카(御胴塚)로 가시네(樫根)의 호세이지(法清寺)에 있다.

여원연합선단은 대마도 습격 열흘 후인 10월 14일 인접 이키섬을 침공하였다. 이로 인해 이키도주 다이라 가게타카(平景隆)를 비롯하여 수많은 사람이 전사하였다. 대마도와 이키 두 섬의 백성들은 남자는 죽임을 당하거나 아니면 잡혀가고, 여자는 한군데에 모아 손바닥에 줄을 관통시켜 염줄처럼 엮어서 뱃전에 매달아 두는 등 잔혹한 행위를 당했다고 한다.

여원연합선단은 이어 10월 20일, 규슈의 하카타만 서쪽 이마즈(今津)와 모모지바라(百道原) 등지에 상륙하였다. 침략군은 후쿠오카시내로 침입하여 격심한 전투를 벌였다. 일본군은 다자이후의 쇼니 츠네스케(少貳經資)와 오토모 요리야스(大友賴泰)의 지휘 아래 침략군과 대결하였으나, 고전을 면치 못하였다. 그런데 기적이 일어났다. 그날 밤 태풍이 몰아친 것이다. 여원연합선단은 폭풍우를 만나 대파되고 결국 철수하게 되었다. 일본 측은 이 태풍을 소위 '가미카제'(神風)라 믿었다. 고려와 원나라군사 중 선박의 대량파괴로 인한 긴급철수 때문에 미처 귀환하지

1274년 여원연합선단 침공 유적지와 당시 현장에서 전사한 초대 도주 소 스케쿠니의 무덤이 있는 신사(사진작가 니이 다카오(仁位孝雄) 제공)

못한 자가 무려 1만5천여 명이었다고 한다.

그로부터 7년 이후 1281년 5월 3일, 여원연합선단은 다시 합포를 출항하여 제2차 일본 침공에 들어갔다. 이를 일본에서는 고안노에키(弘安の役)라 한다. 이때는 전회와 달리 4만의 여원연합군사로 구성된 동로군(東路軍) 선단과 10만으로 구성된 원, 구송(舊宋)연합군사로 구성된 강남군(江南軍) 선단으로 나뉘어 침공해 갔다. 동로군은 제1차 때와 같은 해로로 대마도와 이키섬을 거쳐 규슈에 이르러 서남항로로 진격해온 강남군과 합류하여 해안 일대를 공략하였다.

그런데 7월 30일 선단이 규슈 하카다항에서 다카시마(鷹島)로 이동하면서 일본군과 교전하던 중 또다시 태풍을 만났다. 다카시마에 정박 중이던 선단은 하룻밤 사이에 거의 전파되고 여원연합군은 원나라 병사 10만

명과 고려병사 7천 명을 미처 챙기지 못하고 철군을 서둘렀다. 잔류한 여원병졸은 일본군에 의해 살해되거나 포로가 되었다.

1) 가미카제(神風)와 신국사상(神國思想)

일본인들은 이로써 침략군을 물리친 것은 오직 '가미카제' 덕분이라고 믿게 되었다. 당시 막부는 전국 사원에 명을 내려 일제히 승전기원을 올리도록 강요하였다. 결국 신(神)이 국민의 기도를 받아들여 폭풍우를 내려 침략군을 물리칠 수 있었다고 믿었던 것이다. 막부는 전쟁 이후 그 보상의 뜻으로 사원보호정책을 펴게 되었고 '가미카제'는 일본인의 신국사상으로 점점 확대되었다.

대마도 남단 츠츠 가미수마이진자(神住居神社)에서의 제사. 섬의 여러 진자에서는 신공황후가 지나간 전설을 기리는 행사가 오늘날까지 이어지고 있다(사진작가 니이 다카오 제공)

이처럼 일본 국민의 특성을 형성하고 있는 신국사상과 신공황후(神功皇后)의 삼한정복(三韓征服) 전설, 임나일본부(任那日本府) 설화에 근거한 한국관은 나아가 이를 바탕으로 형성된 군국주의(軍國主義)의 요소로 작용했으며 메이지유신 이후 이른바 정한론(征韓論)으로 발전하였다. 결국 우리 나라는 36년 동안 나라를 잃고 일제의 지배하에 들어가는 슬픈 역사를 만들었다.

대마도에도 여러 곳에 신공황후와 관련된 전설이 많이 있다. 신공황후는 삼한 정복 이후 일본으로 돌아올 때 대마도의 서남쪽 츠츠반도에 상륙했다는 이야기다.

신공황후와 관련된 설화는 여러 가지가 있는데. 그중에서 예를 들면 츠츠의 가라슈(唐洲)에 있는 '하마키(浜磯)의 레이세키(靈石)'는 신공황후가 스쳐갔다는 바위라고 하며, 그 바위 사이를 지나가는 것이 금기로 되어 있다. 임신한 여인이 만일 이 금기를 위반하고 그 바위를 지나가면 쌍둥이를 낳는다는 전설이 있다. 대마도에는 신사의 수가 무려 105개소가 있는데, 이중 신공황후가 지나갔다는 유래를 가진 곳은 헤아릴 수 없이 많다. 츠츠에는 이카즈치진자(雷神社), 가미즈마이 진자(神住居神社), 다카미무수비 진자(高御魂神社)가 있다. 이들 신사는 오늘날까지 신공황후에게 제사를 지낸다.

일본인의 신국사상에 대하여 전북대학교 하우봉 교수가 그의 저서『한국과 일본 – 상호인식의 역사와 미래』(살림지식총서 190, 2005)에서 기술한 부분이 있어 이를 다음과 같이 요약하여 인용한다.

신국사상이란 일본의 건국신화 아마테라스 오미카미(天照大神)로부터 진무텐노(神武天皇)에 이르는 신화에서 유래되어 '일본은 신국'이라고 생각하는 사상으로서 두 가지 개념으로 분류된다. 하나는 '일본은 신(神)의 가호 아래 있는 나라다'라는 생각이고, 또 하나는 '아마테라스 오미카미의 천손(天孫)인 천황이 통치하는 나라다'라는 생각이다. 이 건국신화는『고사기(古事記)』에 날조, 기록되어 전해지고 있다가 (『일본서기(日本書記)』에는 기록이 없음) 중세 여원연합선단의 일본 침략 때 소위 가미카제(神風)에 의해 격파되었다는 일본 국민의 굳은 신념으로 부상하기 시작하여, 체계적으로 한국에 대한 우월관을 고양시켰다. 이런 우월관은 한반도와의 교섭이 긴장될 때마다 신국사상과 일체화되어 다시 일어났고 민중들의 의식 속에 깊이 확대되어 갔다. 임진왜란 즉 도요토미 히데요시의 조선침략 때도 이를 원용하였으며, 나아가 근세 한반도 식민지정책의 틀이었던 정한론(征韓論)의 원류가 되었던 것이다.

에도(江戸)시대에는 신국사상을 유교사상과 접목시켜 국수주의를 배양하고, 다른 한편으로는 일본중심주의, 고대주의, 반 유교주의를 표방, 새로 등장한 국학(國學)사상에 의해 활성화되며, 또한 막부의 존왕양이(尊王攘夷)운동의 정신적 기초가 된다. 여기서 일본은 천황 자신뿐만 아니라 전 국민이 천신의 후예라고 강조한다.

메이지(明治)시대에 들어서면 신국사상이 민속에서의 조상숭배와 결합하여 경신숭조(敬神崇祖)와 충효일치(忠孝一致) 사상을 형성하여 가제국가(家制國家)를 지탱하는 도덕사상을 낳게 한다. 쇼와(昭和)시대에 이르면, 신국사상은 파시즘 체제하에 편성되어 결국 대동아공영권 건설을 향한 국민정신통합의 핵이 되어 대륙침략전쟁 수행에서 큰 역할을 하게 된다.

이상과 같이 중세 두 차례에 걸친 여원연합군의 일본침공은 결과적으로 일본인의 신국사상을 부추겨 훗날 제국주의를 배태한 원인을 제공한 사건이었던 것이다. 따라서 제2차 세계대전 중 일본군의 자폭결사대를 '가미카제특공대'라 했고, 전후 1955년대에 일본에서 목숨 걸고 난폭 운전하는 택시를 일러 '가미카제택시'라 하기도 했다.

또 한 가지 재미있는 말의 어원이 있다. 앞서 인용했듯 시바 료타로는 규슈 지방에서 아이가 보채거나 울면 '무쿠리, 코쿠리가 온다'고 하여 겁을 주어 울음을 멈추게 한다는 말이다. 무쿠리는 몽고, 코쿠리는 고려를 뜻한다'라고 설명하였다. 이는 당시 여원연합군이 일본 민중에게 얼마나 무서운 존재였는가를 단적으로 말해준다. 그런데 우리 나라에서도 이와 유사한 말의 어원이 있다. 우리 나라에서 어린이가 위험에 노출될 때 "이비, 이비"라고 주의를 준다. 이는 임진왜란 때 왜군이 민중들의 귀와 코를 마구 베어갔기 때문에 "이비(耳鼻) 즉 귀와 코를 조심하라"는 말에서 유래되었다고 한다. 또한 일제 때는 아이들이 보챌 때 "저기 순사(경찰) 온다"라고 하여 겁을 주었다. 일본경찰이 얼마나 무서운 존재였다는 것을 입증한다.

4. 반쇼인(萬松院)과 소우지가문(宗氏家門)

대마도의 역대 도주는 소우지가문(宗氏家門)이며 명치유신으로 폐번(廢藩)된 34대 요시아키라(義達, 일명 시게마사(重正))까지 이어졌다. 대마번(對馬藩)의 규모는 자체의 1만석에다가 조선사신 접대 등 조선과의 특수 관계를 고려하여 도쿠가와막부(德川幕府)로부터 봉한 규슈 사가(佐賀)현의 2만석 영지(領地), 그리고 조선과의 독점교역에서 얻는 수익을 감안하여 10만석의 다이묘(大名)로 인정받아 한때 일본 전국의 280명의

대마번주의 본산인 반쇼인의 1990년대 모습

조선조정이 대마반주에게 보낸 선물 삼구족(三具足) 촛대. 반쇼인(万松院)에 보존되어 있다

다이묘 중 50위의 반열에 올랐다. 특히 임진왜란 때는 대마도가 왜군의
전진기지였으며 번주 소 요시토시(宗義智)는 그의 장인인 고니시 유키나
가(小西行長)와 함께 선발대로 부산포에 상륙하여 서울과 평양을 함락한
제1군의 선봉장이었다.

　우리는 소 가문의 유적 반쇼인을 찾았다. 이 절은 조일간의 국교수복은
물론 조선과의 교역재개에 공이 컸던 제19대 번주 소 요시토시를 위해 그
의 아들 후계자 요시나리(義成)가 1615년 아버지의 명복을 비는 쇼온지
(松音寺)로 창건한 것이다. 요시나리는 부친의 법호를 따서 반쇼인으로
개칭하여, 이후 소 가문의 보리사(菩薩寺)가 되었다. 때문에 반쇼인은 소
가문이 대대로 이어온 대마번의 원찰이며, 본당은 대마도에서 가장 오래
된 모모야마(桃山)양식으로 지어진 건물이다. 본당 정면에는 고미즈노오
(後水尾)천황의 셋째 딸이 쓴 '반쇼세이샤노가쿠(萬松精舍之額)'라는 편
액이 걸려있다. 본당 우측에는 도쿠가와 역대장군들의 위패를 안치하고

다른 한쪽에는 조선 국왕이 하사한 삼구족(三具足)이 진열되어 있다. 삼구족은 동으로 만든 향로, 화병, 촛대 세트를 말한다. 화병은 뚜껑에 사자가 앞발을 들고 앉아 있는 모양이 특이하며, 촛대는 새가 거북의 등 위에 올라앉아 부리로 물고 있는 진기한 모습이다.

본당에서 산으로 돌계단을 올라가면 산문(山門)이 있고 우측에 소 가문의 묘지인 고레이야(御靈屋)가 있다. 입구에 서있는 신문고인 간고(諫鼓)를 지나, 산 위에는 역대 도주의 묘들이 줄지어 있다. 재미있는 것은 임진왜란 선봉장 요시토시의 묘는 작은 반면 그 후대 20대 요시나리와 21대 요시자네(義眞)의 무덤은 훨씬 더 큰 규모라는 점이다. 그러나 무덤의 크기와는 상관없이 후계 번주들은 무슨 큰 일이 있을 때마다 요시토시의 무덤 앞에서 결정을 했다고 하는데 이는 요시토시가 최후로 남긴 "조선과의 화평을 최우선시" 하라는 유언 때문이라고 한다. 묘지 위쪽에는 둘레가 무려 5~7m나 되는 삼나무가 세 그루 있다. 수령이 1600년이나 되며 대마도에서는 최고령으로 나가사키현의 천연기념물로 지정되어 있다.

1) 소우지(宗氏) 가문의 역사

대마도는 리츠료(律令)시대 다자이후(太宰府) 관하의 일국(一國)이었다. 상하현(上下縣)으로 나뉘어져 있었고, 국부(國府)는 현재의 이즈하라에 있었다. 중세에 이르러 소우지(宗氏)가 한 때 도주 사다모리(貞盛)·시게모토(成職) 2대와 제10대 사다쿠니(貞國) 초년까지 본거지를 상현군의 사카(佐賀), 현재의 미네쵸사카(峰町佐賀)로 이전한 적이 있었지만 줄곧 이즈하라가 대마도를 다스리는 중심지였다.

소우지가문이 대마도를 지배하기 시작한데 대하여는 두 가지 설이 있다. 즉 헤이 도모모리고인(平智盛後胤)이 시초라는 설과 소 시게히사(宗

제19대 대마번주 소 요시토시(宗義智)의 초상. 그는 도요토미 히데요시의 규슈평정에 참여하여 공을 세우고 임란 때 조선 침략의 선봉에 섰다

重尙)가 아비루우지(阿比留氏)를 토벌함으로써 시작되었다는 설로 양분되기도 했다. 그러나 오늘날에는 다자이후의 관직에 있었던 고레무네(惟宗)가 시초였으며, 대마도와 연관시켜 본다면 1274년의 여원연합선단 침공 시 전사한 스케쿠니가 초대도주였다는 주장이 유력해졌다.

2대 우마타로(右馬太郎), 3대 모리쿠니(盛國), 4대 츠네시게(經茂), 5대 스미시게(澄茂)로 이어진 역대 도주들은 다자이후 쇼니우지 치하에서 대마도를 지배하다가 15세기 초기에 슈고(守護)라는 직명을 얻어 지배권이 규슈로부터 대마도로 옮겨졌다. 이후 대마도는 조선과의 관계를 장악하고 16세기부터는 무역을 거의 독점하게 된다.

고레무네씨는 고레토(惟任) 등과 같이 당시 규슈의 호족이었다. 고레무네우지(惟宗氏)가 고레(惟) 자를 빼고 소우지(宗氏)라고 칭한 것은 조선과의 관계가 수립된 이후부터였다. 후지하라우지(藤原氏)도 이전에 견당사(遣唐使)로 파견되었을 때 도(藤)로, 미요시우지(三善氏)는 젠(善)이라 불렸다. 이와 같은 연유로 대마주 가문은 소우지(宗氏)로 칭하게 된 것이다.

여원연합선단을 맞아 싸우다가 전사한 도주는 초대 소 시게히키의 막내 스케쿠니로 대마국 지도다이(地頭代)였으며 가마쿠라 말기부터 남북조시대에 걸쳐서는 슈고다자이(守護太宰) 쇼니우지(少貳氏) 밑에서 대마도 통치를 맡았다고 한다. 그 후 15세기 초에는 도주의 직위기 슈고(守護)로 승격하고 기타큐슈(北九州)로부터 본거지를 대마도로 옮겼으며 1378년 제5대 도주 스미시게(澄茂)가 명실 공히 섬의 지배자가 되었다.그러나 스미시게의 부친은 스미시게 전대 도주 츠네시게(經茂)의 동생으로 성을 니이나카무라우지(仁位中村氏)라 칭하고 도주의 대관(代官)으로서 세력을 모으고 있었는데 아들 스미시게 대에 이르자 도주의 지위를 소우지가문의 직계로부터 빼앗았다.

그 후 1398년에 사다시게(貞茂, 經茂의 손자)가 도주 슈고의 지위를 니이우지(仁位氏)로부터 도루 빼앗았으나, 니이가문의 저항이 강하여 1401년에는 스미시게의 형제간인 가시게(賀茂)가 반격에 나서서 한 동안 실권이 박탈당한 사건도 있었다. 사다시게는 이를 제압하는데 성공하였으나, 니이가문의 세력은 계속 팽창하여 사다시게는 이 세력을 감당할 수 없었다. 때문에 가시게의 아들 시게히데(茂秀)에게 도주대관(島主代官, 守護代)의 직위를 내주었다. 그러자 니이가문은 도주대관의 관직과 섬의 8군 중 니이군(仁位郡)과 사스군(佐須郡)의 군사(郡司)직을 본거로 삼고 도주의 지배권 강화에 계속 저항하였다. 이처럼 도주 소 가문과 니이 가문의 주도권을 둘러싼 분쟁은 15세기 말까지 계속되었다. 이런 일련의 사태 때문에 대마도는 조선과의 교류에도 적지 않은 영향을 미쳤다.

한편 소우지가문은 대마도 슈고의 지위가 다자이후로부터 분리되었음에도 쇼니우지와의 주종관계를 유지해오면서 규슈에 있는 대마도주 영지(領地)를 보전하였으며, 이로 인하여 15세기 말에도 간혹 기타큐슈에 지원병을 파견하였던 것이다. 그러나 1444년에 오우치우지(大內氏)에게 패하여 쇼니우지와 더불어 소우지도 규슈의 영지를 잃게 되었다. 그 후 제10대도주 사다쿠니(貞國)가 오닌노란(應仁の亂) 때 쇼니우지를 도와 오우치우지를 몰락시킴으로써 다자이후로 복귀하는데 일조를 하게 되어 이전에 잃었던 영지를 다시 찾기도 했다.

그 후 사다쿠니는 결국 쇼니우지와 사이가 악화되어 오우치우지와 손을 잡게 되고 1478년 쇼니우지와 결별하여 오우치우지와 긴밀한 관계를 맺는 등 오락가락 하였다. 이 무렵 소우지는 종래의 성이었던 고레무네(惟宗)를 바꾸어, 고시라카와텐노(後白河天皇)의 후예 헤이 도모모리(平知盛)의 자손이라고 자처하여 쇼니우지보다 격이 높은 헤이시(平氏)로 개성(改姓)한 적이 있었다.

14세기 말에는 섬의 행정단위를 종래의 2군(郡)에서 8군(도요사키(豊崎). 사고(佐護), 이나(伊奈), 미네(三根), 니이(仁位), 요라(也良), 사스(佐須), 츠츠(豆酘)로 나누고 군시(郡司, 郡守)를 두었는데 소우지 계열이 8개군시의 대부분을 차지하여 소우지가문이 섬의 지배권을 장악하였다.

한편 대마도는 고대로부터 중세에 이르기까지 여러 차례의 외침을 받았다. 그 중요 사례로서 811년과 894년의 일본 측에서 말하는 소위 신라해적(新羅海賊, 우리 기록은 신라상인선박)의 침입, 1019년의 여진족의 침입, 1274년과 1281년의 여원연합선단의 침공, 그리고 1419년 세종원년의 대마도 왜구 정벌을 위한 기해동정(일본 기록은 오에이노 가이쿠(應永の外寇) 등을 들 수 있다. (이상 오사 세츠코(長 節子)교수 저『中世 國境海域の倭と朝鮮』참조)

소우지가문은 857년(天安 1) 전후로 도내에서는 상하현에서 일어난 호족들의 반란에 시달리기도 하였으나 그때마다 이를 진압하여 지배권을 이어왔으며, 대외적으로는 663년 백촌강 전투 이후 대마도가 일본의 최전방 방위선으로 부각됨으로써 667년(天智 6)에는 아소만에 면한 가네타노키(金田城, 조선식 양식)를 구축하는 등 외침에 대비하는데 한몫을 담당하게 되었다. 이러한 과정을 거치면서 대마도는 조선과의 빈번한 교류를 이룩하였고 이 결과 16세기 후반에는 조선과의 교역을 거의 독점하게 되었다.

1587년 제19대 도주였던 소 요시토시(宗義智)는 도요토미 히데요시(豊臣秀吉)의 규슈평정에 참여하여 공을 세웠고, 1592년 임진왜란이 시작되자 고니시유키나가 휘하에서 제1군의 선봉장으로 앞장섰으며, 전란 이후 조선조정과 통신사부활 교섭에 성공함으로서 7년간 단절된 국교를 수복하는데 공을 세워, 막부는 그에게 쥬시이게지쥬(從四位下持從), 츠시마카미(對馬守)라는 관직을 내렸다. 이 관직은 근세에 들어서도 이어져서 요시토시 이후 제34대 마지막 번주 요시아키라(義達, 일명 시게마사(重正)까지, 즉 1869년 명치유신으로 대마도가 폐번될 때까지 쓰시마한슈(對馬藩主)로 승계하게 되었다.

5. 사명대사(四溟大師)와 통신사의 발자취

1) 세이잔지(西山寺) - 이테이안(以酊庵)

임란 후 1604년 7월 하순, 조선 조정은 사명대사를 탐적사(探賊使)라는 이름으로 일본에 파견하였다. 일본정세를 탐정하고 특히 재침 예방을 강구하라는 중차대한 임무를 띤 사명대사는 대마도에 기착하여 약 3개월간 세이잔지에 유숙하게 된다. 또한 그 이후 에도(江戶)시대의 역대 조선통신사 일행도 이 절에서 유숙하였다고 한다. 뿐만 아니라 교토 고잔(五山)의 닌반소(輪番僧)인 외교담당승려들이 세이잔지에 상주하여 조선과 교신하는 외교문서를 작성했다고 한다. 당시 세이잔지는 이테이안(以酊庵)이라 불렸으며 '이테이안'이라는 말은 에도시대 이전부터 부쳐진 외무부서의 별칭이기도 하였다. 법당의 본존은 대일여래좌상으로 고려불

사명대사 영정

이며, 그 옆에는 임진왜란 때 종군승이며 외교승으로 유명했던 게이테츠 겐소(景徹玄蘇)의 등신불이 모셔져 있다. 1580년 대마도주 소 요시토시는 하카다(博多)의 사이후쿠지(聖福寺) 주지였던 겐소를 대마도 이테이안에 불러들여 외교승으로 삼고 조선과 명나라와의 외교를 전담케 했던 것이다.

사명대사는 이 절에서 3개월 동안 기다린 끝에 겐소와 소 요시토시의 중개로 도쿠가와 이에야스를 만나기 위해 교토로 가서, 1605년 3월 초 교토 후시미성(伏見城)에서 강화회담을 가졌다. 이 회담을 통해 국교 재개와 통신사 부활의 길을 열었고, 또한 전란 중에 일본으로 잡혀간 피로인의 송환에 합의하게 된다. 그리고 사명대사는 귀로에도 다시 대마도에 머물렀으며, 일본 측은 강화협상의 합의에 따라 대마도주로 하여금 전란 중 잡혀간 피로인 1,390명을 사명대사의 귀로에 맞추어 송환하게 하였다. 대사의 외교성과로 조선조는 1607년 여우길(呂祐吉)을 정사로 하는 통신사(제3회까지의 명칭은 회답 겸 쇄환사)를 파견하였고, 그 이후 친선 우호 겸 문화사절로서 통신사가 에도시대 260년간 총 12회에 걸쳐 일본에 파견되었던 것이다.

일본에서는 사명대사를 송운대사(松雲人師)라고 불렀다. 사명대사는 이 절에 유숙하는 동안 수많은 시(詩)를 지었다. 또한 교토에 체류하면서도 수없이 많은 시를 읊었으며 일본의 고승들과 필담으로 친분을 돈독히 하였다. 대사가 대마도에 유숙하는 동안 중책을 띠고 왔음에도 기약 없이 기다리던 불편한 심정을 읊은 시가 『사명집』 등 문헌에 수록되어 오늘날까지 전해진다. 그 중에서 2수의 시를 소개한다.

老去嗟吾不丈夫 (아아 늙은 이 몸 대장부답지 못해)
恭承朝命遠乘桴 (삼가 임금님의 명을 받들어 멀리 바다를 건넜도다)
折腰暫遂摩笲計 (허리를 굽혀 잠깐 얽어매려 하지만)
生聚何年沼吳 (어느 해나 군사를 길러 나라를 크게 만들 것인가)

또한 절 앞 뜰에 핀 국화꽃을 보고 시름을 달래는 시도 있다.

蕭蕭落葉下汀洲 (쓸쓸히 부는 바람에 나뭇잎 물에 떨어지니)
天末歸雲海北秋 (하늘 끝에 돌아가는 구름바다 북녘은 가을이다)
節過重陽不歸去 (절후는 중양이 지났는데 돌아가지 못하니)
黃花空遣人愁 (노란 국화가 공연히 나그네의 시름만 자아내게 한다)

『사명집』은 대마도 역사민속자료관에도 1부가 보존되어 있다. 2004년 11월 27~31일간 열린 아메노모리 호슈 250주기 특별자료전시회에 이 『사명집』 전집이 전시되었다. 전시장 안내 및 관련 도록에는 사명대사의 생애에 관한 설명문과 『사명집』의 내용을 자세히 소개하였다. 도록의 설명문에 따르면 『사명집』은 권 1~4에는 시(詩), 권 5는 게(偈) 즉 불덕을

이즈하라 역사민속자료관에 소장된 『사명집(四溟集)』 원본 표지

찬미한 시, 권6에는 잡문, 권7에는 신체시(新體詩)가 수록된 시문집이라 기록되어 있었다.

『사명집』은 또한 사가(佐賀)현에 있는 나고야죠(名護城)박물관에도 소장되어 있다. 대마도 민속자료관과 나고야죠박물관에 소장되어 있는 『사명집』은 모두 원본(1652년 중간본)임이 확인 되었다. 『사명집』은 사명대사가 지은 시를 모아 대사의 입적 이후 문하생 혜구(惠球)스님이 1612년(광해군 4)에 초판으로 간행하였으며, 이 책의 서문은 허균, 발문은 뇌묵당 처영대사가 지었다. 원본 목판은 밀양 표충사의 사명대사 유물관에 보관되어 있다. 그 후 목판으로 성일(性一)스님이 이 책을 1652년(효종 3)에 중간하였다.

나는 사명대사의 시를 마음속에 간직하고 세이잔지 정원을 거닐며 그때 대사의 심경을 헤아려 보려고 했다. 그러나 국화는 간데 없고 뜰에는 조선통신사 학봉 김성일시비(朝鮮通信使鶴峰金誠一先生詩碑)가 세워져 있다. 임진왜란 직전 일본 정세를 탐지하러 보낸 정사 황윤길(黃允吉)과 부사 김성일(金誠一)이 아닌가. 특히 김성일은 당파싸움에 휘말려 일본 정세보고를 정사와 부사가 각각 상반되게 함으로써 나라의 안위를 분간 못한 인물로 낙인이 찍혔다. 김성일이 '왜적이 쳐들어오지 않을 것' 이라 하여 조정은 일본의 침공에 전혀 대비하지 않았다. 그럼에도 세이잔지 뜰에, 그것도 사명대사와 같이 전란 중에 나라와 백성을 구하고 전후에는 강화협상에 성공한 훌륭한 호국성사의 영기가 서려 있는 이곳에 김성일의 비석을 세우다니, 마땅히 그 자리는 사명대사와 같은 분의 기념비나 동상 건립을 위해 확보되어야 할 공간이거늘……. 우리 일행은 모두 격분을 감추지 못하고 그자리를 떠났다.

2) 게이테츠 겐소(景徹玄蘇)

1580년 대마도주 소 요시토시는 하카다(博多)의 사이후쿠지(聖福寺) 주지였던 겐소를 대마도 이테이안에 불러들여 외교승으로 삼고 조선과 명나라와의 외교를 전담케 했다. 겐소는 임진왜란 전에 이미 조선을 여러 차례 왕래하면서 침공 루트를 엄밀히 탐정한 인물로 알려져 있다. 때문에 임란 때는 대마도주 소 요토시의 종군승으로 유키나가의 제1선봉군에 합류되어 조선반도를 짓밟은 후, 사명대사가 강

세이잔지(西山寺)에 있는 외교승 게이테츠 겐소
(景徹玄蘇)의 등신불

화사절로 교토에 갈 때 수행하여 전후 처리와 국교 재개, 피로인 송환에도 깊이 관여하였다. 그는 이테이안에서 최후를 마쳤고, 이 절에 그의 등신불을 모시는 한편 묘도 세이잔지 뒷산 중턱에 있다.

3) 통신사의 중간 기착지

이즈하라에서 동쪽으로 조금 떨어진 곳에 조선시대에 일본으로 파견된 통신사 선단을 위한 전용 선착장이 유적으로 남아 있다. 대마번이 준설하여 주로 공선(公船)과 무역선 그리고 통신사 선단이 정박하던 곳이다. 안내표지판에는 대마번 오후나에(御船江)로 되어 있으며, 현재까지 남아있는 유구(遺溝)는 1633년에 조성된 것이라고 한다. 유구 내부에는 네 개

대마도 이즈하라의 옛 선착장 오후나에(御船江). 조선통신사 선단이 정박한 유적으로 남아 보존되어 있다

이즈하라의 세이잔 지. 이 절은 옛날 대마번의 외교부서 이테이안(以酊庵)으로 역대 통신사가 머문 곳이다

이즈하리의 고쿠분지(國分寺). 통신사 일행의 숙소로 지정 사용되었다

이즈하라에 있는 고려문(高麗門, 현지발음은 가라몬). 통신사가 대마도에 도착하면 대마번주의 초청을 받아 이문을 지나 번주 관저로 들어갔다

의 돌제(突堤)가 있으며 돌제 사이에 배가 정박하도록 설계되어 있다. 당초에는 창고 등 부속건물이 있었다고 하나 지금은 흔적을 찾기 어렵다. 통신사 일행은 여기에서 하선하여 언덕을 넘어서 반쇼인으로 갔다.

또한 소케죠(宗家城)의 유적지로 가는 길에는 '바쿠후시샤 하야시 다이가쿠노카미 슈쿠간세키(幕府使者林大學頭宿館跡)'라는 표석을 볼 수 있고, 그 표석의 기둥에는 '조선통신사를 막부가 접대하던 곳(朝鮮通信使幕府接待之地)'이라고 적혀 있다.

이곳이 곧 조선으로 오던 일본사절과 일본으로 가던 조선사절들이 주로 유숙했던 객관임을 짐작할 수 있다. 소케죠의 유적지는 많이 훼손되기는 했지만 성의 일부가 그대로 남아 있다. 성벽을 따라 한참을 올라가면 기둥 네 개의 맞배지붕 형태로 지은 고려문(高麗門: 현지 발음 '가라몬')이라는 현판의 누각이 나온다. 여기서 대마도주가 조선통신사 행렬을 맞이하였다고 하며, 한때 태풍으로 붕괴된 것을 1980년에 복원했다는 설명이었다.

고려문 오른편에는 향토사료관과 역사민속자료관이 있다. 역사민속자료관에 들어서자 길이 약 17m의 통신사행렬도가 눈길을 끌었다. 이 그림은 약 500명으로 구성된 통신사 행렬이 서울을 출발하여 부산을 거쳐 대마도에 도착하였다가 세토나이카이를 항해하여 에도로 가는 장면을 모아 한 폭의 그림으로 그린 화려한 행렬도였다. 그 밖에도 소케분코(宗家文庫)사료집, 조선조 때 대마도로 보낸 각종 교지(教旨)가 진열되어 있었다. 그리고 우리 나라에서 흔히 접할 수 있는 청동검, 청동종, 토기, 철제 다리미, 천칭, 나침판 등도 전시되어 있었다.

6. 통신사와 대마도의 역할

조선 조정에서 일본에 파견한 통신사 행사는 일단 대마번의 전담 업무였다. 조선통신사는 출발에 즈음하여 정사, 부사, 종사관 3사신은 서울창덕궁에서 국왕을 알현하며 이때 국왕이 직접 국서를 전교한다. 임명된 통신사일행은 서울을 떠나 육로로 부산에서 재집결하여 출항을 기다린다.

부산에서는 도쿠가와 장군이나 세자 등에게 조선국왕이 보내는 예물을 비롯해, 막부의 정무책임자 로쥬(老中)와 중도 기항지의 다이묘(大名)나 사찰 등에 전달할 선물을 준비하여 3척의 화물선(卜船)에 싣는다. 사절단은 마찬가지로 3척의 기선(騎船)이라는 배에 오르는데, 정사선(正使船)은 길이 약 40미터, 약 150명이 타는 큰 배이다. 부사선(副使船), 종사관선(從事官船)도 그에 준한다. 이윽고 길일을 골라 해신에게 항해의 안전을 비는 기풍제(祈風祭)를 올린다. 그 장소는 영가대(永嘉台 : 부산 자성대 소재)이며, 여기는 17세기 초에 부산만의 가장 깊숙한 장소에 준설하였는데, 토사로 쌓아 대지(臺地)를 만들어 항구의 기능을 부여하였다.

기록에 남아 있는 통신사 정사가 탔던 배 모습

통신사 정사의 배를 복원한 모형(부산항 전시)

영가대(永嘉臺). 통신사 선단이 부산에서 출항하기 전 순풍을 기원하는 해신제(海神祭)를 지내던 곳

　　모두 6척의 선단과 대마로부터 온 출영선 수척이 순풍을 기다려 모든 선박이 같은 뱃길을 따라 대마도로 향한다. 부산과 대마도 사이는 가장 가까운 곳이 약 50킬로, 순풍으로 파도가 잔잔한 날은 쾌적한 뱃길을 즐길 수 있지만, 그 때는 기상 정보가 충분치 않았던 시대라 어려운 항해를 피할 수 없었다. 가끔은 선체가 손상되거나 배멀미로 고통받는 사람들이 속출했다.

　　선단은 일단 대마도 최북단, 사스나우라(佐須那浦) 또는 와니우라(鰐浦)에 도착한다. 거기서부터 선단은 대마번이 보낸 뱃길 안내선의 보호를 받으며 시계 바늘 방향으로 섬의 작은 포구 서너 곳을 둘렀다가 드디어 번의 쵸카마치(城下町)인 후츄(府中: 현재의 이즈하라)에 도착한다.

　　이즈하라에서는 대마번주와 이테이안의 장로 두 사람이 탄 배가 항구 밖까지 출영하여, 배에서 최초의 인사를 주고받는다. 통신사 일행은 이즈하라에서 적어도 10일간, 긴 경우는 3주간을 머물게 된다. 배를 보수하거나 식량 등을 조달하고 게다가 바람까지 기다려야 하기 때문이다. 체류하는 동안에는 대마번주의 초청향연이 있다. 또한 이테이안의 석학 승려와도 여기서 만나게 되는데, 그들과의 시문 응창이나 필담 교환으로 3사신 등 일행의 마음을 위로한다. 1711년과 1719년의 통신사는 대마번이 아메노모리 호슈와 마츠우라 카수미누마(松浦霞沼) 두 사람의 뛰어난 학자를 조선통신사를 맞이할 신분야쿠(眞文役)로 등용하여, 그들과의 교류가 이즈하라에 체재할 때부터 시작되었다.

이즈하라는 3면이 산과 언덕으로 둘러싸인 작은 마을로, 번주의 거관(居館)을 비롯해 우마마와리(馬廻り)라 불리는 상급 번사(藩仕)의 저택이나 사찰이 마을의 주요한 장소를 차지하고 있었다. 3사신의 숙사는 때에 따라 특별히 설치된 관사이거나 류효인(流芳院), 게이운인(慶雲院), 다이헤이지(太平寺), 고쿠분지(國分寺) 등의 큰 사원으로 정해졌다.

왼쪽) 세이후쿠지(西福寺). 임진왜란 후 제1회 통신사가 숙박한 절이다. 오른쪽) 조선 통신사를 맞이하는 막부 사자 숙관지 석비 '조선통신사를 막부가 접대하던 곳(朝鮮通信使幕府接待之地)'이라고 적혀 있다(사진작가 니이 다카오(仁位孝雄) 제공)

통신사 향응에 나온 요리상 '시치고산노젠(七五三の膳)(사진작가 니이 다카오(仁位孝雄) 제공)

통신사에 대한 대마번의 예우는 매우 정중하고 성대했다. 일례를 들면 정사, 부사, 종사관 3사에게 베푼 향응에서는 시치고산노젠(七五三の膳)이라는 상차림으로 이는 일본 무로마치(室町)시대에 무가(武家)의 의례로 발달한 최고의 요리였다. 이 상차림은 문자 그대로 첫번째 상에 7가지, 두 번째 상에 5가지, 세 번째 상에 3가지 요리가 일정한 코스로 제공됨을 뜻한다.

물론 통신사에 대한 향응은 최종목적지인 에도성에서 베푸는 의례연을 포함 통신사가 지나가는 길목의 각 지역 담당 번주들에 의해서도 화려하게 제공되었다. 대마도에서는 통신사가 에도를 가기 위해 첫 기착지인 이즈하라에 도착하면 하선연(下船宴), 그리고 에도로부터 귀국하는 도상에서 다시 한 번 승선연(乘船宴)을 베풀었다.

1811년의 마지막 통신사는 이즈하라에서 국서를 전하는 빙례를 행하게 된다. 쌍방의 경비 절감이 주된 이유였다. 에도로부터 장군을 대리하여 상사 오가사와라 타다카타(小笠原忠固), 부사 와키사카 야스다다(脇坂安董), 그리고 하야시다이가쿠노카미(林大學頭) 등이 대마도에 와서 328명의 통신사 일행을 맞았다. 역지빙례(易地聘禮)라 불린 이 의식을 위해 통신사 일행이나 에도로부터의 빈객이 한꺼번에 쇄도하기 때문에 객관의 신개축, 도로나 항구의 수리 및 기타 비용 등 대략 12만 량의 자금이 투입되었다고 한다. 좁고 작은 이즈하라 마을이 이 한때만은 통신사 붐으로 들끓었다.

대마를 출발한 통신사선단은 다시 해협을 건너 이키섬에 도착한다. 이 사이의 항로도 강풍이 자주 부는 험난한 해역이어서 통신사가 탄 배도 자주 손상되었다. 그다음으로는 이키로부터 동쪽으로 향해 하카타(博多)만을 오른쪽으로 바라보면서 아이노시마(相島, 藍島)에 도착한다. 후쿠오카번의 영지로, 주위가 약 6킬로미터인 이 섬은 큐슈 본토에서 약간 떨어져 있지만 초생달 모양의 양항이었기 때문에 통신사선단의 기항지로 정해졌다. 이어 선단은 시모노세키(下關)를 거쳐 세토나이카이(瀨戶內海)를 항해하면서 여러 곳을 둘러 약 2개월의 긴 항해 끝에 오사카에 이른다. 여기서부터는 통신사 전용 선단을 정선시키고 육로로 교토와 비와코(琵琶湖)를 지나, 나고야, 시즈오카, 히코네 등 나카센토(中線道)와 도카이도(東海島)를 따라 에도로 갔던 것이다.

통신사 일행은 약 5백 명이며, 그 밖에 대마번주와 관리들, 이테이안의 두 장로와 그 종자(從者) 등 수백 명이 수행하여 무릇 천 수백 사람들이 한 무리를 이루어 에도까지 몰려갔기 때문에 중간 기착지에서나 에도에서의 혼잡은 상상을 초월했다.

300년~400년이 지난 오늘날, 조선통신사 행사는 2002월드컵 한일 공동주최 이후 양국간의 새로운 문화교류 행사로 부상하여 해마다 꾸준히 확산되는 추세에 있다. 우리 나라에서도 부산광역시가 막대한 예산을 들여 2003년부터 통신사 관련 다양한 문화행사를 매년 개최한다. 서울 창덕궁에서 통신사 일행의 출발에 즈음하여 국왕이 직접 국서를 전교하는 행사를 재현하고, 부산까지 가는 길목이었던 충주, 안동, 의성, 경주, 밀양 등 연고지에서의 행렬재현이 벌어지고 있다. 부산에서는 행렬재현뿐 아니라 영가대의 해신제 등 각종 부대행사까지 곁들인 다채로운 축제로 승화되고 있다.

1) 아메노모리 호슈의 성신외교(誠信外交)

아메노모리 호슈의 초상화

아메노모리 호슈(雨森芳洲)는 조선통신사 담당 외교관으로 대마도 이테이안에 파견된 에도 막부의 신분야쿠(眞文役)로서 양국 우호친선을 위해 노력한 훌륭한 외교관이었다. 이즈하라에는 아메노모리 호슈의 무덤이 남아 있다. 2004년 11월 27일 이즈하라소학교 강당에서는 그의 250주기제가 열렸다. 이 기제에는 한일 양국의 통신사 관계인사 200여 명이 참석하였으며, 기제에 이어 그의 묘소 참배까지 이어졌다.

300년 전 역사의 뒤안길에 묻혀있던 아메노모리 호슈라는 이름이 우리의 귀에 익숙해진 것은 불과 24, 5년 전부터였다. 통신사와 호슈에 관한 관심은 재일교포 역사학자 신기수(辛基秀) 교수가 1979년 2월에 제작한 「에도시대의 조선통신사」라는 50분짜리 기록영화에서 비롯되었다. 이 영화는 당시 아사히신문(朝日新聞)의 3월 26일자 사설을 통해 비중 있게

다루어졌을 정도로 당시 왜곡된 한국관을 지녔던 일본사회에 엄청난 파장을 불러일으켰다. 그로부터 10여년이 지난 후 1990년 노태우 전 대통령이 일본을 공식 방문하여 천황 주최 공식 만찬 때 행한 연설에서 호슈의 이름이 언급된 것이 또 하나의 계기가 되었다. 만찬사 끝부분에 결론으로서 "270년 전 조선과의 외교를 담당했던 호슈는 성실(誠實)과 신의(信義)에 바탕을 둔 교제를 신조로 삼았다."라고 말한 것이었다. 호슈에 관한 대통령의 이 한마디가 매스컴을 타게 됨으로써 도쿄 주재 외교계에는 물론 일본 외무성과 학계에 커다란 파문을 던졌다. 놀라운 것은 노태우 대통령 방문 이후 얼마 안 되어 일본에서는 아메노모리 호슈의 평전이 발간되었으며 이를 계기로 1995년 조선통신사가 지나갔던 일본 각지의 20여 지자체가 나서서 전국적인 연락협의회를 결성하고 해마다 조선통신사행렬을 재현하는 축제를 벌이게 된 것이다.

호슈는 1668년에 태어났다. 그의 고향은 오미코쿠(近江國, 滋賀縣) 이카쿤(伊香郡)으로 현재는 오미하치만시(近江八幡市)라고 불린다. 아버지와 숙부는 모두 의사로, 호슈도 의사가업을 잇는 것으로 예정되어 있었다. 그러나 그는 어느 날 어떤 의사로서 양의가 되기 위해서는 갖은 고초를 견디는 것만이 아닌, 사람의 목숨조차 희생될 수 있다고 한 말을 듣고 의사가 되는 것을 단념했다. 1686년 그는 부친의 상이 끝나고 에도로 나와 당대 최고의 유학자 기노시타 준안(木下順庵)의 문하로 들어갔다. 아라이 하쿠세키(新井白石)가 기노시타 준안의 문하생이 된 것은 그 다음해의 일로 서로 그 뛰어남을 뽐냈으며, 뒤에 기노몬(木門)의 5선생, 또는 기노몬 10철(十哲)의 한 사람으로 손꼽혔다.

호슈는 1689년, 22세 때 준안의 추천으로 대마번 근무의 관직을 받았다. 대우는 22인의 급료, 금 10량으로 에도의 번저(藩邸)에 근무하게 되었다. 동시에 학문, 기예 등을 배우기 위해 계속해서 스승 밑에서 면학에

힘쓰도록 명령받았다. 그는 또한 얼마 되지 않아 막부의 명을 받아 나가 사키로 가서 중국어를 배웠다.

호슈의 어학 재능은 대단하였으며, 원어민에게 배움으로써 음독과 훈독을 반복했다. 그리고 가능한 한 젊어서부터 배운다는 외국어 습득의 3원칙을 몸으로 실천할 수 있었다. 그 뒤에 1703년과 1705년에 그는 조선어를 배우기 위해 부산으로 건너가게 된다. 부산 왜관에서 3년 동안 근무하면서 경상도 사투리를 자유롭게 구사할 정도로 조선어와 조선의 사정에 능통했다고 한다.

호슈는 1693년 비로소 본 근무지(本領)인 대마번으로 건너갔다. 당초의 역할은 신분야쿠로 200석의 녹을 받았다. 그 후의 직책은 조선 고요시하이사야쿠(御用支配佐役)로서 녹(祿)은 230석으로 늘었다. 당초의 일은 대마번에서 조선의 동래부(부산 북쪽에 있던 대일외교를 위한 출장기관) 등으로 보내는 외교문서의 초안 작성이나, 무역과 기타 업무를 위해 대마번을 방문하는 조선 역관(譯官)들의 접대 등이었다.

이 기간 동안의 일을 통해 호슈는 대마번의 심각한 재정사정, 번의 관리와 조선인 역관들 사이의 이런저런 비리의 실정, 조선과 대마 사이에서 맺어지고 있던 약조(約條)나 전례 등을 상세히 알게 된다. 1702년 호슈는 번주 소 요시자네(宗義眞)의 은퇴를 통고하기 위해 고쿠톤한시(告遁參判使)의 선장(船長)을 맡아 조선으로 건너갔다.

1711년 이에노부(家宣)가 장군이 되어 조선에서 통신사가 오게 되었는데 호슈의 신변은 갑자기 바빠졌다. 이에노부의 측근인 아라이 하쿠세키는 통신사 도래 직진이 되어시야 징군의 칭호, 중도 접대나 의례에 대해 많은 변경이 있음을 알려왔기 때문이다. 특히 1711년 8회 통신사(정사 조태억) 때 장군칭호를 다이쿤(大君)으로부터 '일본국왕'으로 변경하라는 하쿠세키의 지시에 호슈는 심적으로도 고생이 심했다. 그는 내심 반대

이즈하라에 세워진 아메노모리 호슈 현창비

하는 의견이었으나 막부의 지시를 정면으로 거부할 수 없었기 때문에 부산으로 건너가서 조선 측의 이해를 구하는 역할을 맡았으며 어렵게 조선 측 양해를 얻어냈다. 이때의 통신사는 그해 7월에 대마부중(府中, 현재의 嚴原町)에 도착하여 에도로 출발하였으며, 11월에 에도에서 빙례를 마치고 다음해 2월 대마도로 돌아왔다.

호슈는 그다음 번 1719년의 요시무네(吉宗) 습직 축하 통신사 때도 대마도에서 에도를 왕복했다. 친번(親藩, 이에야스의 직계 가문이 관할하는 번)의 하나인 기슈(紀州) 와카야마(和歌山)의 도쿠가와가문 출신인 요시무네는 즉위하자마자 마나베 아키후사(間部詮房)와 아라이 하쿠세키 등 이에노부, 이에츠구(家繼) 정권하의 브레인들을 곧바로 추방하고, 일단은 후다이(譜代) 문벌(門閥) 로쥬(老中)의 의견에 따르기로 했다. 그후 우여곡절 끝에 쇼도쿠(正德, 1711-16) 때의 빙례 개혁이 그 내용에 대한 검토도 없이 모두 취소되어 '일본국왕' 칭호도 이후에는 전혀 쓰여지지 않았고, 장군은 막부 말기까지 외국으로부터 '타이쿤'으로 불리게 된다.

그 동안 통신사의 에도 왕복에서는 별다른 큰 분쟁은 없었다. 그러나 대마에서 번주 면전의 시문응수(詩文應酬) 자리를 둘러싼 구례(舊例)와 명분의 갈등, 귀로에 교토 다이부츠덴(大佛殿) 앞에서의 초연(招宴)을 거부하는 등 몇 가지의 사소한 분쟁이 있었다. 그때마다 호슈는 번(藩)의 입장에 서서 변명하면서 사태를 원활히 수습하는 역할을 해내야만 했다. 또한 에도에서도 빙례의 차례를 사절에게 알리는 한문 서식을 쓸 수 있는 것은 호슈 밖에 없었다. 호슈는 언제나 어느 쪽만을 헤아릴 수 없는 마음고생을 겪어야만 했다.

2) 신유한과 아메노모리 호슈

호슈는 1719년(숙종 45) 두 번째로 통신사 일행을 수행하여 에도까지 왕래하였다. 이때 통신사의 제술관(製述官) 신유한(申維翰)과 우정을 돈독히 하였다. 신유한은 당시 39세, 호슈는 52세였다. 신유한은 전회의 통신사(1711년, 숙종 37)가 사행 중 일본 측과의 의례행사에서 사소한 잘못으로 처벌을 받았다는 사실을 감안하여 의례, 접대에 있어서 일본 측의 일방적 조치에 그냥 두지 않았다. 때문에 호슈와의 만남은 처음부터 최악의 출발이었다. 신유한은 귀로에 교토 다이부츠덴(大佛殿) 앞에서의 초연(招宴)도 거부하였다. 임란의 원흉 히데요시의 연고사찰인 다이부츠덴이라 출석할 수 없다는 입장이었다. 그러나 호슈는 이를 어떻게든 성사시키기 위하여 심한 언쟁을 버렸다. 심지어는 이 절이 도쿠가와시대에 들어 재건되었다는 문서를 보이면서 간곡히 부탁하였다.

그럼에도 신유한은 끝까지 거부입장을 바꾸지 않았다. 끝내는 말로서 승복시키지 못하여 칼을 들고 싸우고자 하는 호슈의 노기에 신유한 자신은 빠지고 정사와 부사만이 연회에 참석하였다. 이 절은 히데요시가 창건하였으나 그 후 화재로 소실되어, 도쿠가와 막부 2대 장군 히데요리가 재건한 것이 사실이지만, 이 사실을 앞세워 신유한을 설득하려 한 것은 무리였다. 결국 호슈는 신유한에게 화낸 것을 사죄하고 그 자리에서 물러났다.

교토의 호코지 대불전 통신사에게 공양과 향응을 배불렀던 절

　호슈는 후년 그의 저서 『고린데이세이(交隣提醒)』에서 이때의 상황을 다음과 같이 기록하였다.

　한 가지는 이 절에 진기한 대불이 있다고 하여 안내하였으며, 또 하나는 미미츠카(耳塚)를 보여 줌으로써 일본의 무위(武威)를 과시하려 했지만, 어느 것이든 당치 않은 소견이었다. 고레이야(御靈屋)의 화려한 모습에는 조선인의 관심이 없었으며, 부처님의 공덕은 불상의 크기에 의한 것이 아니거늘 귀한 재화를 쏟아 부어 무익한 대불을 만든 것을 바보로 취급하고 있다. 미미츠카는 도요토미 가문이 명분 없는 전쟁을 일으켜 양국의 무수한 인민을 살해한 것을 말해주는 것이므로 그 포악함을 이제 다시금 말하는 것은 자랑이 아니며, 오히려 일본의 무학불견식(無學不見識)을 나타내는 것에 지나지 않는다.

신유한은 통신사 사행의 첫 기착지인 대마도에서 호슈와의 첫 만남부터 의례에 대한 견해의 차이로 서로가 다투기 시작했다. 일본의 기행작가 시바 료타로가 쓴 『이키, 대마도의 길』에는 다음과 같은 기록이 있다.

신유한은 일본인을 인간으로 보지 않고 일종의 인간인 '왜(倭)'라는 표현을 썼다. 조선은 중국 이상으로 중화사상이 강하며 오히려 격렬한 편이었다. 중화사상을 가진 자만이 인간이며, 갖지 아니한 자는 오랑캐(夷狄)로서 이를 한자문화로서만 지니고 있는 어정쩡한 일본인의 경우, 특수인으로서 왜(倭)라고 말하는 수밖에 없다. 이런 생각이 그의 기본사상이었을 것이다. 예를 들면 '군중'이라 하는 경우 '군왜(群倭)'라 하고, 또 한시를 잘 읊는 사람을 칭찬하여 '왜(倭) 중의 걸물'이라 하였다. 신유한은 아마도 문치사회(文治社會)가 아닌 공리사회(功利社會)이기 때문에 그렇게 보였을 것이다. 대마번주(藩主)에 대해서도 번주라 하지 않고 도주(島主)라 부르며, 용모는 천박하고 사람됨이 재기(才氣)가 없다고 평하였다.

6월 27일 신유한 등은 이즈하라 부중에 입항하였다. 천박한 용모의 도주

아메노모리 호슈가 3년간 체류하며 조선어를 공부했던 초량의 부산 왜관의 외교공관인 재판가(裁判家), 夫學柱 박사 제작 그래픽 복원도

가 배를 타고 나와 해상에서 마중하였다. 일행은 상륙하여 객관인 이테이안으로 들어갔다. 며칠간 휴식하고 30일 죠카마치(城下町)에 들어가 보았다. 다시 성문을 돌아 광장에서 점심을 대접받았다. 이런 것이 조선통신사를 마중하는 경우의 대대로 전해내려온 관례였다.

신유한은 처음부터 이런 관례를 알고 있었다. 또한 도주를 향해 통신사가 절을 올리는 것도 알고 있었다. 그러나 신유한은 '그런 바보 같은 짓이 어디 있나'라고 생각하였다. 유교주의는 극단적인 서열주의(序列主義)이며 서열주의란 상하에 따라 예(禮)의 후박(厚薄)을 달리하다는 것이다. 신유한의 생각은 말할 나위 없이 통신사는 국왕의 직신(直臣)이며 사신(使臣)이라는 것이다. 따라서 이런 서열주의를 격렬하게 신봉하는 사람이었다. 드디어 하례행사 자리에 '태수(太守) 납시오.'라고 고해지자 좌중은 일제히 일어서서 정렬을 하고 있는데, 신유한은 '그럴 필요가 없다'라고 했다.

신유한은 아메노모리 호슈에게 '당신이 나로 하여금 절을 올리게 하여 도주에게 잘 보이려하는 것 같은데 이는 잘못이다'라고 말했다. 호슈는 사태의 긴박함을 감지하고 '이는 고사(故事, 관례)가 그러하오'라고 설명할 수밖에 없었다. 여기서 신유한은 큰소리로 '그런데 이 섬은 조선의 한 현도(縣道)에 지나지 않는다'라고 선언하다시피 외쳤다. 이렇게 선언하는 근거는 섬의 태수라는 자가 대대로 조선국왕으로부터 도장(圖章)을 받아 온 존재라는데 있었다. 또한 대대로 조선으로부터 쌀을 매년 100석씩 지원받고 있었다. 요컨대 조선의 번신(藩臣)이 아닌가. 이렇게 따지며 신유한은 조선의 관례를 고수하려 했다. 다시 말해 중앙정부의 관리가 외지에 갈 경우 번신에 대해 동렬호경(同列互敬)의 절을 하면 된다는 것이다. 그러므로 도주에 대해 자신이 먼저 절을 한다는 것은 관례에 어긋난다는 것이다. 이러한 신유한의 한 마디 때문에 군왜(群倭)는 모조리 일어나 혹은 눈을 부릅뜨기도 하고 눈을 껌벅거리며 목을 좌우로 흔들거나 손뼉을 치고 이를 갈며 문으로 계단으로 나가는 이, 창밖을 내다보는 이 등 제자리에 그대로 앉아있는 자가 없었다.

통신사 응접 담당인 호슈는 매우 난처했다. 호슈는 조선에 대하여 잘 알고 있었지만 이런 경우에는 아무튼 관례에 따르는 수밖에 없다고 생각하여, '두 나라가 우호관계를 맺은 이래 이와 같은 하례를 해 오고 있다. 지금 당신이 하루아침에 이 관례를 깨뜨리고자하는 것은 우리(일본)를 깔보는 것이 아닌가?'라고 말했다. 이에 대하여 신유한은 '예는 경(敬)에서 생기며 깔봄으로서 소용없게 된다. 내가 감히 당신네 나라를 깔보는 것이 아니라 당신네 나라가 우리를 깔보고 있는 것이다'라고 연설조로 대꾸하였다.

이러한 소란을 알고 대마번주는 하례자리에 모습을 나타내지 않음으로써 사태를 진정시켰다. 그 후 신유한은 이 하례를 무산시켰을 뿐 아니라 나아가 서열론이라는 예리한 칼날로 대마번의 구례(舊禮)를 잘라버렸던 것이다. 대마도의 여러 대소왜인들이 이로 인해 화를 내어 얼굴색이 변하게 되는 사태에 이르렀지만, 신유한은 굴하지 아니하고 한낱 웃음꺼리로 넘겨버렸다. 그 후 신유한과 같은 의식은 조선인 관료를 자승자박하게 되어 결국은 19세기 개화기의 물결을 스스로가 거부하고 말았는데 이는 당연한 귀결이라 하겠다.

통신사의 내빙(來聘)에 대한 처우문제는 역대 막부와 각지의 번주 할 것 없이 후했으며 특히 에도죠(江戶城)에서의 예우는 교토에서 수행해온 칙사(勅使)나 닛코예폐사(日光禮幣使)에 대한 것 보다 더 두터웠다. 이런 예우를 한꺼번에 간소화해버린 자는 장군의 보좌역이었던 아라이 하쿠세키(新井白石, 1657~1725)였다. 그는 통신사의 오만을 분명 미워했던 것이다. 이에 대하여 선례주의였던 조선 측은 개혁이나 간소화라 보지 않고 비례(非禮) 정도를 넘어선 것이라 하여 중간 입장에 있는 대마번을 난처하게 했다. 호슈는 하쿠세키의 개혁을 크게 반대했다. 그러나 하쿠세키는 이 간소화에 자신의 정치생명을 걸고 있었던 것 같았다. 에도쬬에서의 통신사 예우 역시 칙사동격에서부터 서열로 낮추어 버렸다. 호슈는 끝까지 하쿠세키를 공격하였고 이로 인해 두 사람사이의 친교는 끊어졌다. 두 사람은 일찍 기노시타 준안(木下順庵) 문하의 동기였으며 서로 알게 된 지 30년의 친구였다.

호슈와 하쿠세키는 이후에도 저술을 통해 서로가 맹렬히 비난을 퍼부어 심한 불화를 초래했는데, 이는 쌍방의 대 조선인식의 불일치에서 비롯되었다는 점을 생각하면, 일본이 당면했던 선린외교의

이즈하라에 있는 아메노모리 호슈의 묘

어려움을 상징한 것으로 풀이된다. 결국에는 하쿠세키의 진언에 따라 막부는 1711년부터 통신사에 대한 대우를 개혁하게 되었다. 신유한이 통신사로 갔던 8년 전의 일이었다. 신유한은 이 개혁에 강한 반발을 한 것으로 생각하지 않을 수 없다.

신유한의 『해유록(海游錄)』에는 때로는 호슈가 낭인(狼人)이라 혹평하기도 했으며 마음이 비뚤어진 사람이라 했다. 심지어는 다음과 같이 악평하기조차 했다.

호슈라는 인물은 험랑(險狼)한 자이며 평범하지 않다. 겉으로는 문자를 쓰는 말씨를 구사하지만, 속으로는 칼을 지니고 있다. 그는 일본의 국법(봉건체제)에 의거 하나의 작은 섬의 서기에 지나지 않기 때문에 다행이지만,

2004년 대마도에서 열린 아메노모리 호슈 제250주 기제

만일 그가 국사를 맡아 권력을 잡았더라면 인강(隣疆), 조선과의 경계를 칠
것이라는 뜻)의 짓을 저지를 자임에 틀림없다.

이와 같은 혹평에 대하여 시바 료타로는 '아마도 신유한이 본심이 아
닌, 귀국 이후 본국의 정적들에게 일본 대마도의 일개 소 관리와 친하게
지냈다는 인상을 주지 않기 위해 일부러 이런 기록을 해유록에 남긴 것'
이 아닐까 라고 분석했다. 그러나 실제로 두 사람은 오래 동안의 교류를
통하여 서로의 마음을 서서히 열게 되었다. 신유한은 대마도에서의 호슈
와의 최후 이별에 즈음하여 한 구절의 시를 호슈에게 써주었다.

今友有情來送我, 此生無計更逢君
오늘 저녁 정성을 다해 나를 보내는 그대를 이생에서 다시 만날 기약이
없네.

이를 미루어 보면 두 사람 사이에는 반년이 넘는 오랜 여로에서 서로의 입장 차이는 있었지만 고난을 함께 하며 뜨거운 우정이 싹텄던 것이라 할 수 있다. 호슈는 장수했다. 그가 1755년 88세로 죽기까지, 정확하게는 81세에 은거를 허락받기까지 현역 관리로 대마번에서 근무했다. 조선귀빈(朝鮮方)의 고요시하이사야쿠(御用支配佐役)는 본인의 요청에 의해 1721년에 그만뒀지만 고요진야쿠(御用人役)는 계속했고, 그리고 또 한 번 사이한야쿠(裁判役, 외교관)로서 조선에 가기도 했다.

3) 기유약조(己酉約條)

호슈는 조선과의 무역이나 번의 재정에 대해서, 또한 조선과의 교섭을 전담할 인재를 본격적으로 양성하도록 번주에게 자주 진언했다. 아울러 조선으로 건너가 조선인 관리와의 복잡한 교섭을 번의 입장에 서서 처리하는 일도 맡았다.

이 무렵 가장 큰 문제는 대마번의 재정 악화였다. 조선 무역을 주된 재원으로 하고 있던 대마번에 있어서 몇 가지 어려운 조건이 불거져 나왔다. 그 하나는 막부가 쇼도쿠(正德, 1711~16) 때에 화폐의 개주(改鑄)를 꾀하고, 그것을 대마번이 고려인삼 수입의 대가로 수출하고 있던 은의 품질에도 적용하려 했던 것이다. 이 일에 대해서 호슈는 아라이 하쿠세키에게 건의문을 보내고, 이어서 직접 만나서 그 중지를 요청했다. 다른 하나는 고려인삼이 부족해지기 시작하고, 또한 '누케니(拔け荷)'라 불리는 밀무역이나 쌍방 관리의 부정으로 규격에 맞는 품질의 상품을 제대로 수입할 수 없게 된 일이었다.

호슈는 「린코시마츠모노가다리(隣交始末物語)」라는 제목의 논문을 썼다. 내용은 임진왜란 이후 조일 관계의 역사와 대마번이 해온 역할을 체

正使

通羽
呂烽

唱

옛 조선통신사 행렬도 장면들

위) 대마도종가문자료에서
아래) 대마역사민속자료관
전시 자료 그림에서

대마도 아리랑축제의 통신사 행렬 재현 퍼레이드

아리랑축제의 통신사 행렬 재현 퍼레이드. 많은 일본인들이 한국 전통복식을 하고 참여하고 있다

대마도 아리랑축제의 통신사 행렬 재현 퍼레이드

계적으로 서술한 것이다. 이 논문을 아라이 하쿠세키를 비롯한 막각(幕閣)에 제출하여, 대마번으로서는 조선 무역이 사활이 걸린 문제임을 호소했다. 대마는 섬 전체가 산지이기 때문에 경작 가능한 면적은 극히 제한적이다. 가격(家格)은 10만 석격(石格)이라 부르고 있지만, 이는 조선무역의 이익이 있었던데다 조선 외교담당 번으로서의 명분 때문에 얻어진 것일 뿐, 실제로는 섬 전체에서 쌀 이외의 잡곡을 다 모아도 수천 석 정도의 수확밖에 없었다. 대마번은 이에야스에 의한 국교재개 당시 그 공을 인정받아 히젠(肥前) 다시로(田代)에 2,800석이 가증되었다. 그러나 여전히 대마번의 재정은 만성적 적자로, 더구나 그것이 누적되기 때문에 호슈의 말을 빌자면 '소라껍질 같이' 점점 쇠퇴하는 상태였다. 따라서 조선 외교를 떠맡기 위해서도 섬 밖에서의 영지 가증이나, 조선 무역의 지속을 위한 특별조치가 필요하다는 주장이었다.

조선과의 교섭에서는 쓸데없는 분쟁을 일으키지 않고, 대마번의 실익을 손상하지 않는 자세로 시종일관했다. 조선은 국교회복의 근거가 된 기유약조(己酉約條)에서 대마도에 대해서는 여러 가지 특권을 부여해왔다.

기유약조란 1609년(광해 1) 조선조정이 일본과의 통상을 허용하는 형식으로 맺은 조약이다. 이 조약은 임란 후 대마번주가 세 차례(1599-1600) 조선조정에 통교허용을 간청한 바 있어, 이에 사명대사가 1604년 '탐적사'로 일본에 건너갈 때 대마번주 소 요시토시에게 통교의 전제조건으로서 침략을 사죄하는 일본 국서를 정식으로 보내고, 전란 중 선릉과 정릉을 도굴한 범인의 인도, 그리고 일본으로 강제 연행된 우리 백성 피로인의 송환을 조건으로 제시하였다. 이러한 전제조건이 사명대사와 도쿠가와 이에야스와의 후시미죠(伏見城) 강화협상에서 타결되어 1607년 국교재개와 더불어 전란 후 제1회 통신사를 파견하게 되고 이에 준하여 기유약조가 성립된 것이다.

이 조약으로 조선조정은 매년 쌀과 콩 100가마를 내리고, 대마도주의 세견선은 20척(이중 3척의 특송선 포함)으로 하며, 대마번의 관리(受職人)는 1년에 한 번 조선을 방문할 수 있되, 다른 사람의 파견은 금하도록 하였다.

기유약조의 주요내용을 요약하면 '대마도주에게 내린 세사미두(歲賜米豆)는 100가마로 한다. 대마도주의 세견선은 20척으로 하고 특송선은 3척으로 하되 세견선에 포함한다. 수직인(受職人)은 1년에 1회 내조(來朝)해야 하며 다른 사람은 파견할 수 없다. 조선에 오는 모든 왜선은 대마도주의 징표를 소지해야 한다. 징표가 없는 자와 부산포 외에 배를 대는 자는 모두 적으로 논한다. 왜관 체류 시일은 대마도주 특송선은 110일, 세견선은 85일, 그 밖은 55일로 한다.' 등이었다.

이에 따라 예를 들어 대마에서 부산으로 가는 각종 송사선(送使船)에 대해서는 체재 중의 접대만이 아닌 많은 회사물(回賜物)을 주어왔다. 그러나 시대가 지남에 따라 조선 측에서도 구례(舊例)에 얽매이지 않고 대마도에 대한 처우를 간소화하려고 하는 방책이 취해졌다. 그럼에도 대마도의 상인이나 관리가 때로는 권위를 내세우거나 사술(詐術)을 써서 이익을 노리는 일도 있었다.

호슈는 현지에 출장하여 조선 측의 관리와 교섭할 때에는 구례나 관행을 미리 잘 조사하고, 그것들을 이용하여 도리에 맞는 논리를 전개해야 한다고 강조하고 스스로 그것을 실천했다. 그러한 실무 교섭의 기본적인 방식을 정리하고 번내(藩內)유력자의 참고를 위해 쓰여진 책이 곧 1728년에 완성된 『코린데이세이(交隣提醒)』이다. 그 마지막 장에서 호슈는 '성신의 교류(誠信の交)'에 대해 다음과 같이 말하고 있다.

'성신(誠信)이라는 것은 실의(實意)라는 것으로, 서로 속이지 않고 싸우지 않고 진실로써 교류하는 것을 성신이라 한다.' (芳洲會刊, 1990). 그리고 조선과 '성신의 교류'를 맺으려고 생각하면, 원래는 조선으로부터의 다양한 우대조치에 의지하려 해서는 '진정한 성신'이라 할 수 없다. 그것을 급히 고칠 수 없는 것이라면, '실의(實意) 즉 서로의 실익(實益)을 존중하는 태도를 손상시키지 않도록 하는 것이 중요하다.'고 말한다. 이것은 리얼리스트인 호슈의 일면이다. 이렇게 외교의 성신, '진실한 교류'라는 말은 대마번이 처한 현실로부터 출발하여 이상적인 선린관계를 지향하는 방향을 다시 제시한 것이라 할 수 있다.

또한 『코린데이세이(交隣提醒)』중에서 호슈는 '통신사와의 응접에 대해 상대에게 일을 알기 쉽게 설명하여 갑작스러운 일이 되지 않도록…'이라는 것을 자주 쓰고 있다. 또한 히데요시가 일으킨 침략전쟁에 대해서는 명확히 '명분 없는 전쟁', '포악(暴惡)'이라 단정하였다.

조선통신사 연구가인 교토 조형예술대학교 나카오 히로시(仲尾 宏)교수는 그의 저서 『조선통신사』에서 효슈의 생애, 역사관과 업적을 종합 평가한 다음 이렇게 결론지었다.

이것들은 통신사를 수행한 두 번의 체험, 하쿠세키와의 논쟁이나 하쿠세키의 개혁이 조선 측에 주었던 영향을 알고, 조선의 문인이나 학자와도 우정으로 맺어진 인생 경험이 호슈에게 있었기 때문에 나온 결론이자 역사관이었다고 할 수 있다.

7. 국서(國書) 위조와 왕릉 도굴범

1) 야나가와 잇켄(柳川一件)

7년간의 임진왜란과 정유재란으로 대마도는 조선과의 무역이 단절되자, 생계를 유지하기 어려워 하루 속히 조선과의 교역재개를 원하던 터였다. 사명대사가 이에야스와의 교토 강화협상에서 국교수복 등 원칙적인 합의를 도출해냈음에도 불구하고, 양측 간의 견해차이로 통신사 파견과 교역재개가 쉽사리 풀리지 않았다. 사명대사가 교토 후시미성 회담 때 '전란 중 선릉과 정릉의 도굴범' 인도를 요청한데 대해서도 일본 측은 진범 색출이 어려워 가짜 범인을 속여 조선 측에 인도했는가 하면, 외교문서조차 대마번에 의해 위조되었던 것이다.

당시 양측의 중요 쟁점이 된 것은 몇 가지가 있었다. 그 중 하나를 들면 조선 측이 일본국왕 명의로 먼저 조선국왕에게 과거의 침략을 사죄하고 호화(好和)를 청하고, 재침을 않겠다는 내용의 국서를 보내라고 요청한 것이었다. 양측의 주장이 팽팽히 맞서 해결의 실마리를 찾지 못하자, 대마번은 교역재개의 다급성을 감안 궁여지책으로 도쿠가와 장군 명의 국서를 임의로 작성하여 조선 측에 보내게 된 것이다. 또한 조선국왕의 회답 국서 내용의 일부조차도 도쿠가와 장군의 심기를 건드릴 우려가 있는 부분을 대마번이 임의로 수정하였으며, 회답을 뜻하는 '奉復'을 '奉書'로 고쳐 쓰고, 이전 대마번이 보낸 국서에 대한 회답이 아닌 것으로 조작한 것이다. 조선 측도 위작사실을 알면서 묵인한 것으로 밝혀졌다. 당시 교섭의 실무 담당이었던 조선 측의 전계신(全繼信)과 손문욱, 그리고 일본 측의 다치바나 토모마사 등은 이 문제로 말미암아 부산과 대마도를 오가며 협상의 고충을 몸소 겪었던 인물들이다.

이와 같은 대마번의 국서위조를 에도막부가 뒤늦게 알게 된 것은 1633년이었다. 대대로 대마번주의 심복이었던 야나가와 후손의 폭로에 의한 것이었다. 19대 번주 소 요시토시의 아들 요시나리(義成)와 그의 중신 야나가와 시게노부(柳川調信)의 아들 시게오키(調興)간의 불화로 윗대의 국서 위조 사실이 막부에 고발되어 결국 양측이 처벌을 받게 된 것이다.

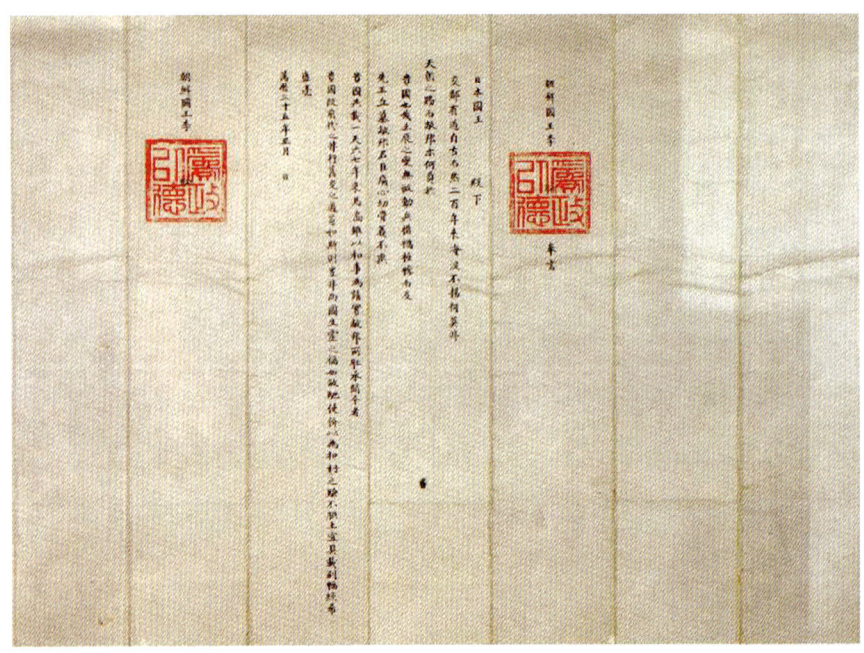

위조된 조선 국왕 선조 국서(國書). 위의 본문과 아래의 별폭 문서. 아래 별폭 문서 왼쪽에 대마번이 위
조한 조선 국왕 선조 인장으로『논어』,「爲政」편에 나오는 '爲政以德'이라는 글자는 같다

이를 야나가와 잇켄(柳川一件)이라 하는데, 이 국서 위조사건의 산실 또한 이테이안이 아닌가 싶다.

1635년(인조 15, 寬永 12) 3월 11일, 에도죠 혼마루 오히로마(江戸城 本丸大廣間)에 장군 이에미츠가 출석하여 로쥬(老中), 산케(三家) 그리고 다테(伊達), 마에다(前田), 시마즈(島津) 등 유력한 토자마 다이묘(外樣大名) 들도 임석한 가운데 재판이 행해졌다. 재판 결과의 주요 내용은 다음과 같다.

- 국서개작을 실행한 시마가와 타쿠미(島川内匠)와 그 가문의 남자는 사형(死罪), 재산(家財)은 몰수한다.
- 같은 죄목의 마츠야 시치우에몬(松屋七右衛門)과 그 가문의 남자도 시마가와(島川)와 동일형에 처한다.
- 위의 뜻에 따라 소 요시나리는 '과오가 없기 때문'에 영지(領地)의 제반 사무를 이전과 같이 하도록 명령하니 조선통신사를 내년 안에 초빙(來聘)하도록 하라.
- 야나가와 시게오키는 츠가루 히로사키(津輕, 弘前)에 유배하고, 대마도에 있는 가재(家財)는 몰수한다.
- 기하쿠 겐포(規白玄方)는 모리오카(盛岡)의 난부씨(南部氏)에게 종으로 삼게 한다.
- 류호인겐코(流芳院玄昊, 야나가와 측의 외교승)의 가재와 재산을 몰수한다.

이상으로 이 사건은 종결되었다. 이 판결은 한눈에 명확히 들어나듯이 하급자에게 엄한 극형으로 다스리고 상급자에게는 관대한 형벌이, 그리고 소요시나리는 번주로서 아무런 죄를 묻지 않고 본영(本領)과 그 직분인 조선통교가역(朝鮮通交家役)을 보증받았다.

소 요시나리의 현상유지는 다테 마사무네(伊達政宗)와 이이 나오타카(井伊直孝) 등 유력한 다이묘가 적극적으로 진언한 덕분이라 하겠다. 또한 소 번주가 제외된 조선과의 외교는 중세 이래 조일관계를 고려하면 있을 수 없다는 판단도 참작되었을 것이다. 반면 야나가와씨는 주종관계의 질서를 문란시켰다는 점을 문책당했다. 봉건제도를 유지하기 위해서는 하위급으로부터의 내부고발은 허용되지 않았던 것이다. 그러나 시게오키가 사형을 면한 것은 여태까지 역대 야나가와씨를 후대해온 조선국에 대한 배려가 작용했을지도 모른다.

국서 위조는 이것이 처음이 아니었다. 무로마치 시대부터 아시카가장군의 국서도 형편에 맞추어 변조하기도 했다. 이러한 버릇이 이어지다가 급기야는 임진왜란이 일어나기 직전에도 도요토미 히데요시의 국서를 위조하여 우리조정으로 보냈다. 일본을 통일한 히데요시가 의기 양양해진 데다가 당시 국제관계를 잘 몰랐던 만용 때문에 조선은 물론 명나라까지도 안중에 없었다. 그는 몇 차례 대마번주를 시켜 조선국왕을 일본에 불러들이도록 '참락(參洛)'을 명령하고, 이에 응하지 않으면 조선을 정벌하겠다고 위협했다. 대마 번주는 차마 히데요시의 명령을 사실 그대로 조선 조정에 전할 수가 없었다. 히데요시가 '참락'을 요구 하는 국서를 '통교' 요구라는 내용으로 개작하여 조선에 전달하였다.

그 때 우리 조정은 이에 응하지 않았다. 그러나 히데요시는 여기서 그치지 않고 다시 1590년 대마번주 소 요시토시와 야나가와 시게노부, 겐소 등을 우리 조정으로 파견하였다. 이들 대마 측의 노력도 있고 하여, 우리 조정은 당시 히데요시가 천하를 통일하여 통치자가 된 이후의 일본 정세를 정탐할 겸 통신사를 일본으로 보낸 것이다. 이렇게 파견된 통신사가 정사 황윤길과 부사 김성일이었다. 그러나 이들이 귀국하여 정사와 부사의 보고 내용이 서로 달라 그 결과를 놓고 후일 역사에 많은 말썽을 일으켰던 것이다.

통신사의 정사와 부사가 상반된 보고를 한 것은 국내적으로 일본의 침략 가능성을 흐리게 했다. 뿐만 아니라 조일 양국관계에 있어서는 조선이 히데요시 집권에 대한 축하사절의 의미를 띠게 됨으로써 '조선이 일본에 복속(服屬)한 입공사(入貢使)로 받아들여졌다'는 것이다. 이런 점에서 보면 당시 통신사 파견 자체가 크게 잘못된 일이었다.

대마번주와 가신들 그리고 대마번과 깊은 관계에 있던 고니시 유키나가의 국서 개작은 당시 '샌드위치' 입장이 된 대마도가 양측의 심사를 건드리지 않게 하기 위해 미봉책으로 저질렀던 것이다. 그러나 그 결과는 엄청나게 컸던 것으로 조일 양국을 속이고 히데요시의 망상을 부채질하는 꼴이 되어 일본의 조선침략이 자행된 것이다. 고니시 유키나가는 임진왜란 중 명나라와의 화의 교섭에서도 이와 유사한 속임수를 썼기 때문에 결과적으로 양측의 강화는 파탄되고 정유재란의 재침으로 이어졌다.

또한 임란 이후인 1623년에도 국서위조는 아니지만, 대마번주 소요시나리가 막부로부터 조선북방의 여진족이 세력을 확장하여 청(淸)나라를 세움에, 이에 따른 정보수집의 명을 받고 급한 나머지 막부의 승인 없이 기하쿠 겐포(規白玄方)를 일본국왕사로 임명하여 조선에 파견하였다. 이때 임란 이후 일본사절의 북상을 불허하여 동래부사 또는 부산왜관에서 접견했던 통제에도 불구하고, 카하쿠 겐포가 한양까지 온 해프닝이 있었다. 이에 대한 문책으로 기하쿠 겐포는 결국 모리오카(盛岡)의 난부우지(南部氏)에게 종자(從子)로 전락하였다.

2) 선릉과 정릉의 도굴범

임진왜란 초기 고니시 유키나가의 서울 점령과 더불어 일본군에 의해 도굴당한 왕릉은 광릉(光陵), 태릉(泰陵), 강릉(康陵), 선릉(宣陵), 정릉(靖陵) 등이었다. 전란이 끝나고 탐적사로 일본에 파견된 사명대사는 교토에서 새로운 통치자 이에야스와의 강화회담에서 조정의 훈령에 따라, 전란 중 강제로 연행된 우리 백성 피로인 3천 명의 송환과 특히 선릉, 정릉의 도굴범의 포박 인도를 요구하였다. 이에 따라 대마도주는 진범 대신 당시 대마도 감옥에서 복역 중인 죄인 2사람을 도굴범이라 하고 이들을 묶어 조선조정에 인도하였다. 그러나 이들을 취조하는 과정에서 조정은 이들이 왕릉도굴과 아무런 관계가 없음을 알게 된다.

그럼에도 이들 가짜 범인들을 통해 진범의 윤곽이 들어났다. 선릉과 정릉의 도굴은 침략군 제1진 고니시 유키나가의 선봉장이었던 대마도주 소 요시토시 휘하의 다이라 시게노부(平調允)였으며, 가짜 범인을 조선에 보내는데는 그의 아들 다이라 가게나오(平景直)가 관여한 것으로 알려졌다.

당시 조정은 일본막부의 장군명의 국서와 왕릉도굴의 진위문제를 놓고 의견이 분분했으나, 조선 측의 요구가 관철되었다는 명분과 교섭의 주도권을 조선이 갖는다는 외교적 실리를 취해 2명의 도굴범을 처형시키고 당초 계획대로 강화와 국교재개를 위한 통신사(回答 兼 刷還使)를 일본에 파견하게 되니, 이것이 1607년의 정사 여우길(呂祐吉), 부사 경섬(慶暹)이 이끈 소위 제1회 통신사였다.(손승철 교수 논문 「임진왜란과 선정릉 도굴사건」, 2007. 12월, 임진왜란 주제 서울학술회의 자료 참조)

8. 임진왜란의 흔적

1) 선조(宣祖)의 옹주 무덤

도요토미 히데요시가 조선침략을 위해 출전할 때 규슈 히젠(肥前)의 나고야죠(名護屋城)에서 이키와 대마도를 거쳐 선단이 이동, 중간 기지로 이용하였다가 부산으로 침공하였다. 이때 이키와 대마도에 축조한 성이 이즈하라의 기요미즈산성(淸水山城)과 우치카타산성(擊方山城)이었다. 침략군의 선발대는 고니시 유키나가와 가토 기요마사가 각각 인솔하였다. 당시 대마도주 소 요시토시는 제1진 고니시군의 앞잡이로 길 안내와 통역을 맡았다. 그리고 이테이안의 외교승이었던 게이테츠 겐소는 종군승으로 전란 중 시종일관 요시토시의 뒤를 따라다녔다.

때문에 대마도에는 임진왜란의 흔적이 많이 남아 있어야 하지만, 오늘날 한일양국 간의 우호친선을 위해 과거의 아픈 상처를 표면에 내보이기가 껄끄러워서인지 섬 전역에 어디서든 눈에 잘 띄지 않는다. 물론 반쇼인에는 소 요시토시의 보리사와 묘가 있고, 세이잔지에는 게이테츠 겐소의 등신불과 뒷산자락에 그의 무덤이 있긴 하지만 임진왜란과의 관련성은 희석되어 있다.

그런데 2006년 10월 '한국대마선현현창회(韓國對馬先賢顯彰會)'(한국측 대표 정영호 교수, 대마도측 대표 나카토메 히사에 선생)가 중심이 되어 '조선 국왕 옹주의 묘(朝鮮國 王姬の墓)'를 재정비하여 세운 묘탑이 세상에 알려지게 되었다.

묘탑 옆에는 다음과 같이 일본어와 한국어로 된 설명문이 새겨져 있다.

도요토미 히데요시가 일으킨 임진·정유왜란 때(1592~1598) 어느 무장(武將)이 조선국 왕녀를 끌고 왔다. 그 후 왕녀는 '모국이 보이게 묻어 달라' 부탁하고 별세했다. 묘석 정면에는 '이연 왕희(李昖王姬)', 우측에는 '게이쵸(慶長)18년 갑인년(甲寅年)'이라는 명(銘)이 있어, 조선조 제14대 선조의 옹주 묘로 1613년에 건립하였음을 알 수 있다. 수백 년 지켜온 현지 여러분께 감사하며 한일양국의 유지들이 뜻을 모아 묘탑을 재건하고 주위를 정비하여 비운의 왕녀를 위령코자 한다.

이 묘는 원래 바위덩이에 새겨놓은 탑 모양으로 생긴 것으로 가미기타쵸(上縣町)의 오아자쿠바라(大字久原)와 우나즈라(女連) 중간지점에 있었다. 그러다가 약 20년 전부터 지방도로 공사로 인해 파헤쳐져서 두 번이나 이전되어 굴러다니던 것을 개조하여 현 위치인 구바라의 사나데공원으로 옮겼다고 한다. 이 무덤의 묘석(墓石)에 기록된 이연(李昖)은 선조(宣祖, 1552~1608)의 휘(諱)이며 게이쵸 18년은 1613년으로 선조의 서거 5년 후에 묘비가 세워졌음을 뜻한다.

왼쪽) 조선국왕 선조의 옹주 묘   오른쪽) 조선국왕 선조의 옹주 묘비석

한편 설명판 뒷면에는 묘탑재건자로서 대마한국선현현창회, 한국측 대표 황수영(黃壽永), 위원 정영호(鄭永鎬), 위원 노규한(盧奎翰), 위원 박재훈(朴在勳) 등과 대마측 대표 하라다 하지메(原田源), 위원 후지카미 기요시(淵上淸), 아오기 다케지(扇武二), 위원 다치바나 아츠시(橘厚志), 위원 아스시게 다카이치(安重孝一) 등이 기록되어 있다.

이 묘를 개장하게 된 것은 이 고장 출신인 향토사학가 하라다 하지메(原田源)선생의 힘이 컸다고 한다. 하라다선생의 말에 의하면 임진 · 정유왜란 때 모 장군이 조선국왕의 따님을 이 지역에 데리고 왔다고 하며, 따님이 돌아가실 때 "모국이 보이는 곳에 묻어 달라"는 유언을 남겼다는 전설이 전해지고 있어 기념비를 세웠던 것으로 추측한다는 것이다.

한편 이곳에는 묘탑이 있었다는 기록도 있다. 직접적인 관계는 없지만 가미기타쵸 교육위원회가 만든 설명판이 있는데, 사나데 마을의 유래를 다음과 같이 기록하고 있다.

사나데 마을의 자취(佐奈豊の跡)

구바라(久原)와 우나즈라(女連)의 중간에 사나데라는 지명이 있다. 여기에 옛날에는 작은 사나데농촌이 있었다고 한다. 이 마을 출신이라고 하는 사나데 겐나이(佐奈豊源內)씨가 분로쿠(文祿)전쟁 때 미네토(峯黨)에서 도해(渡海)하여 출전, 분로쿠 2년(1592) 1월 7일 평양성에서 전사했다. 사나데에는 아쿠사신사(軍神社)가 있어, 겐나이의 옛 가신이었던 우나즈라 마을의 아라키(荒木)씨가 현재에도 제를 지내고 있다. 또 쓰시마기지(對馬紀事)에 사나데의 쵸후쿠지(長福寺)가 소실하여 본존(本尊)의 지장보살은 구바라의 도코지(東光寺)로 옮겼다고 적혀 있으나, 지장보살이 아닌 금동불(金銅佛)의 큰 여래상(如來像)으로 알려졌다. 지금도 쵸후쿠지의 자취가 남아 있다. 한편 어떤 이유인지 '조선국 이왕희(李王姬), 게이쵸(慶長) 18년'

이라는 기록이 남아 있는 화강암의 5륜탑이 있으나 그 진위는 알 수가 없다. 번(藩, 지금의 縣)은 데이쿄(貞享) 4년(1687) 사나데 마을의 농민의 세대수를 구바라 마을과 미소무라(御園村)로 나누어 폐합하였다. 당시의 사나데 마을의 세대수는 모두 7세대였다고 한다. 이로써 사나데 마을은 역사에서 사라져버렸다.

그러나 사실은 이 묘탑이 언제 누구에 의해 마련되었는지 알 수 없는, 학술적으로 전혀 근거를 찾을 수 없는 한낱 전설이라는 것이다. 그럼에도 불구하고 2005년 정영호 교수가 대마도를 방문했을 때 방치되어 있었던 묘탑에 조선국왕의 옹주라 쓰여진 흔적을 보고, 이를 그대로 둘 수는 없다고 생각하여 좀 더 정중히 정비하여 모시자는 뜻으로 개조작업을 시작하였다고 하며 2006년 10월 준공에 이르렀다고 한다.

2) 가토 기요마사의 등신불(等身佛)

이즈하라에서 아주 색다른 임진왜란과 관련되는 유적을 한군데 발견하였다. 그것은 이즈하라에 있는 고쿠쇼지(國昌寺)가 가토 기요마사의 등신불을 모시고 있다는 사실이다. 이 절의 위치는 오테바시(大手橋) 부근이다. 공교롭게도 최익현선생의 순국비가 세워져 있는 슈젠지(修善寺) 근처다. 이 절은 아주 작은 절이지만 대마도에서는 유일한 일련종(日蓮宗) 사찰이기에 더욱 흥미롭다. 이 절의 주지(女僧)를 찾아 기요마사의 등신불을 모시게 된 배경을 물었으나 별다른 이유나 연혁을 모른다고 하며 다만 기요마사공을 숭앙하여 섬길 따름이라고 답하였다. 그러나 기요마사가 일련종 불교신자였으며, 그의 묘가 있는 보리사인 쿠마모토의 혼묘지(本妙寺)가 일련종 사찰임을 감안할 때 이곳 고쿠쇼지에 기요마사의 등신불을 모시게 된 배경을 짐작할 수 있다.

그러나 이 등신불을 만든 것은 불과 150년 전 메이지(明治) 24년이라고 함으로 아마 그때 기요마사의 이야기가 교과서에 등재되는 등 의도적인 국민적 영웅화 운동과도 관련된 듯하다. 원래 대마도는 고니시 유키나가의 사위 소 요시토시가 다스린 고장인데 이곳에 라이벌인 기요마사를 모시는 절이 있다는 것은 정말 놀라운 사실이라 아니 할 수 없다.

이즈하라 고쿠쇼지(國昌寺)의 가토 기요마사(加藤淸正)의 등신불 목상(사진작가 니이 다카오(仁位孝雄) 제공)

그런데 또 한 가지 대마도에서 기요마사의 흔적이 전해지고 있다. 기요마사가 조선침략 길에 오를 때 구마모토에서 가지고 와서 대마도에 심었다는 철쭉(ミヤマキリシマ)이 오늘날까지 번식하고 있다고 한다.

기요마사는 임진왜란 때 제2군을 이끌고 조선에 출전하여 괴력의 장군이라는 소문이 나돌아 모두가 두려워했다. 그는 1592년 7월 조선왕자 임해군(臨海君)과 순화군(順和君)을 회령에서 인질로 잡았으며, 러시아영토인 오랑카까지 진격했다. 조선 침략 때 편겸창(片鎌槍)으로 호랑이를 잡았다는 일화가 일본 사회에서 전해지면서 명장으로 더욱 유명해졌으나, 이는 에도 중기에 나온 픽션 전기에서 기요마사를 영웅시하는 내용 때문에 나온 이야기라고 한다. 그래서인지 기요마사의 호랑이와 관련된 일화는 우리나라에서도 400년이 지난 지금까지 전해지고 있다.

한때는 이런 에피소드가 널리 퍼지기도 했다. 1945년 제2차 세계대전이 끝난 후 우리나라는 독립하고 일본은 맥아더사령부 치하에 있을 때였다. 한국의 이승만 초대대통령이 도쿄를 방문하였다. 한일 양국의 정상회담 도중, 당시 요시다 시게루(吉田茂) 수상이 여담으로 "아직도 당신 나라에는 호랑이가 있느냐?"라고 물었다. 이승만 대통령은 "없다"고 답했다. 요시다 수상이 "왜 없느냐?"라고 되물었다. "임진왜란 때 가토 기요마사가 다 잡아 갔기 때문이지……"라고 이승만 대통령이 천연스럽게 대답했다고 한다.

기요마사는 임진왜란 말기 강화조건으로 조선 영토 할양을 주장하다가 점차 이시타 미츠나리(石田三成), 고니시 유키나가 등 강화파로부터 고립되어 1596년에는 본국으로 소환되는 불명예를 당했다. 그런데 그가 교토 후시미(伏見)에서 칩거(蟄居)하라는 히데요시의 명을 받고 지내는 동안 깅키(京畿)지방에서 대지진이 일어났다. 이때 기요마사가 히데요시 옆에서 신변을 보호한 덕분으로 신임을 회복하였고 그 공으로 근신에서 풀려났다. 그리하여 1597년 1월 정유재란 직전에 다시 조선으로 출전하였다. 그러나 그해 12월 23일부터 울산성에서 기요마사가 이끄는 휘하 약 3,000명 병졸은 4만여의 명·조관민합동군과 대결하다가 포위당해 추위와 굶주림으로 고전하였으며, 이듬해 1월 4일 일본 원군이 도착하여 간신이 구사일생으로 탈출하여 살아남았다. 그러다가 같은 해 8월 히데요시의 사망으로 그는 병력을 철수하여 귀국하였다.

귀국 후 기요마사는 1600년 운 좋게도 세키가하라전(關ヶ原戰)에서 이에야스 편인 동군에 속하여 구마모토성을 축성하고 계속 다이묘로 군림하게 된다. 그는 축성에 이어 히고(肥後)평야를 개발하였으며, 한편 구마모토시가지의 기틀을 닦아 일찍 계획된 구마모토시의 모태를 만들었다. 또한 영내정책의 하나로 기독교의 탄압을 서둘러 실행하였으며, 불교신도로서 일련종의 번영에 힘썼다. 1603년에는 쥬시이노히고노카미(從四位下肥後守)로 임명되었으며, 축성의 귀재로서 그 후 에도성(江戶城)과

나고야성(名古屋城)의 보청공사(普請工事)에 나섰다. 만년에는 리토오켄(履道應乾)의 인장을 사용했으며 문예와 다도에 전념하다가 1611년 50세를 일기로 사망하였다.

기요마사는 영웅, 유키나가는 악인

규슈 구마모토(熊本)지방의 주민들은 기요마사를 존경하여 호칭을 기요마사코(淸正公)라 한다. 기요마사는 이처럼 민중으로부터 추앙받는 불패의 무장이라는 이미지가 강하다. 기요마사는 히고(肥後)에 와서 하천의 개수, 농경지 조성, 성의 구축 등 사업을 수행했지만, 당시 다이묘(大名)라면 누구나 자기 영토 내에서 그런 일을 하는 것이 특별한 것은 아니었다.

'영웅 기요마사'라는 위상은 히고의 민중이 대거 참여한 기요마사 200주기를 계기로 한층 드높아졌다. 그로부터 기요마사는 현세의 이익과 수

왼쪽) 구마모토성(熊本城) 앞에 있는 加藤淸正의 동상. 오른쪽) 우토성(宇土城) 터에 세워져 있는 小西行長의 동상

호신앙의 대상이 되어졌다. 특히 에도 말기의 '존왕양이론' 때문에 기요 마사의 조선침략에 있어서의 군사행동은 높이 평가받게 되었다. 또한 명치시대의 국정교과서에 히데요시의 충신으로서 기요마사에 관한 기록이 게재되는 등 일본 국내에서 그에 대한 영웅의 위상이 확고하게 형성된 것이다. 기요마사를 소재로 여러 가지의 전설과 픽션을 가미한 이야기 책, 애니메이션 등의 출판도 영웅 기요마사의 위상 제고에 한몫을 하고 있다.

반면 고니시 유키나가는 그가 사망한 이후, 도쿠가와 막부, 가토 가문, 호소카와 가문에서는 일관하여 유키나가의 호칭을 도노(殿)나 사마(樣)를 쓰지 못하도록 하고, 가토 기요마사의 칭호에는 코(公)를 붙여서 불렀다. 이러한 차별 호칭은 적어도 제2차 세계대전 이후까지 계속 되었다. 그러나 유키나가에 대한 재평가의 기운이 서서히 우토지방을 중심으로 감돌기 시작하여 1980년 유키나가 사망 380주기를 기념하여 우토시 주관으로 우토성 터에 유키나가의 동상이 세워졌다. 이는 일본이 전후 고도 경제성장기였던 1960년대 이후에 유키나가에 대한 인식이 변화하는 쪽으로 기울었기 때문이다. 1960년 우토시는 처음으로 고니시 유키나가 360년제를 지냈고, 그 후 20년 후에 다시 380년제를 개최하여 우토성 터에 고니시의 동상까지 건립하였다.

그럼에도 이 지방에서는 유키니가는 악인이라는 고정관념은 바뀌지 아니하였다. 때문에 우토성 터에 동상이 건립된 이후에도 1년 동안 제막을 하지 못하고 공사장의 포장으로 덮어두고 있었다. 이처럼 유키나가가 영주였던 우토지방 사람들까지 그가 악인이라는 이미지를 쉽사리 벗어던지지 못하였다.

일본은 전국시대부터 에도시대에 이르기까지 그 지방의 다이묘에 의해 성이 구축되는 관례가 있었다. 그리하여 다이묘는 성과 도시를 건설한 향토의 영웅이 되어 후세에 이르러 그 다이묘의 동상을 세워 그 도시의 상징으로 삼았다. 그러나 다이묘의 동상을 세우는 데는 일정한 조건이 있었다. 그것은 바로 그 다이묘가 일생동안 전쟁에서 패한 적이 없었다는 조건이다. 즉 불패의 무장(武將)이어야 한다. 그럼에도 우토시는 이런 조건을 무시하고 유키나가의 동상을 세웠음으로, 유키나가의 동상은 건립된 이래 1년 동안 제막조차 하지 못하였던 것이다.

물론 유키나가가 생전에 많은 사찰과 건물, 불상과 신상을 불태우고 불교와 신도(神道)를 박해했다는 후세의 기록과 전언이 현재까지 이어지고 있다. 그러나 전국시대의 혼란 때 전화로부터 사찰이 황폐해진 것은 유키나가 혼자만의 잘못은 아니라는 사실이 많이 알려지게 되었다.

한편 2000년 10월에 개최된 고니시 유키나가 400년제에서는 16세기의 복원 악기연주, 무용의 재현에 의한 유럽 춤과 음악을 피로하고 '고니시 유키나가가 달려온 시대'라는 제하의 특별강연, '고니시 유키나가의 실상을 찾아'라는 주제의 심포지엄을 개최하는 등 시대의 변화를 실감케 하였다. 2007년 봄에는 고니시 유키나가를 소재로 다룬, 그의 세례명을 딴 음악극 '아우고스티노 츠노가미도노'가 이탈리아 제노바에서 공연되어, 이것이 1600년으로부터 유키나가를 추모하는 400주기의 행사가 되었다. 이런 음악극은 유키나가가 사망한 이후부터 시작하여 줄곧 유럽에서 공연되어 왔던 것이다. 그 밖에도 유키나가를 소재로 한 연극은 1689년 독일 레겐스부르크에서, 또한 1756년 오스트리아의 찰스부르크에서 공연된 적이 있었다. 유럽에서 이렇게 유키나가를 평가한 것은 두 말 할 나위 없이 그가 기독교인이었기 때문이다.

이러한 맥락에서 향후 고니시 유카나가의 기념관과 동상이 대마도에 들어서지 않을까 걱정된다.

9. 최익현(崔益鉉)선생의 순국비

면암 최익현 선생 초상화

우리 일행의 방문 유적 중에는 이즈하라 시내의 슈젠지(修善寺)도 포함되었다. 이 절은 백제의 비구니 법묘(法妙尼)가 세웠다고 하며, 옛날에는 입구가 포구였다고 하나 지금은 매립되어 바다에서 꽤 떨어져 있다. 이 절의 경내에 구한말 충의지사 최익현(崔益鉉, 1833~1906)선생의 순국비가 세워져 있다. 선생은 성리학자요, 위정척사파(衛正斥邪派)의 대표요, 배일파의 한사람으로서 1905년 을사보호조약의 채결과 통감부 설치를 반대하여 전라북도 순창(淳昌)에서 의병을 일으켜 조선관군과 일본군에 항쟁하다가 포로가 되어 대마도로 유배되었다. 선생은 포로가 되어 대마도로 끌려와 일체의 음식을 끊고 순국하였다. 선생이 타계하자 슈젠지에서 장례를 치르고 부산으로 운구하였다. 1986년 한일 양국의 유지들이 '대한인 최익현선생 순국비(大韓人崔益鉉先生殉國之碑)'를 세웠다. 선생은 당시 74세의 고령에도 불구하고 일본인의 위협에 결코 굴함이 없이 그들이 주는 물 한 모금조차 마시지 않은 채 단식으로 항거하다가 세상을 떴다고 한다. 우리 일행은 선생의 고결한 인품에 감동하며 숙연히 고개를 숙였다. 슈젠지 주지는 "1999년 부산항과 이즈하라항을 잇는 징기고속징이 취항한 이래 이 절을 찾는 한국관광객이 증가하였다"고 말한다. 그 중에는 아침 일찍 찾는 이도 있다고 즐거운 비명을 지르고 있었다.

최익현 선생은 경기도 포천 출신으로 1855년(철종 6) 문과에 급제, 고종황제 때까지 여러 관직을 역임한 유학자였다. 성격이 강직했던 선생은 불의와 부정을 척결하여 관명을 날리고, 1868년(고종 5) 경복궁 중건의 중지, 당백전(當百錢) 발행에 따르는 재정의 파탄 등을 들어 흥선대원군 (興宣大院君)의 실정(失政)을 상소하여 사간원의 탄핵을 받아 관직을 박탈당했다. 그 후 1873년 동부승지(同副承旨)로 기용되자 명성황후(明成皇后) 측근 등 반(反)흥선 세력과 제휴, 서원(書院) 철폐 등 대원군의 정책을 비판하는 상소를 하고, 호조참판으로 승진되어 다시 대원군의 실정 사례를 낱낱이 열거, 대원군 실각의 결정적 계기를 만들었다. 그러나 군부(君父)를 논박했다는 이유로 체포되어 제주도에 2년간 위리안치(圍籬安置)되었다가 1875년에 풀려났다. 이듬해 명성황후 척족정권이 일본과의 통상을 논의하자 조약체결의 불가함을 역설하다가 다시 흑산도(黑山島)에 유배되었으며 1879년 석방되었다.

1895년에는 단발령(斷髮令)이 내려지자 이를 반대하다가 투옥되었다. 선생은 단발령이 내리자 "내 머리는 자를 수 있어도 머리카락은 자를 수

왼쪽) 이즈하라 슈젠지(修善寺)에 있는 면암 최익현선생 순국비 오른쪽) 순국비의 비명(碑銘)

없다"(吾頭可斷 此髮不可斷)는 말로 강제적 단발령에 목숨을 걸고 반발하여 당시 유학자들의 기백을 잘 나타내기도 했다.

1898년(광무 2) 궁내부특진관(宮內府特進官)이 되고 뒤에 중추원의관(中樞院議官)·의정부 찬정(贊政)·경기도관찰사 등에 임명되었으나 모두 사퇴, 향리에서 후진교육에 진력하였다. 1904년 러일전쟁이 터지고 일본의 침략이 노골화되자 고종의 밀지를 받고 상경, 왕의 자문에 응하였으며, 일본으로부터의 차관(借款) 금지, 외국에 대한 의부심(倚附心) 금지 등을 상소하여 친일 매국도배들의 처단을 강력히 요구하다가 두 차례나 일본 헌병들에 의해 향리로 압송당하였다. 1905년 을사조약이 체결되자 창의토적소(倡義討賊疏)를 올려 의거의 심경을 토로하고, 8도 사민(士民)에게 포고문을 내어 항일투쟁을 호소하며 납세 거부, 철도 이용 반대, 일체의 일본상품 불매운동 등 항일의병운동의 전개를 촉구하였다.

그러나 결국 일본 제국주의자들의 한일합방조약 이후 나라를 빼앗길 위기에 처하게 되자 선생은 74세의 고령임에도 임병찬(林秉瓚)·임락(林樂) 등 80여 명과 함께 전북 태인(泰仁)에서 의병을 모집, '기일본정부(寄日本政府)'라는 일본의 배신 16조목을 따지는 '의거소략(義擧疏略)'을 배포한 뒤, 순창(淳昌)에서 약 400명의 의병을 이끌고 관군과 일본군에 대항하여 싸우다가 항쟁 1년 만에 일본군에 의해 포로로 체포되어 1906년 8월 28일 대마경비대에 투옥되었다.

선생은 감옥에서 일본관헌에 대한 항의를 위해 단식하다가 12월에 순국한 것으로 널리 알려져 있다. 선생의 단식사(斷食死) 설은 재일동포 작가 김달수(金達壽)씨와 역사학자 강재언(姜在彦)씨의 저서를 통해 정착되었다.

그러나 최근 대마도 향토사학가인 나가사토 가즈(長鄕嘉壽)씨는 선생의 단식사 설에 이의를 제기하고 나섰다. 나가사토씨가 장기간에 걸쳐 여러 가지 자료와 현지 관계자들을 통해 탐문한 바를 종합한 결과, 특히 선생이 남긴 『면암집(勉菴集)』과 투옥 중 뒷바라지를 하던 임병찬(林炳瓚)씨의 「대마일기(對馬日記)」, 선생의 유해를 운구, 귀국한 문하생 최습제(崔習齊)씨의 「반구일기(返柩日記)」, 조선총독부 문헌 「조선의 보호급병합(保護及倂合)」의 관계 기록으로 보아, 최익현선생의 사인은 단식이라기보다는 병사(病死) 쪽으로 가닥을 잡았다. 최익현선생은 1906년 8월 28일 투옥되어 익년 1월 1일까지 감옥에서 단식한 회수는 6끼밖에 안되고 사인은 고령으로 인한 병사라고 결론지었다.

나가사토씨는 이 병사설을 「쓰시마후토기(對馬風土記)」(對馬風土研究會刊 제20호)에 「최익현의 대마유적(遺蹟)」이라는 제하에 발표하였다. 그는 이 조사보고서에서 최익현선생의 최후를 이렇게 전했다. "점차 두려움이 더해지더니 1907년 1월 1일 새벽 4시, 최익현은 그 파란만장의 74년 생애를 이국의 쓸쓸한 곳에서 커다란 한을 머금고 마쳤다. 임종에는 장남과 차남 그리고 문하생인 최병찬씨를 비롯하여 동지들이 함께 지켜보았다."

슈젠지에 세워진 대한인 최익현선생순국비(大韓人崔益鉉先生殉國之碑)는 1986년에 한일 양국 유지들이 건립하였다. 이 순국비의 제막식에는 다수의 한일 양국 인사들이 참석하였으며, KBS 취재팀은 대마도의 향토사학가 나카도메 히사에(永留久惠)씨와의 인터뷰에서 "항일투사의 순국비를 왜 일본에 세우는가?"라고 질문하였다. 나카도메씨는 이에 대하여 "국난을 걱정하는 마음은 세계 어느 나라든 다 같다. 이를 주창하는 것이 곧 무사도(武士道)다."라고 답하였다. 물론 이를 위해서는 한일 양국이 역사를 서로가 왜곡됨이 없이 정확하게 전해야 한다는 자세가 전제되어야 할 것이다.

"단식사였다는 항일투사의 순국이 비록 병사라 할지라도 나라의 주권

회복과 국민을 구하기 위해 몸을 던진 최익현선생에 대한 평가는 변함이 없을 것이다. 대마도사람들은 옥중의 최익현선생에게 담배를 넣어주기도 하고 운구로 귀국하는 날 밤에는 이즈하라 항에서 횃불을 밝히며 송별하였다."라고 전 이즈하라쵸의 다치바나 아츠시(橘厚志) 부정장은 2002년 6월 11일자 나가사키신문(長崎新聞)의 칼럼을 통해 최익현선생의 애국심에 대하여 대마도 사람들마저 동정했다는 내용을 술회하였다.

선생의 유해는 생가가 있는 충남 예산군 광시면 신내리에 모셔졌으며, 최익현의 대의가 기록된 춘추대의비는 현재 충청남도 예산군 광시면 관음리에 있다. 1962년 건국훈장 대한민국장이 추서되었으며, 제향은 모덕사(慕德祠, 충청남도 청양군)와 경기도 포천군 신북면 채신사에서 유림에 의해 봉향되고, 그 밖에도 해주 고창 곡성 순화 무안 함평 광산 구례 등지의 유림들에 의해서도 계속 봉향되고 있다. 한편 선생의 거룩한 애국정신을 기리기 위해 충남 청양군 칠갑산 도립공원과 경기 포천시 청송문화체육공원에는 최익현 동상이 세워져 있다.

10. 덕혜옹주(德惠翁主)의 결혼기념비

이즈하라에는 역대 대마도주의 거소였던 가네이시성(金石城)이 있다. 이 성은 지금 거의 폐허가 되고 성터만 남아 있는데, 경내에 '이왕가 종가 백작 결혼봉축기념비(李王家宗家伯爵御結婚奉祝記念碑)' 라 쓰여진 커다란 비석이 서 있다. 이 비석은 1931년 대마도 거주 한국인들이 고종의 따님 덕혜옹주와 대마도주 소 다케유키(宗武志)와의 결혼을 기념하기 위해 건립하였던 것이다. 그러나 옹주는 1932년 결혼 다음해에 딸(正惠) 하나를 두고 불행히도 1955년에 이혼하였다.

덕혜옹주는 기울어진 국운의 희생으로 어쩔 수 없는 정략결혼임을 알고 있었다. 두 사람의 결혼은 조선왕조 최후의 왕녀 덕혜를 일본인과 결혼시킴으로써 조선민족의 구심력을 상실케 하려는 것이었다. 이는 당연히 본인의 의사에 반하는 일본 측이 일방적으로 꾸민 강제결혼이었다. 이러한 고민으로 옹주는 거의 정신병을 앓는 상태에서 대마도로 출가했다가 결국 병세가 악화되어 이혼하게 된 것이다. 옹주는 1961년 귀국하여 1989년에 비운의 생애를 마감했다. 대마도 시미즈산성(淸水山城)에도 도민들이 두 사람의 결혼을 축하하기 위해 세웠던 기념비가 있다.

나는 2006년 8월 5일 대마아리랑축제에 참관한 기회에 다치바나 아츠시씨의 안내로 산성 위 산마루에 세워진 기념비를 찾았다. 산마루의 기념비는 성터 안에 세워진 비석과는 달리 아무도 찾는 이 없이 쓸쓸하기만 했다. 더구나 비석에는 이끼가 무성하게 자라서 글씨마저 보이지 않았고,

기념비 건립 때 심었던 주변에 철쭉들만 무심하게 해마다 피고 지기를 거듭하다가 옹주가 세상을 떠난 해부터 시들어버렸다고 한다. 덕혜옹주의 슬픈 생애처럼 비석은 훼손되었고 철쭉은 시들어버린 채 삭막한 풍경이었다.

덕혜옹주는 1912년 대한제국 고종황제의 4녀로 태어났다. 고종황제가 60세가 되던 해에 후궁 복녕당 양씨 사이에서 얻은 고명딸이었다. 옹주는 서울의 히노데(日出)소학교를 거쳐 일본에 강제유학을 가게 되었으며, 1925년 도쿄 여자학습원에 입학하였지만 학교생활에 적응

덕혜옹주와 소 다케유끼(宗武志)의 결혼기념사진
(향토역사연구가 橘 厚志 제공)

이즈하라에 서 있는 덕혜옹주 결혼기념비(뒤편 가운데). 2006년 8월 일본 향토역사연구가 다치바나 아츠시(橘 厚志)씨와(왼쪽) ANA(全日本航空) 근무 오다기리 유코(小田切裕子)씨(오른쪽)와 함께 이들의 안내로 덕혜옹주 결혼기념비를 답사한 지은이(가운데)

하지 못하여 신경쇠약에 걸렸다. 일본 황후 사다코의 간계로 옹주는 18세 때 1931년 5월 8일 도쿄에서 대마도주인 소 다케유키(宗武志, 당시 23세)와 정략 결혼하여 이듬해 8월 장녀 정혜(正惠)를 낳았다. 1945년에는 대동아전쟁이 끝남과 동시에 이씨 왕가는 특권적 지위를 상실하게 되어 재일한국인으로 취급되었다. 남편과는 1955년에 이혼, 1962년 일본정부가 준비한 특별기편으로 고국으로 돌아왔다. 귀국 후 옹주는 서울대학병원에 입원 요양을 계속하였다. 그 후에 창덕궁 낙선제로 거소를 옮겼다가 1989년 4월 21일 만 76세로 세상을 떴다.

현재 재건된 비석은 옹주가 결혼한 1931년 대마도 거주 재일동포들이 성금을 모아 옹주의 대마도 입주를 환영하는 뜻에서 이즈하라 하치만구(八幡宮) 경내에 기념비를 건립하였으나, 20여 년이 지난 뒤 1962년, 도로 확장 공사 때문에 일시 철거되어 2001년 복원 때까지 그대로 방치되어 있었다. 비석이 방치되었던 곳은 반쇼인의 정문입구 바로 우측에 있는 소케분코(宗家文庫)의 목조건물 옆이었다. 비석은 넘어져서 그 위로 잡초 넝쿨이 무성히 자라서 본체는 거의 참모습을 알아볼 수 없었다.

혼마 야스코(本馬恭子)의 『도쿠에히메(德惠姬)』(草書房刊, 1999)에 의하면, 당시 덕혜옹주의 이즈하라도착 광경과 대마도 거주 재일동포사회의 실정을 기술한 부분이 있다.

1931년 10월 30일 밤, 피로연을 위하여 도쿄로부터 다케유키와 도쿠에 히메를 태운 선박이 환영인파로 넘쳐흐르는 이즈하라 항에 들어왔다. 구 대마번사(舊對馬藩士)의 후손인 히라야마 다메타로(平山爲太郞)는 당시 상황을 일기에 환영인파가 근래 보기 드문 성황이었다라고 하였다.

당시 대마도 거주 재일동포들의 사정은 좋지 못했다고 한다. 일본정부가 시행한 조선의 토지조사사업으로 인하여 동포들은 모두 경작지를 빼앗겼다. 토지를 잃은 이들은 생계를 위해 숯 굽는 공장 등에 품팔이로 농촌을 떠나 이주해야만 했다. 이주한 동포의 수는 전도민의 1할인 3천명에 이르렀다. 이들은 일제히 "대마도주가 우리 나라 왕녀를 며느리로 맞아드렸다"며 덕혜옹주의 대마도 입주를 기뻐했다. 동포들은 다 같이 가난한 처지였지만 이런 뜻에서 성금을 모아 기념비를 세웠던 것이다.

그러나 두 사람의 결혼생활이 원만하지 못하여 이혼에 이르자 세웠던 기념비는 세월이 흐름에 따라 점차 동포사회에서도 기억에서 멀어지고, 고작해야 당시 기부했던 96세의 백화수(白化洙) 할아버지만이 알고 있을 정도였다. 이러한 처지에 놓여 있던 때에 2000년 3월 26일 충청북도의 청주신문사가 주간하는 덕혜옹주 위령 투어 일행 200여명이 반쇼인에 방치된 기념비를 찾았다. 인솔해설자는 정영호(鄭永鎬)교수였다. 일행은 넘어진 기념비 앞에서 옹주의 명복을 빌고, 근처의 가네이시성(金石城)터에서 진혼 춤을 피로하였다. 이미 대마도에 역사탐사를 위해 여러 번 대마도를 방문한 바 있는 정영호 교수는 이번 방문을 계기로 덕혜옹주의 결혼기념비 재건 운동에 앞장서기로 했다. (시마무라 하츠요시(嶋村 初吉) 편저『대마신고(對馬新考)』2004, 참조)

그리하여 한일양국 유지들에 의해 뜻이 이루어졌고 2001년 11월 10일 드디어 기념비 복원기념식을 가졌다.

다치바나씨는 그동안 파괴, 방치되었던 결혼비를 복원하는 사업이 추진될 무렵에 이즈하라쵸의 문화관광과장이었다. 기네이시성(金石城)터에 복원된 기념비는 이제 온전한 제 모습을 갖추고 방문객을 맞이한다.

다치바나씨는 결혼기념비 복원과 관련된 일화를 나에게 들려주었다. 복원에 앞서 도쿄 거주 소 가문 제35대 다츠히토(立人)씨와 2남 나카마사(中正)씨를 찾아가서 복원계획을 설명하고 승인을 간청하였다. 그러나 처음 이분들은 복원될 비가 과연 한일문화교류에 플러스가 될까하는 의문을 던졌다고 한다. 사실 조선왕조는 마지막 왕 순종(純宗)으로 대를 마감했고, 덕혜옹주도 타계하여 한국 측으로서는 지나간 역사이지만, 소 가문 측에서는 덕혜옹주와 이혼 이후 맞이한 새 부인이 건재하여 아직 지난 역사가 되지 않았기 때문에 고심하였다고 한다. 하지만 대마도가 다시 한일교류에 의해 활성화되기를 바라는 상황을 고려하여 끝내는 승낙하였다고 한다.

기념비의 복원기념식전에 참석한 2남 나카마사(中正)씨는 인사말에서 "역사를 정확하게 전하고 싶다"고 소감을 피력하여 한국 측 참석자들은 이 말이 단순히 의례적인 인사가 아니라 '강화'라는 차원에서 높이 평가했다고 한다. 다치바나씨는 2002년 7월 7월 11일자 나가사키신문의 칼럼을 통해 "비를 찾는 내방객은 대마도가 무대가 되었던 이 고난의 한일 역사를 추상하리라"고 복원의 뜻과 염원을 밝혔다.

나는 2007년 11월 17일 규슈 나가사키(長崎)에 출장한 기회에 덕혜옹주 이야기를 다큐멘터리로 쓴 「도쿠에히메(德惠姬)」의 작가 혼마 야스코(本馬恭子) 선생을 만나 대화를 나누며 덕혜옹주의 일생의 역정을 되새겨 보았다. 이 다큐멘터리는 한국의 역사학자 이훈(李薰) 박사가 오랜 기간 정성을 다해 번역하여 2008년 초에 발간되었다.

11. 통신사 충숙공 이예(忠肅公 李藝) 공적비

대마도에는 통산사와 관련되는 역사 문화유적이 여러 곳에 남아 있는 데, 여기에 또 하나의 명소가 마련되었으니 이것이 곧 엔추지(圓通寺)에 우뚝 선 '통신사 이예공적비'이다.

2005년 11월 21일, 대마도 미네쵸(峰町)의 엔추지에서 통신사 이예(李藝) 선생의 공적비 제막식이 거행되었다. 제막식에는 한국에서 이예 선생의 후손인 학성 이씨(鶴城李氏)를 중심으로 한 충숙공이예선양회(忠肅公李藝宣揚會) 회원 80여명과 정영호 단국대교수, 한문종 전북대교수 등 관계학자들이, 일본 측에서는 대마시의회 의장, 후지가미 기요시(淵上淸) 전 이즈하라정장과 다치바나 아츠시 전부정장, 그리고 대마한국선현현창회장 나가도메 히사에선생과 현지 주민 다수가 참석하였다.

이날 오전 10시에 시작되는 제막식에 앞서 9시부터 충숙공이예선양회 주최로 유교식 제사를 올렸다. 이어 제막식에서는 선양회 이두철회장의 인사말, 일본 측을 대표하여 나가도메 선생의 축사, 그리고 여러 내빈과 현지 마을대표의 축사가 있었다. 제막식은 공적비 건조에 협조한 한일 양측 인사들에게 감사패와 기념품 증정을 끝으로 정오 경 종료되었다.

공적비명은 일본 측과 한국 측 학자가 각각 기초하였는데, 일본 측 나가도메 선생의 기록을 소개하면 다음과 같다.

조선전기 통신사 충숙공 이예 (1373~1445)

조선왕조 전기, 일본 무로마치(室町)시대 국왕 사절로서 40여회 일본에 파견된 이예는 일본 왕복의 도상인 대마도에 기착했을 뿐 아니라, 대마도까지 정사(正使)로 여러 차례 내방하였다. 이예의 공적은 조선 피로인의 송환과 아시카가(足利)장군 등에 기증한 대장경(大藏經)의 전달 등 양국 간 문화교류에 많은 기여한 사실을 들 수 있지만, 대마도의 입장에서 본 최대의 공적은 대마도와 조선국 간의 통교무역(通交貿易)에 관한 조약체결에 크게 이바지한 것으로, 이로 인해 왜구가 진정되고 대마도에 밝은 시대가 열렸던 것이다.

당시의 대마도주는 소케(宗家)의 7대 사다시게(貞茂), 8대 사다모리(貞盛) 시대였다. 이곳(圓通寺 경내)에 국부(國府, 대마도 정청)가 있었으며, 사다시게가 사망함에 조문사절로 파견된 이예는 '엔추지에 이르러 향전(香典)을 베풀고 제를 올렸다' 고 조선국왕에게 보고한 기록이 있다.

이예가 송환한 피로인의 수는 667명에 달하였으나, 자신이 어릴 적에 왜구에 의하여 납치되어 간 모친과는 결국 재회할 수 없었다는 사연도 전해져 내려오고 있다.

이예의 경이적인 행동은 선량한 사람들을 잡아간 해적과도 접촉하여, 원념(怨念)을 초월하여 정의(情誼)를 피력하고 크게 공헌한 것을 생각할 때, 그 인품과 한없이 넓은 도량에 감동하고 경의를 표하며 공적을 현창코자 한다.

사실 오늘날 조선시대의 통신사라하면 임진왜란 이후 에도시대에 12회에 걸쳐 파견된 사절만을 기억하는 경우가 일반적이다. 조선초기에도 이예 선생과 같이 일본에 파견된 통신사 즉 외교사절이 있었다는 역사적 기록은 우리나라에서나 일본에서도 일반에게 잘 알려져 있지 않다. 고작해야 신숙주, 송희경 등 당대 저명한 조정신료나 선비정도이지만, 이예 선생과 같이 큰 공적에도 불구하고 저명인사의 그림자에 가려, 역사의 뒤안길에 묻혀버린 훌륭한 분들도 있다는 사실을 이번 공적비 건립을 계기로 또 한 번 깨닫게 하였다.

알고 보니 그의 외교활동은 실로 43년이라는 긴 세월 동안 40여회 파견되어 여러 가지의 성과를 거두었다.

조선전기 즉 일본의 무로마치시대에는 대마도의 국부(國府, 政廳)가 이곳 미네쵸의 엔추지에 있었으며, 조선 중기 이후 이즈하라로 옮겼다고 한다. 이런 연유로 이예 선생의 공적비가 세워진 바로 뒤편, 절 앞뜰에는 조선조정이 선물로 준 청동제 범종이 종각에 매달려 있다. 이것은 조선전기에도 통신사가 여러 차례 이곳에 유숙하면서 외교활동에 임했음을 입증한다.

이예 선생은 1373년(고려 공민왕 22) 울산의 학성 이씨 집안에서 태어났다. 8세 때 어머니가 왜구에게 잡혀가는 슬픈 사연을 지울 수가 없었기에, 어쩌면 그는 평생 잃어버린 어머니를 생각하며 멀리 바닷길을 헤치고 왜구와 싸우며 그들과 타협하여 많은 피로인을 구출하게 된 것

충숙공 이예 선생 초상화

인지도 모른다. 1396년(태조 5) 그가 25세 때의 일이다. 울산 기관(記官)으로 근무하면서 울산군수 이은이 대마도로 잡혀갈 때 자진하여 함께 갔다가 이듬해 이은과 함께 풀려나서 귀환하여 관직을 얻게 된다. 이때도 대마도에 감금되어 있을 지도 모를 어머니를 찾고자 했으나 뜻을 이루지 못하였다.

이예는 그 이후 1400년(태종 즉위)인 28세 때부터 10년간 5회에 걸쳐, 회례사를 수행하거나, 자신이 회례관, 통신사 부사 또는 회례사 정사로 파견되어 대마도, 이키도 등지에 끌려간 피로인 약 5백 명을 구출해 왔다. 그 동안 관직도 종5품에서 정4품으로 승격되었다.

44세 때는 통신관으로 류큐국에 파견되어 왜구에게 잡혀간 우리 백성 44명을 송환하였고, 46세 때는 대마도에 경차관으로 파견되어 화통과 완구를 동철로 제조하는 기술을 도입하였다. 이어 50세와 52세 때는 회례사 부사로 일본 국왕에게 파견되어 우리의 대장경을 사급(賜給)하였으며, 1428년과 1430년(세종 10,12) 56세 때와 58세 때는 다시 통신사 부사로 다녀와서 우리 나라에 일본식 자전 물레방아의 도입, 화폐의 광범위한 유통, 사탕수수의 재배와 보급을 추진하였고, 또한 '단단하고 정밀하며 가볍고 빠른 선박'의 제조기술 도입을 세종에게 건의하였다. 1432년(세종 14) 그가 60세가 되던 해에는 회례사 정사로 일본 국왕에게 파견되어 대장경을 사급하였으며, 1438년(세종 20) 66세 때 첨지중추원사(정3품)로 승진하여 대마도에 파견되고 1443년(세종 25) 때는 자진하여 대마도체찰사로 파견되어 피로인 7명을 구출하는 한편 왜적 15명을 생포해왔다. 이 공으로 동지중추원사(종2품)로 승진하였으며, 대마도에서 발급하는 입국허가제를 중요골자로 한 계해약조(癸亥約條) 체결을 주도하였다.

이예 선생은 1445년(세종 27)에 향년 73세를 일기로 생애를 마감하기까지 왜구에게 잡혀간 수많은 인명을 구출하는 당대 보기 드문 인도주의

자였으며, 일본에 우리의 선진문화의 표징인 대장경의 사급과 일본에서 앞선 자전 물레방아와 일본의 화폐제도, 상가제도의 우수성을 연구 도입코자했으며, 사탕수수의 재배, 조선기술의 도입, 민간인 광물채취 자유화 등 당시 조일간의 문화 교류에 지대한 공적을 남긴 훌륭한 외교관이었다.

그가 펼친 외교활동은 임무수행 과정에서 비교해 볼 때, 교통이 발달된 오늘날의 외교활동과는 엄청나게 달랐다. 때로는 풍랑을 만나 배가 뒤집히는 위험도, 때로는 해적을 만나 싸워야 했던 모험도 스스로가 몸소 극복해야 했던 실로 목숨을 건 투쟁이었다.

1) 기해동정(己亥東征) -오에이노가이코(應永の外寇)

여기서 우리는 당시 우리 나라 근해에서 왜구의 해적행위와 조일간의 분규 등 긴장 때문에 일어났던 군사충돌, 그리고 이를 해결하기 위한 외교교섭 등 국제 정세를 살펴볼 필요가 있다. 사실은 조선조에 앞선 고려시대부터 일본과 한반도간에는 국가간의 외교교섭이 있었다. 그 원인은 왜구의 해적행위였다. 일본의 카마쿠라(鎌倉)시대(1192~1337) 후반, 특히 원구(元寇, 여원연합군의 일본 침공)라 불리었던 '분에이 · 코안노에키(文永 · 弘安の役)' 이래, 서일본의 몰락한 중소 영주와 해민(海民) 즉 왜구가 한반도 연해에 출몰하여 식량, 재산 심지어는 사람까지 약탈하는 행위가 빈번했다. 이와 같은 해적은 그 후 조선인이나 중국인에게도 확대되어, 동아시아의 해상과 연해는 한때 각 국가의 통제가 미치지 않는 해민들의 자유왕래지역을 형성하는 지경에 이르렀다. 이로 인하여 고려조는 서일본지역을 근거지로 삼고 있었던 왜구의 근절을 요청하기 위해 빈번히 사절을 일본에 파견하였다. 예를 들면 1367년(고려 공민왕 16)

김일(金逸)을 정사로 하는 30여 명의 일행이 이즈모(出雲)를 거쳐 교토에 들어갔던 것도 이에 준한 임무를 띤 외교사절이었다.

그러나 이러한 평화적 수단인 외교 교섭으로 왜구의 해적행위가 근절되지 아니하자, 조선조에 들어와서는 대마도 정벌이 감행되었다. 무력으로 왜구의 본거지 또는 중개지인 대마도를 정벌하여 왜구를 막기 위하여 출병하였다. 1419년(세종 1) 이종무 장군이 인솔하는 정벌군이 대마도를 침공한 것을 두고 우리 역사 기록에는 기해동정(己亥東征)이라 하고, 일본은 이를 오에이노가이코(應永の外寇)라고 하며, 한편 대마도 사학가들은 이를 누카타케노갓센(糠岳の合戰)이라 한다.

조선조정에 신뢰가 두터웠던 대마도주 소 사다시게가 1418년 4월에 별세한 후, 조선조정은 왜구재발을 염려하고 있던 차, 그 이듬해 5월 왜선 50여 척이 두음(豆音)에 침입하고 이어 왜선 38척이 해주의 연평을 습격하였다. 이에 태종은 대마 출병을 결심하고 병선 227척에 병사 17,285명을 태워, 65일분의 군량을 싣고 6월 19일 거제도를 출항하였다. 대마도 공격은 10여일간 계속되었다. 전과로서 왜선 대소 129척을 나포하고 민가 1,939호를 불태웠으며, 104명의 왜병의 수급과 함께 수많은 왜군을 포로로 잡았다고 한다. 이러한 역사기록에 대하여 최근 한일관계학계에서는 이의를 제기하고 나섰다. 기해동정은 한때 우리 나라 역사교과서에 민족주의사관에 의한 미화 때문에 과장되었다는 사실이 역사문헌을 통해 입증되었다고 한다.

사실 일본의 역사 기록인 『대마주편년약(對州編年略)』에는 당시 일본인 사망자를 123명, 조선 측 희생자를 2,500여 명이라고 기술하고 있다. 조선군은 군선과 병사의 동원이 제대로 이루어지지 않았고, 대마도 수비군의 대항에 밀려 많은 병력을 잃는 등 시종 고전을 거듭하다가 열흘 이후인 7월 3일 간신히 거제도로 후퇴하였다고 한다.

그해 11월에는 일본 무로마치 막부가 수년 전에 있었던 여원연합선단의 대마도 내습과 더불어 이번 조선군의 대마공격의 진상조사를 목적으로 조선에 사절을 보냈다. 이에 답례로서 1420년(세종 2)에 소위 회례사라는 이름으로 송희경(宋希璟)을 일본으로 파견하게 된다.

2) 계해약조(癸亥約條)

회례사 송희경의 노력이 결실을 보아 그 후 조일관계는 수복되고, 다시 국교가 재개되었다. 대마도에 관하여는 1443년(세종 25, 嘉吉 3)에「계해약조(癸亥約條)」가 양국간에 체결되어 무역과 통교의 규칙이 정비되게 되었다. 따라서 이런 과정에서 이예 선생은 1428년에 박서생(朴瑞生) 정사와 함께 부사로 파견되면서부터 이 계해약조 체결의 주역을 맡게 되었던 것이다. 계해약조의 중요 내용을 간추려 보면 다음과 같다.

통신사 이예(李藝)선생 공적비 전경. 대마도 미네쵸(峰町)의 엔추지(圓通寺)에 2005년 11월 건립되었다. 비석 뒤에는 조선에서 기증한 엔추지(圓通寺)의 범종이 보인다

- 도주 소 씨(島主 宗氏)의 세견선(歲遣船)은 매년 50선(船)
- 조선국왕으로부터의 세사미두(歲賜米豆)는 매년 200석
- 조선으로의 도항선(渡航船)은 다이묘의 배(大名船)라도 대마도 도주가 발행하는 문인(文引, 도항허가증)을 필요로 한다.
- 대마도 내의 호족에게도 도항선을 인정한다.

이와 같이 조선은 여러 가지 특수 권익을 대마도에게 부여하여 대마도를 조선의 대외정책의 협력자로 삼으려고 노력했다. 그리고 이상의 특권 부여뿐 아니라 조선왕조의 관직도 부여했다. 그들을 조선 측에서는 수직인(受職人), 수도서인(受圖書人)이라 불렀다. 이 수직인, 수도서인의 특권은 머지않아 대마도뿐 아니라 규슈 북부나 서일본의 여러 호족에게 급부되었으며, 이들 호족도 또한 조선으로 교역선을 보내는 것이 인정되었다.

즉 대마도와 그 도주는 일본국에 소속되어 있으면서 한편 조선국왕에 대해서도 신종관계였다는 이중구조가 이 시기에 생겨났다. 이 이중구조는 근대국가의 성립시기까지 계속 이어졌다. 조선 측으로서는 대마도를 특별 취급하여 후대함으로써, 국가적 위신을 높일 뿐 아니라 대마도주가 해적행위를 단속하는데 적극적으로 협력하기를 바랐던 것이다. 다시 말하면 일종의 포섭정책 또는 길들이기 정책이었다.

이러한 맥락에서 이예 선생의 외교업적은 반드시 재조명되어야 할 것이며, 나아가 그의 타고난 재능, 학식, 효성, 그리고 강인한 정신력과 민족애는 우리 겨레의 앞날에 영원한 귀감이 될 것이다.

12. 신라국사 순국비와 조선사절의 해상조난 사고

1) 신라국사 박제상공 순국비(新羅國使朴堤上公殉國之碑)

우리 나라 삼국시대에 들어서면 A.D. 418년 신라 내무왕은 둘째 왕자(눌지왕의 친동생) 미사기(未斯欣, 일본표기 微叱旱岐)를 일본과의 통교를 위해 인질로 보내게 되었다. 이때 지모가 뛰어난 충신 박제상(朴堤上)이 수행하여, 왕자 일행이 대마도의 사비노우미 노미나도(上縣町 佐護湊로 추정)에서 정박하게 되었는데, 이때 박제상은 일본 관헌의 눈을 속여 왕자의 침실에 짚으로 만든 인형을 대신 이불 속에 넣고, 왕자를 빼돌려 다른 배편으로 탈출시켰다.

가미아가타쵸의 신라 사신 박제상 순국비

그러나 다음날 이 사실이 밝혀져서 왕자를 구출한 박제상과 사신 일행은 채포되어 일본 본토로 유배되었다가 끝내 처형당했다.

신라에서는 박제상의 아내와 자녀들이 매일매일 산마루에 올라 동해를 바라보면서 지아비의 무사귀국을 기원하다가 석고로 변해 죽었다는 일화가 오늘날까지 전해진다. 오늘날 이 전설을 바탕으로 울산광역시 울주군의 간질곶에는 박제상의 가족을 상징하는 큼직한 돌조각이 동해를 바라보고 서 있다.

이런 연유로 1988년 한국과 대마도 양측 학자와 유지들이 힘을 모아 그

신라사신 박제상(朴堤上)을 기다리는 가족상. 울주군 동해안 간질곳에 세워져 있다

옛날 이국땅에서 나라를 위해 죽어간 이들의 넋을 기리고자 신라국사 박
제상공순국비(新羅國使朴堤上公殉國之碑)를 세웠다.

2) 조선전기 통신사(정사 송처검, 부사 이종실) 선단의 침몰

학성 이씨(鶴城李氏) 가문에는 이에 선생의 대를 이어 그의 아들 이종
실(李宗實)이 역시 통신사 부사로 임명되었다. 그러나 이종실 부사는 임
무를 수행하지 못하고 불의의 해난사고를 만나 사망하는 운명에 처해졌
다.

때는 1460년(세조 5) 10월 8일, 정사 송처검(宋處儉), 부사 이종실 등
으로 구성된 통신사 선단이 부산을 출발한 후 대마도 부근에서 악천후로

인하여 승선원 일행 90명이 조난을 당한 사고가 발생하였다. 일행 90명이 전원 사망하였으나, 그중 단 한 사람이 대마도 연안으로 표류하여 일본 관헌에 의해 구조, 보호되었다가 이듬해 1월 3일 본국으로 송환되어 조정에 통신사선단의 침몰사실을 보고하였다. 유일한 생존자는 한을(韓乙)이란 자로 당시 신분은 선군(船軍)이었다.

조정은 이 보고를 접하여 전국의 감찰사에게 긴급 왕명을 내려 사고해역 근처를 수색, 표류생존자 또는 시체를 수습하도록 하였다. 그러나 때는 이미 조난사고가 발생한 지 3개월이 지났음으로 수색은 별다른 성과를 얻지 못하였다. 조정은 2월 20일 예조로 하여금 대마도주에게 한을의 구호 송환에 상당한 하사품을 보내어 사의를 표하고 조난사고 인근해역의 후속 수색을 요청하였다.

통신사 조난사고 이후 3년이 지난 1463년 7월 14일 일본의 아시카가(足利)막부는 국왕 명의로 국서를 조선조정에 보내어, 통신사 일행의 선단이 풍란을 맞아 침몰한데 대하여 유감의 뜻을 전하고, 교토에 있는 천룡사(天龍寺)에 명하여 불의에 사망한 정사와 부사의 명복을 비는 수륙대재회(水陸大齋會)를 개최하였음을 통보하였다.

조선 초기 외교사절이었던 통신사(報聘使 또는 回禮使라고도 하였음)는 국가적인 축하 또는 조문 행사 등, 혹은 양국간의 현안문제 해결을 위해 일본으로 자주 파견되었으며 한편 일본에서도 국왕사(國王使)란 이름으로 조선을 빈번히 방문하여 선린우호관계를 유지하고 있었다. 당시 조선통신사의 임무는 대마도를 근거지로 삼았던 해적 즉 왜구의 진압과 왜구에게 납치된 사람들의 송환을 위해 일본 측의 협조를 요청하는 일이었다. 한편 일본국 왕사는 양국간의 무역문제와 특히 교토에 있는 주요사찰의 개보수 자금지원과 불교경전을 포함한 각종 문화관계 자료의 요청이 주된 임무였다.

『조선왕조실록』의 기록에 의하면, 1460년(세조 5) 8월 23일 통신사로 임명된 정사 송처검은 당시 관직이 정3품 첨지중추원사(僉知中樞院事)이고, 부사 이종실은 정4품 행호군(行護軍)이었으며, 일본으로 파견한 목적은 첫째 세조가 왕위에 오르는 즉위식에 일본국 사절을 보내준데 대한 답례, 둘째 문인(文引) 없이 행해지는 불법무역의 단속문제 협의, 셋째 종래 일본 측이 요청해온 경전과 불교의 중흥을 위한 사찰의 개보수자금 지원이었다.

당시 일본은 아시카가막부의 제8대 요시마사(義政)시대로서 조선조정은 이전에도 1392년을 비롯해 모두 14회의 통신사를 일본에 파견한 기록이 있다. 예를 들면 1428년에는 제4대 요시모치(義持)장군의 서거에 즈음 조문사절을 보냈다든가, 제6대 요시노리(義敎)장군의 취임식에 정사 박서생(朴瑞生)과 부사 이예(李藝)를 축하사절로, 1432년에는 요시노리 장군이 조선에 파견한 일복국 사절에 대한 답례로 정사 이예와 부사 김구절로 구성된 제12회 회례사를 파견한데 이어, 1443년에는 요시노리 장군의 타계에 대한 조문과 요시마사장군의 직위승계를 축하하기 위하여 정사 변효문(卞孝文), 부사 윤인보(尹仁甫), 서장관(書狀官) 신숙주(申叔舟)를 교토에 파견한 사례 등을 들 수 있다.

그 후 세조와 성종 때에도 3차례 통신사를 파견하였으나 불행하게도 해난이나 정사의 사고 등으로 일본에 도착하지 못하였다. 이중 한 사례가 곧 1460년(세조 5)의 정사 송처검과 부사 이종실로 구성된 통신사였다.

한편 일본측은 1377년 이후 초대 이시카가 요시미츠(足利義滿)장군 시대부터 요시노리장군 때에 이르기까지 25회의 사질단을, 1443년 요시마사장군 때에, 특히 선단의 조난사고 전후인 1468년까지 10회의 사절단을 조선에 파견하였다. 일본국 왕사는 매회 불교중흥을 위한 경전과 사찰의 건립이나 보수 중창을 위한 자금 지원을 요청했던 것이다.

이 중에서도 『조선왕조실록』에 기록된 자료에 의하면 천룡사의 중창을 위한 요청이 1458년(세조 4)과 1463년(세조 9)에 각각 있었다는 점으로 미루어, 이 요청에 부응하기 위하여 파견되었던 사절단이 불행히도 조난사고를 당하였음으로, 정사 송처검과 부사 이종실의 사망을 애도하고 명복을 비는 수륙대재를 천룡사로 하여금 개최하도록 명한 것이리라고 짐작할 수 있다.

통신사선단의 조난사고 이후 1464년 조선에 파견된 일본국사신 준초(俊超)와 범고(梵高) 편으로 전달된 국서(國書)에는 정사 송처검과 부사 이종실의 조난사고를 공식 통보하는 다음과 같은 내용이 기재되어 있다.

천룡사에 명하여 수륙대재를 열었으며 두 분의 명복을 기원하였을 따름입니다. 천룡사는 윗대로부터 개조(開祖)하여 이 나라에 복지를 가져다 심어주신 신령을 모신 곳입니다. 근년에 들어 교토에서 일어난 카이로쿠노헨(回錄の變)과 화재로 인해 훼손되어 옛 모습을 회복하지 못하고 이로 말미암아 곡식이 잘 익지 않을 뿐 아니라 재앙이 계속되오니, 향후 사원의 운영이 조선의 지원 없이는 수행할 수 없는 줄 아옵니다.(이하 생략)

『조선왕조실록』에 기록된 이 국서에는 위의 내용에 이어 '이번에도 청룡사 재건을 위한 자금 지원과 대장경 1권의 하사'를 요청하였다.

여기서 나는 적어도 두 가지 사실에 착안하였다. 그 하나는 조난 통신사의 부사 이종실은 부친이 바로 이예 선생이라는 점이다. 통신사 이예 선생은 젊었을 적부터 시작하여 평생을 바쳐 통신사의 일원으로서 무려 40여회에 걸쳐 일본에 파견되어 왜구에게 잡혀간 우리 백성들을 구출 송환한 다대한 공적을 세웠으며, 아들 이종실 또한 부친의 뒤를 이어 통신사 부사로 임명됨으로서 2대에 걸친 부자 통신사라는 진기한 기록을 남기게

대마해협 조난자추도비(對馬海峽遭難者追悼之碑), 1992년 한국전망대 근처에 건립하였다

되었다는 점이다.

또 다른 하나는 이미 대마도 와니우라에 '조선국역관순난지비'가 세워져 있듯, 부산과 대마도 간의 거리는 약 50km에 불과하지만, 이 좁은 해협이 먼 옛날부터 오늘에 이르기까지 애국자, 군인, 상인, 어부 혹은 해적에 이르는 수많은 목숨을 삼킨 지옥 같은 곳으로 느끼게 한다는 점이다. 이런 뜻에서 대한해협에서 조난으로 익사한 이국 영령들의 넋을 기리기 위해 1992년 한국전망대 근처에 '대마해협조난자추도비(對馬海峽遭難者追悼之碑)'를 세웠다.

우리는 단순히 한국전망대에 올라 눈앞에 부산이 보인다고 즐거워할 것이 아니라 이곳 국경의 해협, 노도가 출렁거리는 물 속에는 수만 명의 원한을 품은 영령들이 잠겨 있음을 깨닫고 잠시나마 과거 양국간에 얽히고 설킨 역사를 더듬어 보면서 그들의 명복을 빌었으면 한다.

3) 1703년 위문행역관사(정사 한천석, 부사 박세양) 선박의 파선

조선조 후기 1703년(숙종 25), 제25대 대마번주 소 요시카타(宗義方)의 별세에 즈음하여 조선조는 조위사절을 파견하였다. 그런데 정사 한천석(韓天錫)과 부사 박세양(朴世亮)을 비롯하여 모두 113명을 태운 배가 2월 5일 부산진을 출항한 이후 14일째인 2월 19일 대한해협에서 파선 침몰하여 전원이 사망한 사건이 일어났다. 이 사건을 한국 측에서는 '위문행(慰問行) 파선'이라 기록하였고, 일본학계에서는 이때의 조문사절을 역관사(譯官使) 또는 도해역관(渡海譯官)이라는 용어로 표기하고 있다.

먼 옛날 조난사고로 희생된 영령을 달래기 위하여 수년 전 대마도민들이 성금을 마련하여 뜻을 모아 가미아가타쵸(上縣町)에 조선역관순난지비(朝鮮譯官殉難之碑)를 건립하였다.

1703년 조선의 위문행역관사 일행이 탑승한 선박이 침몰한 원인을 두고 후일 조선조정과 대마도 간에 다소 의견의 차를 보였으나, 『조선왕조실록』의 관련 기록 등으로 살펴보면 부산진 출항 때 과도한 하물을 적재한 사실이 명백하다. 실록에는 국왕이 일본도 해선이 침몰하여 역관 한천석 등 113명이 전원 익사하였다는 보고를 접하고, 사간원(司諫院)에 명하여 진상조사를 하였는데, 3월 27일 사간원은 다음과 같은 내용의 조사결과를 보고하였다.

"경주부윤(慶州府尹) 유이복(柳以復)을 탄핵하여 이번 도해역관의 선박에 적재한 미곡(米穀)이 많게는 500석에 이르렀고, 침몰원인이 바로 이러한 과적에 있었다고 합니다. 듣건대, 이밖에도 동래부(東萊府) 근처의 곤수(閫帥, 조선시대에 변방으로 나가는 兵使나 水使를 낮추어 부르는 말)와 변장(邊將, 조선시대의 관직 僉使, 萬戶 등의 총칭) 그리고 막비배(幕裨輩, 일명 神將, 조선시대의 외국파견사신을 수행한 무관)들이 몰래 숨겨 실은 하물도 많았다고 합니다.

대마도에 흉작으로 쌀값이 등귀한 점을 노려 폭리를 얻고자 한 짓으로 보입니다."

이와 같은 보고에 따라 국왕은 경상도에 명하여 진상을 엄격히 규명하여 관련자를 처벌하도록 조치하였다고 한다.

조선 후기 특히 임진왜란 이후 국교수복과 더불어 대마도와의 교역 재개의 근간이 된 기유약조 이후인 1630년대부터 1830년대까지 조선조정은 무려 54회의 역관사를 파견하였다. 이는 기유약조에 의거 대마도에 쌀과 콩 등 곡물을 제공하는 임무 즉 '대마도주에게 내린 세사미두(歲賜米

조선역관순난비(朝鮮譯官殉難之碑). 1703년 위문행역관사(정사 한천석, 부사 박세양) 조난 113명이 순직, 이들의 넋을 달래기 위해 가미아가타쵸(上縣町)에 위령비를 세웠다

豆) 100가마'를 운반하는 일이 주었다. 물론 대마도에 대하여 조선전기에도 왜구근절의 협조를 요구하면서 그 대가로 세사미두를 매년 지원해 왔다.

이처럼 조선조정은 임란 이후 12회의 통신사를 파견했을 뿐만 아니라 대마도에 54회의 역관사를 파견하여 교류증진과 선린관계를 돈독히 해 왔음을 알 수 있다.

13. 대마도 출신 수직인(受職人)과 왜구 진압

1) 수직인의 고신(告身)

2007년 6월 대마도에서는 임진왜란 때 서생포왜성을 불태운 공로로 조선조정이 신시로(信時老)에게 내린 고신(告身) 원본이 발견되어, 나가사키현(長崎縣)의 문화재로 지정하였다. 이 신시로의 고신 원본은 대마도의 다케다케(武田家)의 가문에 소장되어 왔는데 이를 나가사키현이 구입하여 문화재로 지정하였다고 한다. 대마도 향토사학가인 고마츠 가츠스케(小松勝助, 현재 이즈하라 유치원장 선생)에 의하면 고신 연구가 나카무라 에이코(中村榮孝)의 저서 『일조관계의 연구(日朝關係史の研究)』가 발간된 1931년까지 고신 원본은 14점이 보존되어 있었으나, 1960년부터 70년에 걸쳐 4점이 행방불명이 되고, 현재 대마도에 7점, 한국에 3점이 있다고 한다. 한국에 있는 고신 3점은 원래 일본 개인 소장이었던 것인데 조선조 말엽에 건너간 것으로 안다고 말하였다.

이즈하라에 있는 현립대마역사민속자료관에는 이번에 전시된 신시로의 고신 원본 이외 다음과 같이 피고삼보라(皮古三甫羅)에게 내려진 고신 원본이 전시되어 있다. 이 고신에 관하여 역사학자 나카무라선생의 저서 『일조관계의 연구』에 설명되어 있는 내용을 소개한다.

교지(教旨)

피고삼보라위선략장군호분위부호군자

(皮古三甫羅爲宣略將軍虎賁衛副護軍者)

성화18년 3월 일(成火 一八年 三月 日)

이는 조선시대에 대마번주 소씨(宗氏)의 중신(重臣)인 소다 히코사부로(早田彦三郎)가 서울에 가서 조정으로부터 받은 교지 즉 사령장이다. 교지의 첫줄에 '피고삼보라(皮古三甫羅)'는 일본어 '히코사부로'로 발음하여 수직인인 소다 히코사부로(早田 彦三郎)를 지칭한다. 관직명인 '선략장군(宣略將軍)'은 조선조 관직의 계급 종4품하(從四品下)에 해당하며 '부호군(副護軍)'은 종4품에 상당한다. 수여연월일에 '성화(成火)'18년이라 표기된 것은 중국 연호이며 1482년으로 명나라 중기의 헌종(憲宗, 成火帝) 때, 조선조의 성종 13년, 일본은 분메이 14년 아시카가 막부 요시히사(義尙) 장군 때이다. 이해에 일본국왕사 승려 에이코(榮弘)가 서울에 파견된 기록으로 보아 대마번의 중신 소다 히코사부로가 수행한 것으로 보인다.

드물게도 이 고신의 원본은 원래 대마도 거주 소다 츄사부로(早田 忠三郎)가 소장하고 있으며 그는 소다 히코사부로의 직계자손이다. 이 교지는 무관사령장임이 명백하다. 교지 가운데 써진 '호분(虎賁)'이란 아마도 중국의 한(漢)나라 관직에 호분교위(虎賁校尉), 호분중랑장(虎賁中郎將)이 있었던 점으로 미루어 조선조 무관 계급의 중간 정도일 것이다. 물론 교지는 수여하지만 실질적인 임무부여는 없었다.

이와 같이 조선으로부터 고신을 받은 자를 수직인이라 했다. 조선으로서는 왜구를 진압하는 방책의 하나였지만, 고신에 담긴 뜻은 미묘한 점이 있다. 중화사상으로써 야만인의 국명, 인명을 한자로 표기하는 경우, 비(鄙)자 즉 더러운 글자를 쓰고 호(好)자 즉 좋은 글자를 쓰지 않았는데, 히코사부로에게 준 고신 역시 히코(彦)를 일부러 피고(皮古)라 쓰는 등 애매모호한 문자를 골라 쓴 것은 조선 관리들이 몰래 야유를 위해 표기한 것이라는 해석도 있다.

고신은 왜구대책을 위하여 고려조 때부터 규슈의 호족에게 관직을 내렸던 임명장이었다. 때문에 고신 원본의 소장은 개인에 속해 있었으며 현재 대마도에 개인 소유로 소장되어 있는 고신은 소다케(早田家)에 있는 4점 (조선초기 것)과 오노케(小野家)의 2점(임진왜란 때의 것), 그리고 이번에 현으로 양도한 다케다케(武田家) 소장의 신시로 고신 1점이라고 한다. 가마쿠라(鎌倉)와 무로마치(室町)시대에도 조선과 교역을 했던 규슈,

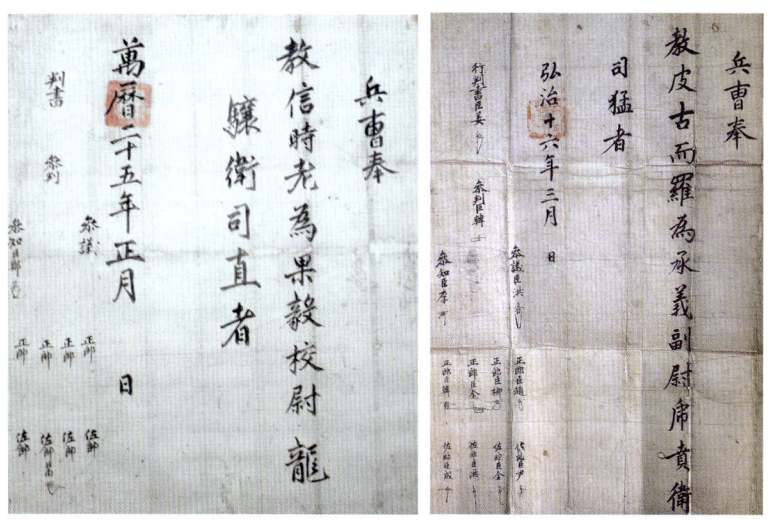

왼쪽) 임란 때 공으로 내린 신시로(信時老)의 고신(告身) 원본 오른쪽) 피고삼보라(皮古三甫羅)의 고신(告身). 원본이 현립 대마역사민속자료관에 보존되어 있다

야마구치(山口) 지방의 호족이나 다이묘가 많았으며 이들이 수직한 고신 원본이 있을 것으로 추측되지만 아직은 발견된 것이 없다고 한다.

1393년에 고려조에 이어 성립된 조선조는 당시 남해안 일대에서 노략질을 일삼던 왜구를 어떻게 진정시키느냐가 최대의 대외정책과제였다. 조선의 역대왕조는 이 왜구를 억압하기위해 변경의 방위력을 증강하는 한편 수교, 교린을 중시하는 적극외교를 펼쳤다. 왜구에 대해서는 활동을 중지하고 투항을 권유하여 전향한 항왜(降倭) 중에 의술이나 기타 특수한 기능을 보유한 자에 대하여는 관직을 수여(受職倭人)하였다. 조선조정이 이들에게 관직을 내리는 사령 공문서를 곧 고신이라 하였다.

『선조실록(宣祖實錄)』, 권86의 30년 3월 병오 기록에도 있듯이 임진왜란 때 서생포왜성의 방화로 공을 인정받아 수직왜인이 된 신시로는 어떤 인물이었는지 살펴보자. 그는 고니시 유키나가의 통역관으로 외교교섭의 역할을 담당했던 요시라의 부하였다. 그는 주전론자의 중심인물인 가토 기요마사의 제언에 따라 히데요시가 정유재란의 재침을 결의하게 된 사실과 고니시 유키나가가 주전론자에 대하여 경솔한 행동을 자숙하라고 권했다고 조선국왕에게 고해바쳐 왔다. 말하자면 신시로는 요시라의 부하로서 통역 역할을 보조했던 자로서 1596년 명나라의 소위 책봉사절과 조선사절이 오사카성의 히데요시를 알현하기 전에 일본의 동향을 조선조정에 밀고해왔던 자이다. 그리하여 정유재란이 일어나던 1597년 1월에 요시라와 신시로가 조선조정으로부터 관직을 받았던 것이다.

전선에서 암약하던 신시로 일행은 시종 일관 명과의 화평교섭을 추진해오던 소 요시토시 등 강화론자들과 행동을 같이하면서 어떤 때는 주전론자의 중심인물인 가토 기요마사의 진영에 잠입하여 방화를 하는 등 화의성립을 위한 인질이 되기도 하면서 강화 유도에 분망하였다. 이들의 행동은 주전론자측에서는 매우 귀찮은 것이었으며 전투에 방해가 되었지만, 고니시 유키나가와 소 요시토시 등 강화론자측으로서는 대단한 공로 자였다. 조선조정은 이들에게 관직을 내려 공로를 보상하려한 것이다.

한편 마당고라(馬堂古羅)도 신시로, 세이소와 함께 수직 고신을 받았다. 관직은 첨지중추부사(僉知中樞府事) 정3품 당상관이었다. 이때의 고신은 나가사키현립 대마역사민속자료관에서 1997년에 열린 '대마도와 조선 교류전'에 전시된 바 있다. 그는 임란 이후 고향인 대마도로 돌아가서 1610년 도 노부히사(藤 信久)등과 함께 피로인 15명을 쇄환(刷還)해 온 공으로 1613년에 더한층 상급의 소의장군호분위호군(昭儀將軍虎賁衛護軍)이 제수되었다. 한편 간시마모쿠베에(萱島木兵衛)에게 1594년에 제수된 절충장군행룡양위상호군(折衝將軍行龍驤衛上護軍)의 고신 원본이 일본 야마구치시(山口市) 거주 아와야 나오에(粟屋直衛)씨의 소장으로 보존되어 오다가 현재는 소재불명이 되었으나, 다만 그 도판이『조선사(朝鮮史)』10권에 게재된 적이 있다고 한다.

아무튼 이번에 신시로의 고신 원본을 매입하여 나가사키현 문화재로 지정한 것을 계기로 당시 조선에 협력하여 조정으로부터 수직된 수많은 항왜들의 기록이 다시 한 번 학계의 관심을 끌게 되었다.

수직왜인에 관한 「조선전기 향화 수직왜인 연구」(2001, 국학자료원)를 집필한 한문종(韓文鍾)교수는 이 책의 머리말과 결론 부분에서 대마도인의 수직왜인에 관하여 다음과 같이 기술하였다.

고려말 조선초기의 왜구와 임진왜란 시의 왜병으로 조선에 투항한 항왜(降倭) 그리고 포로, 대마도 정벌시에 억류된 사송인(使送人)으로 조선에 거주하기를 희망한 자, 식량이나 토지의 부족 등 생활고 때문에 투항한 자, 조선사절이나 피로인을 따라온 자, 죄를 짓고 도망쳐 온 자, 대마도주의 대관(代官)이거나 도주의 허락을 받아 향화(向化)한 자 등 그 유형이 다양하였다. 특히 이들 향화왜인은 고려말 조선 초기의 왜구 침략기와 임진왜란기 등 양국간의 관계가 단절되었거나 전쟁 중일 때 많이 발생하였다.(중략)

대마도 정벌이후 왜구문제가 일단락되고 1443년 계해약조(癸亥約條)를 계기로 왜구의 침입이 살아지면서 조선에 향화하는 왜인은 급격히 감소되었다. 반면에 이때부터 일본에 거주하면서 조선의 관직을 제수받는 수직왜인(受職倭人)이 나타나기 시작하였다. 이들 수직왜인은 일본에 거주하면서 조선정부로부터 관직을 제수받게 되면 1년에 한 차례씩 조선에서 지급한 관복(冠服)을 입고 국왕에게 친조(親朝)하여야 했다.

이상의 기록으로 보와 수직왜인의 범위와 형태는 다양하였음을 알 수 있다. 그러나 아무튼 이런 관직을 조선정부로부터 제수받은 실례는 상당히 많을 것으로 보인다. 조선전기 향화왜인 사례는 무려 150건이며 이 중 수직왜인은 25명을 헤아렸다. 임진왜란 기간 중에도 항왜의 사례는 약 50건이며, 수직왜인으로 기록되어 있는 자는 약 20여 명이나 된다. 그리고 임진왜란 이후에도 수직왜인은 계속되어 16명이라는 기록이 있다.

한편, 한문종 교수는 이 책의 결론부분에서 한일관계사에서 수직왜인이 살아지게 된 시기를 다음과 같이 밝혔다.

임진왜란 이후의 기유약조(己酉約條)에 의해서 대마도의 수직왜선 5척은 도주의 세견선(歲遣船) 20척, 수도서인선(受圖書人船) 5척과 함께 정기적인 사행의 의미를 지닌 연례송사(年例送使)라 하였다. 그러나 1637년 '겸대의 제'(兼帶의 制)가 실시되면서 대마도의 세견신 출래는 대폭 감소되었고, 수직왜인의 출래도 많은 제약을 받게 되었다. 게다가 1637년 이전까지 조선에서는 수직왜인이 직접 조선에 도항하지 않더라도 잡물(雜物)과 공미(公米)를 지급하였으나 1637년 이후부터는 도항하지 않으면 작미(作米)

를 지급하지 않았다. 그리하여 1637년 이후 수직왜인은 서서히 역사 속에서 그 모습을 감추고 말았다.

2) 왜구(倭寇)의 피해와 진압 대책

대마도를 중심으로 한 왜구의 출몰에 관하여는 한일역사학계의 중요 테마로서 오랫동안 연구대상이 되어왔으며, 왜구가 일본인뿐만 아니라 조선인도 섞여 있었다는 주장도 만만찮게 대두되어온 것이 사실이다. 여기서 일본 도쿄대학 역사학교수 무라이 쇼스케(村井章介) 저서『중세왜인전(中世倭人傳)』의 기록을 중심으로 왜구의 진상과 피해 그리고 그 대책을 위한 외교교섭 등에 관한 개요만을 간략하게 짚고 넘어가기로 한다.

왜구가 역사문헌에 처음 등장하게 것은 1350년 2월에 기록된『고려사』에서 비롯되었다. 이 기록에 의하면 '경인이래지왜적(庚寅以來之倭賊)'이라 하여, 왜구가 고려의 경상도 고성(固城), 죽림(竹林), 거제(巨濟)를 습격했다는 사실을 알 수 있다. 물론 그 이전 신라시대에도 소규모 해적들의 출현은 있었다고 보지만, 적어도 1350년 2월 이후부터 계속적으로 대규모의 침투가 있었기 때문에 이때가 왜구 출현의 첫 케이스라고 본다는 것이다.

왜구로 인한 큰 피해사건을 사례별로 몇 가지만 살펴보자.

1377년의 예를 들면 한 해 동안 왜구가 남해안에 출몰한 사건이 매월 1~2건이었고, 주로 경상도와 전라도 해역에 상륙하여 약탈을 감행하였으며, 왜구집단은 수십 척의 선박으로 수백의 기마병과 보병을 이끌고 연속적으로 침략하였음을 알 수 있다. 특히 1379년 경상남도 진주를 습격한 왜구는 기마 7백기에 병졸 2천이라는 어마어마한 대규모의 침투로써 물자와 부녀자를 무차별 강탈하였다. 남해안지역에서는 왜구로 인하여 주민이 살던 마을을 버리고 딴 곳으로 피난해야 했고 피해마을이 다시 복구되어 귀향하는 데는 무려 수십 년이 걸렸으며, 조정에서는 왜구방위를 위한 성을 구축하는 등 다각도로 대책을 강구하였다.

고려 말기 왜구와 맞싸워 공을 세운 최영(崔瑩), 이성계(李成桂), 나세(羅世), 정지(鄭地), 박위(朴葳) 등은 한때 고전을 면치 못한 적도 있었으나, 종국에는 이들을 물리쳤고, 특히 1380년 나세 장군 등이 진포(鎭浦)에서, 1383년에는 정지 장군 등이 남해도 관음포(觀音浦)에서 승리를 이끌었으며, 1389년 박위의 대마도 원정을 고비로 왜구침투의 회수는 한동안 줄어들게 된다.

한편 왜구로 인하여 고려시대부터 일본과 한반도 간에는 국가 간의 교섭이 빈번해졌다. 가마쿠라(鎌倉)시대(1192-1337) 후반, 특히 여원연합군의 침공 이래 서일본의 몰락한 중소 영주와 해민(海民, 조선에서는 왜구라 칭함)이 한반도 연해에 출몰하여 식량, 재산 심지어는 사람까지 약탈하는 해적행위를 거듭했다. 이와 같은 해적은 그 후 조선인이나 중국인에게도 확대되어, 동아시아의 해상과 연해는 한때 각 국가의 통제가 미치지 않는 해민들의 자유 왕래지역을 형성하였다.

『중세왜인전』의 표지

고려조는 서일본 지역을 근거지로 삼고 있었던 '왜구'의 근절 요청을 위해 일본에 사절을 파견하였다. 1367년(고려 공민왕 16) 김일(金逸)을 정사로 하는 30여명의 사절단일행이 이즈모(出雲)로부터 교토(京都)에 들어갔다. 그러나 일본 황실은 고려 사절이 지참한 국서(國書)를 천황(天皇)에게 보내어 자문을 구할 것인가, 무가(武家)에 맡길 것인가를 협의한 결과 막부(幕府)

즉 무가의 동량(棟梁)인 장군가(將軍家)에 위임하기로 했다.

이때 사절이 휴대한 고려왕의 국서를 '자문(咨文)' 이라 했는데, 이를 받아본 일본 황실은 혹시 수년 전의 여원연합군의 침공이 재현될까 염려하여 간담이 서늘했다고 한다. 일본 황실은 '자문' 의 내용을 신중히 검토했으나, 당시 일본국내 사정은 규슈 남조(南朝)에게 실권을 박탈당한 처지라 통치권이 미치지 못하여 그 지역의 왜구진압은 사실상 불가능하였다. 때문에 고려사절에게 거짓을 말하기 어려워 결국 회답을 기피하기로 하였다. 일본 측은 고려사절에게 이런 사정을 사실대로 알리는 대신 다른 변명으로 합리화하려 했던 것이다. 즉 고려왕은 중국과 책봉관계인데 일본 황제에게 대등한 지위의 문서인 '자문' 을 보낸 것은 무례(無禮)한 짓이라는 종래의 전통적 형식적 논리를 내세웠던 것이다.

다행히 무가 측에서 장군이 직접 고려사절을 접견하고 고려왕에게 답서와 선물을 보내게 되어 왕실과는 대조적인 입장을 취했다. 이로써 막부가 나서서 왜구 진압에도 힘을 쓰게 되어, 1368년에는 처음으로 고려에 왜구 침입이 없었다고 한다. 이런 해프닝으로 인하여 결과적으로 당시 일본 황실의 외교권이 막부로 이관되는 계기가 되었다.

같은 해에 건국한 명나라도 왜구 진압이 중점과제 중의 하나였으며, 일본의 협조를 요청하는 교섭을 개시하였다. 그럼에도 이무렵 규슈의 남북조간의 전쟁이 격심해짐으로써 이런 혼란기를 틈탄 왜구의 활동은 최고조에 달하였다. 1375~79년에 걸쳐 고려조는 5회에 걸쳐 외교사절을 일본에 파견하여 왜구진압을 요청했다. 고려조는 그 동안에 일본 정세를 파악한 나머지 교섭 대상을 막부가 아닌 규슈의 실력자 이마카와 료준(今川了俊), 오우치 요시히로(大內義弘)로 변경하였다. 이 두 사람은 고려의 협조요청에 부응하여 왜구에 납치되어 끌려간 피로인을 송환하고 휘하병력을 고려에 파견하여 왜구토벌을 지원하기도 하였다.

14세기 초기에 들어서자 고려가 망하고 조선조가 개국하는 한편 일본에서는 아시카가(足利)막부가 명나라와 책봉관계를 맺게됨으로써 조선과 일본은 대등한 입장에서 회유와 통교의 장려를 기본으로 하는 왜구대책을 공유하게 된다. 이것이 곧 수직인(受職人)제도였다. 조선초대국왕 태조는 일정한 급여를 받고 투항(降倭)하거나 순종의 뜻을 가진 통교자에게 명목상으로 조선관직을 내려(受職人), 평화로운 교역자로서 조선을 왕래하도록 권유하는 한편, 일본의 중앙정부뿐만 아니라 다른 지방의 권력자들이 보내는 사절이라도 조선 방문을 허용하였으며, 경우에 따라서는 조선 국내에 거주를 인정하기도 했다. 이들 수직인은 고려말기에 규슈지방 인사도 다소 있었지만, 조선조에 이르러서는 대부분은 대마도 출신이었다. 이로써 태조는 통교규제와 왜구진압이라는 인과관계, 왜구와 통교자가 동일 실체의 양면이라는 사실을 묵과하고 소위 '인신(人臣)에 외교 없다'라는 당시 동아시아 외교의 기본원칙을 깨뜨린 첫 사례를 남겼으며, 조선조정은 서일본의 다양한 세력과도 접근하였는데, 이는 왜구방지를 위한 방책의 하나였다고 볼 수 있다.

　　그 후 14세기 말부터 15세기 초기에 걸쳐 왜구의 출몰은 격감된 상태였으나 문제는 그 후유증이었다. 즉 왜구에게 잡혀간 조선백성들이 일본 각지에서 노예로 팔려 중노동에 처하거나 심지어는 먼 외국으로 팔려 나간다는 사실이었다. 이들 피로인을 구출하기 위해 1429년 일본에 파견된 통신사 정사 박서생(朴瑞生)과 부사 이예(李藝)는 귀국보고에 다음과 같이 기술하였다.

　　왜적들이 우리 나라를 침범하여 우리 인민을 잡아가서 노예로 삼거나, 혹은 먼 나라로 전매하여 영원히 되돌아오지 못하게 한다. 그들의 부모형제는 아픈 심정으로 이를 갈며, 언젠가는 원수를 갚겠다고 하며, 이런 사람이 얼마나 많은지, 신(臣)들이 일본에서 정박하는 항구마다 피로인들이 도망쳐 오려고 하므로 그 주인들과 교섭을 하였으나 성사되지 못한 사례가 허다하여 매우 민망할 따름이다. 일본에는 사람은 많고 먹을 것이 적어서 많은 노비들을 팔고, 혹은 다른 사람의 자녀들을 훔쳐서까지 팔고 있는 실정이다.(세종 12년 12월 을해)

이상의 기록은 박서생, 이예 등 사절단이 교토(京都)를 왕래하면서 세토나이카이(瀨戶內海)를 지날 때 기항하는 항구에 피로인들이 도망쳐 나와 구출을 원했지만, 금전에 팔린 몸이라 대금을 치루지 않는 한 빠져나올 수 없는 것이 안타깝다는 내용이다.

이런 연유로 조선조정은 왜구의 회유책을 강구하고 나섰다. 일본통교자가 조선에 반입하는 물자의 우선 구입과 그들이 사고자하는 물자를 조달해주는 등 편의를 제공하였다. 일본인이 조선에 체류하는 동안 식량지급, 선착장 정박허용, 상경 도상과 서울체류 중 조정 등에서 연회를 베풀기까지 하였고, 귀국에 필요한 여비를 지원하는 등 최대의 우대조치를 취하였다.

세종대에서부터 세조대에 이르기까지 이러한 우대 때문에 일본통교자의 조선방문이 급증하였다. 그 중에는 단신으로 일본사신임을 자칭하는 통교인도 나타났다. 따라서 낙동강, 조령(鳥嶺), 한강을 잇는 왜인의 상경로에는 숙박시설과 주막이 들어서는 한편 일본인들의 하물을 운반하는 업종이 생겨, 백성들 가운데는 농사일을 포기하고 유민(流民)이 되는 사례가 증가했다. 1455년(세조 1) 기록에 의하면 당시 일본사신으로 조선을 방문한 통교인의 수는 무려 6,116명이었다고 한다. 따라서 일본통교인이 조선으로 반입한 동(銅)과 납(錫)의 꾸러미가 도로에 쌓여 주민들에게 피해를 주는 사례가 늘어나기도 했다.

왜구회유책의 일환으로 일본통교인의 조선거주가 허용되고 나아가 조선여성과의 정책적 결혼마저 허용하게 되자 이에 따른 사회적 문제도 심각해졌다. 세종 10년에 일어난 사건의 예를 들면, 가이(加伊)라는 양민의 여성이 부금(夫金)이라는 사노(私奴)와 내통하여 아이를 낳았는데, 관헌이 이를 양천통혼(良賤通婚)의 죄를 물어 무리하게 헤어지게 한 다음 일본인 손다(孫多)에게 강제결혼을 시켰다. 가이는 이에 불만을 품고 전 남편과 이웃들과 공모하여 손다를 죽였다. 형조(刑曹)는 가이의 살인죄는 규율에 비추어 사형에 처함이 마땅하였지만, 관헌이 강제로 일본인 손다와 결혼시켰기 때문에, 그 살인의 동기가 탐욕이 아니라는 이유로 국왕의 윤허를 구하여 최고형인 사형을 면하게 해주었다. 이를 두고 당시 왜구회유책이 원용된 관용의 일단을 보였다고 평가하기도 한다.

이와 같이 군사력과 외교를 통한 왜구근절 방책 대신 회유책으로 일본통교자들의 조선방문을 장려한 우대조치는 또 다른 사회문제를 야기시켰으며 이로 인하여 조선조정은 일본통교인들의 집단거주를 허용하는 남해안 삼포(三浦 : 富山浦, 薺浦, 鹽浦)를 설정하기에 이른다.

한편, 왜구의 구성원은 조선인이 섞여 있었다는 설이 일본학계에서 대두되어 주목을 끌었다. 1987년 일본학자 다나카 다케오(田中 健夫)교수는 '왜구와 동아시아 통교권'이라는 논문을 발표하여 14세기 왜구의 주력은 일본인과 조선인의 연합한 집단이거나 혹은 조선인 단독 집단이었다는 충격적인 주장을 전개하였다. 다나카 교수의 논거는 1446년(세종 28) 기록의 한 구절과 이를 뒷받침하는 『고려사절요』의 1380년 기록을 들고 나왔다. 즉 1446년 판중추부사(判中樞府使) 이순몽(李順蒙)이 국왕에게 상소한 내용이다.

신(臣)이 들은 바, 고려조 말기에 왜구가 흥행했던 무렵 민생고로, 왜인을 한두 사람 끼고, 우리 백성이 가짜로 왜인복장을 하고 작당하여 난을 일으켰다 한다. (세종 28년 10월)

또한 방증으로 이용한 『고려사절요』의 1380년대 기록인 다음 내용을 들고 나왔다.

농기구 제작에 종사하는 천민집단이 산골에 군집하여 가짜 왜적이 되어 이웃 마을을 습격하였다.

다나카 교수는 이상의 기록과 더불어 '당시 왜구들이 조선 남해안 습격에 이용했던, 상대한 규모의 선단, 인마의 조달, 이들의 해상수송의 어려움 등을 들어 왜구들이 대마도에서 또는 대마도 경유 시에 이를 조달하기가 거의 불가능했으리라고 하는 배경 설명까지 늘어 놓았다.

이에 대하여 무라이 쇼스케 교수는 이상의 한두 가지 간단한 기록을 근거로 다나카 교수가 '왜구의 8, 9할이 조선인이었다' 라는 주장은 납득하

『해동제국기』의 삼포 지도(손승철교수 제공). 왼쪽) 부산포, 현 부산항 가운데) 제포, 현 진해항 오른쪽)염포, 현 울산항

기 어렵다고 하면서 다음과 같이 반론을 제기하였다.

상대한 조선사료 중에서 왜구집단의 구성원 비율에 관하여 지적한 사료는 이상에서 인용한 기록뿐이다. 또한 이 지적은 변경의 주민인 천민층이 의지가 약하여 과역(課役)을 기피하는 자가 많은 실정이었음을 감안하면, 당시 천민층에 대한 차별의식에 기조를 두고 왜인은 한두 사람밖에 없다는 기록만으로 왜구의 정확한 실상을 파악할 수 없다.

이어 무라이 교수는 반도 남해안 주민들이 본 왜적의 실태를 증명하는 태종 11년의 다음 기록을 인용하면서 왜구의 구성원을 파악하려 했다. 이 기록은 당시 경상도관찰사가 조정에 올린 보고서의 내용이다.

도내의 연해주군(沿海州郡)은 농사를 저버리고 주민들이 장사에 나서니, 이는 왜인의 흥리선(興利船, 밀선을 뜻함)이 상시 드나들어 주민들이 왜선을 통하여 상업에 종사하니 이를 막을 수 없다.

이 기록 외에도 세종 1년의 기록에 의하면, '왜적이 중국에서 약탈한 재물을 반입, 남해안에 침투하여 주민들에게 팔고 있다'고 적혀 있다. 이런 사실을 미루어 보면, 조선조정이 왜구근절을 위해 온갖 노력을 기울이는 반면에 남해안 주민들은 왜인과 상시 접촉하고 교류하였다고 볼 수 있다.

이들 간의 인적 물적 교류가 거듭될수록 왜인과 조선인이 일체감을 형성하는가 하면, 과거의 '해민(海民)'이 '제민(齊民)' 즉 일반 주민으로 변신하는가 하면, 한편으로는 조선인이 왜인 복장을 즐겨 입고 심지어는 일본인 성명을 자칭하면서 조선국내뿐만 아니라 국제상인으로서 일본의 마츠우라(松浦), 사츠마(薩摩), 류큐(琉球) 등지를 무대로 삼고 히젠(肥前)

에 상주하며 교역에 종사한 김원진(金元珍)이란 자가 세종 5년 기록에 있다고 한다.

또한 1430년(세종 12년)에는 원래 조선인인데, 왜구에게 잡혀 일본으로 연행되었다가, 일본 이름 '이라삼보라(而羅三甫羅, 次郎三郎)'라 자칭하는 자가 귀국하여 염포 근처에서 어업에 종사하기를 청원하여 이를 허가하였고, 1441년(세종 23)에는 울산 염포에 입주한 일본인 '사이문구라(沙伊文仇羅, 左衛門九郎)'라는 일본인이 조선인이 되기를 간청하여 이를 허가한 사실이 기록으로 남아 있다.

이러한 인간형을 문화인류학에서는 마지널 멘(marginal men)이라 한다. 즉 왜복차림으로 왜어를 구사하며 경계에 거주하는 사람들을 칭하는 용어다. 이들은 민족적으로 출신, 국적이 불분명하고 의상, 언어가 일치하지 않는 애매한 점을 공유하게 된다. 마지널 멘은 어느 한쪽에 속하더라도 변경에서 거주하는 한, 양쪽으로부터 이방인으로 취급되는 특성을 지닌다. 그럼에도 이들은 양쪽을 중개하는 복잡한 성격을 띠게 된다.

3) 삼포(三浦)의 난과 부산 왜관

아마도 역사상 한때나마 이런 유형의 마지널 멘이 집단을 이루어 거주한 곳이 곧 대마도, 규슈 연안 항구도시, 류큐, 그리고 삼포를 중심으로 한 조선 남해안과 제주도였으리라 짐작된다.

그러나 삼포에 왜관이 개설되자 왜구 유화책이라는 본래의 설치목적과는 달리 불미한 사건들이 연달아 일어났다. 이런 사건들은 일본 통교자들이 대거 삼포로 밀려오는 바람에 엄청난 규모의 일본인 거주지가 형성되었기 때문이며, 급기야는 삼포를 거점으로 하는 밀무역 등 각종 비리가 생겨났다. 처음에는 사소한 사건으로부터 시작하였으나 세월이 지남에 따라 크게는 무력을 동원한 전투에 이르기까지 번져나갔다.

15세기 중반에 들어서자 웅천의 제포에는 거주하는 일본인 수가 급증함에 따라 조선관헌은 1438년에 왜관과 왜호(倭戶)에 성을 쌓고 경비를 철저히 하며, 관군 2, 30명을 현장에 파견, 왜인의 출입을 통제하기 시작하였다. 이런 통제는 서울로 오는 길목에서도 강화되어 이로 인하여 일본인들의 활동은 위축되고 한편 그 동안 일본 물자에 익숙해진 조선의 소비층에게 일본 물자의 수요를 충족시키지 못하는 현상까지 벌어졌다.

당시 조일간의 무역형태는 크게 3가지로 구분되었다. 첫째는 사절에 의한 양측 간의 선물 및 그에 대한 답례품 반출과 반입, 둘째는 관영의 공무역(公貿易), 그리고 셋째는 양측 상인들 간의 사무역(私貿易)이었다.

조선조 초기에는 왜구 회유책으로 사무역을 조장하였는데, 이를 장려한 나머지 무절제한 상품의 공급과잉과 수요부족 현상을 야기하거나, 반입물자의 불규칙적인 가격 등락 등 문제가 심각하게 일어났다. 이로 인하여 조정은 가격안정을 위해 조정의 공적 자금으로 수급조절에 개입하게 되자 심각한 국가재정의 부담으로 작용하였다. 이로 인하여 한때 사무역을 통제하고 동철, 피혁 그리고 사소한 잡품에 이르기까지 공무역을 통해 반입하는 방안이 검토되기에 이르렀다.

그런데 이처럼 어려운 상황을 틈타서 1480년대에 들어서는 대마도가 공무역임을 내세워 동철 10만여 근을 반입하였음으로 이에 조선조정은 급기야 공무역 금지조치를 취하여 통제하게 되고, 한편 1499년에는 히젠의 쇼니우지(少貳氏)가 보낸 사자(使者)는 조선측이 동철을 구입하지 않는다는 이유로 항의하면서 8개월간 항구에 정박한 채 상경도 귀국도 하지 않았던 해프닝이었다.

이러한 가운데 1500년, 대마도주 소 기모리(宗材盛)의 사자 모리타네(盛種)가 동철 11만 5천여 근을 반입하였다. 조선조정은 너무 많은 양이라 3분의 1만을 구입하고, 나머지는 가지고 돌아가게 했다. 그런데 2년 후 대마도는 나머지 동철을 다시 갖고 와서 가격을 낮추어 팔겠다고 하여 조정은 그 3분의 1만을 사겠다고 하자 사자는 대금을 받지 않고 돌아가버렸다. 그 후 또 2년이 지난 1508년에 대마도주는 사자 사타카츠(貞勝)를 조선에 파견하여 2년 전 흥정한 그 가격에 동철을 팔겠다고 제의하였으나, 조선 측은 그리 쉽게 응하지 않았다. 이런 문제가 곧 삼포의 난을 일으키는 하나의 원인으로 작용하였다.

한편 1470년 전라도 해안에 침투하여 재물을 약탈하고 살인을 저지른 해적 사건이 일어났는데, 조선조정은 이들이 왜인인지 아니면 조선인인지 판별하지 못했다. 또한 1487년에도 비슷한 해적의 약탈이 행해졌는데, 이때는 조선 관헌이 왜적의 짓이라 단정하였으나, 1492년(성종 23)의 문헌에 의하면 제주도 등 남해안에 조선인으로 간주되는 수적(水賊)의 소굴이 있다는 사실이 기록되어 있는 등 당시 약탈을 저지른 해적이 왜인인지 조선인지, 혹은 중국인인지 그 실체를 파악하기가 매우 어려웠다고 한다. 이유는 잡힌 자들은 자신이 왜인의 복장을 하고 일본어를 구사하는 경우도 있고, 왜인이면서도 조선말을 구사하며 위장과 거짓 진술을 하기 일쑤였기 때문이다.

이처럼 혼미한 시기인 1497년과 1500년에 경상도의 녹도(鹿島)와 마도(馬島)에서, 또한 전라도의 다도해 연안에서 잇달아 왜선이 침범하여 조선수군을 습격하는 사건이 일어나고, 심지어 녹도에서는 4척의 왜선이 쳐들어와서 섬을 방위하던 수군 만호(万戶) 김세준(金世俊)을 비롯하여 병졸 27명을 살해하였고, 마도에서도 11척이 급습하여 만호와 군졸 11명을 살해하고 27명이 부상하였다. 조선조정은 이 사건이 모두 삼포왜인이 개입된 것으로 단정하였으나 이에 대하여 삼포 왜인 우두머리(頭倭)는 거주왜인의 소행이 아니라고 부인하였다.

초량 부산왜관도(국사편찬위원회 소장)

이렇게 의견이 대립한 시기인 1508년 11월 2일 제포에서 가까운 가덕도에서 해적행위가 발생했다. 조선조정은 경상도 경차관(敬差官) 김근사(金謹思)로 하여금 삼포의 두왜를 각각 불러 심문하였다. 그러나 세 사람의 두왜는 해적의 진범이 거주왜인임을 부인하였으며, 조선조정은 왜두들의 부인을 인정하지 않았다. 이리하여 조정은 경차관을 대마도주에게 파견하여 해적의 금압을 요구하기로 했다. 그런데 때마침 도주 소 기모리가 4월 6일 작고하여 요시모리(義盛)가 대를 이어받았다. 이 소식을 접하여 대마도를 향하던 경차관은 충주에서 발길을 돌리고 대신 조문사절을 파견하기로 하였는데, 조문사절이 서울을 출발한 것은 이듬해 3월 1일이었다. 그러나 조문사절이 대마도에 도착하기 전에 삼포의 난이 일어났다. 드디어 4월 4일 제포와 부산포의 왜인들은 소 모리요시의 대관인 모리시타가 이끄는 대마군졸의 지원 아래 대규모의 폭동을 일으켰다.

대마도와 삼포 거주 왜인들이 계획적으로 일으킨 삼포의 난은 삼포를 방위하는 조선관헌, 특히 포악한 수령(守令)과 변장(邊將)을 죽이거나 인질로 삼고 조선 측에 왜인탄압정책의 폐지를 요구하는데 목표를 두었다. 먼저 제포와 부산포의 첨지영(僉知營)을 함락하여, 제포 첨지 김세균(金世鈞)을 인질로 잡고, 부산포 첨지 이우회(李友會)를 살해했다. 왜군은 이어 제포 쪽으로 진격하여 웅천성(熊川城)을 포위하고 웅천현감에게 항복

1887년의 초량 부산 왜관 사진(해양대학교 김재승 교수 제공,)

을 요구했다. 그러나 경상우병사 김석철(金錫哲)의 반격으로 왜군은 화평을 청하였다.

한편 부산포의 왜군들은 동래성에 접근하여 동래현령(東萊縣令)에 요구서를 보냈으나 거절당하고 부근의 여러 곳을 약탈하였다. 동시에 거제도의 조선수군 기지를 공격하기도 했다. 전황이 불리하게 되자 왜군은 4월 9일 경 군졸 일부를 대마도로 철수하고 잔여병을 제포에 집결시켜, 모리시타 자신이 강화교섭에 나섰다. 그러나 조선측은 강화에 응하지 않고 19일 경상도원수 류순정(柳順汀)을 지휘관으로 하는 진압군이 총공격하여 제포를 함락하고 왜군 295명을 죽이자, 살아남은 자들은 대마도로 도망쳤다. 한편으로는 원래 제포 거주왜인들이 제포 동쪽 안골포성을 공격하여 실지회복을 도모하였으나 조선관군에 의해 격퇴되었다.

그 후 대마도는 삼포의 난으로 인하여 조선과의 관계가 단절되었다. 삼포의 난으로 말미암아 대마도는 조선측과 오랫동안 구축해온 모든 권익을 잃게 되었던 것이다. 그러나 1512년 조선과의 복교조약인 임신약조(壬申約條)가 채결됨에 따라 제포가 재개되고 왜관도 부활되었으나 이는 어디까지나 왜인의 입항장(入港場)으로서 인정되었을 뿐 거주는 엄격히 통제당했다.

그리다가 1514년 경 제포 한 곳에 왜인을 접대하기에는 접근이나 담당관의 출장비가 너무 많이 소요된다는 이유로, 1521년에 부산포의 객관을 수리하여 2포구에서 왜인을 접대하였다. 그러나 왜관에 체류하는 왜인이 경계를 넘어 조선주민들과 접하기를 방지하기 위하여 왜관 주변에 성을 구축하였던 것이다.

그 후 부산왜관은 임진왜란까지 자성대 서쪽의 같은 위치에 있었으나, 임란 이후 복교교섭에 의해 1601년 대마도와 무역을 인정하게 되어 절영도(絶影島)에 가 왜관을 두었고, 1607년에 다시 대안 쪽으로 돌아와서 현재 부산광역시 동구 고관의 두모포(豆毛浦)에 설치되었다. 그러나 이 왜관이 대지가 협소하여 1673년에 현재의 중구 용두산 주변에 있는 초량(草梁)으로 이전하기로 결정하여, 3년간 공사 끝에 완공, 대규모의 신 왜관이 건축되었다. 이것이 곧 명치유신까지 대마도 경유 조선무역의 기지가 된 초량의 부산왜관이었다.

14. 왕인(王仁)박사 공적비

2007년 5월에는 대마도 가미쓰시마쵸(上對馬町) 와니우라(鰐浦)에 왕인박사공적비(王仁博士功績碑)가 세워졌다. 이 비석 역시 한국대마선현현창회가 주동이 되어 유지들의 뜻을 모아 건립한 석비이다. 비석 옆에 나란히 세운 안내판에는 다음과 같이 기록되어 있다.

일본『고사기(古事記)』와『일본서기(日本書紀)』에 백제의 왕인박사가 일본의 초청으로 『천자문(千字文)』 1권과 『논어(論語)』 10권을 가지고 와 한문과 학술을 전하여 학문의 조상(祖上)이 되었다고 한다. 왕인은 와니(和爾), 와니(和珥) 등으로 불리어 오사카(大阪) 각지에 왕인성당지(聖堂趾), 왕인신사(神社), 왕인지(池), 와니케신사(和爾下神社), 와니지(和珥池), 왕인박사묘소 등 많은 사적(史蹟)이 있다. 규슈의 사가켄가미자키(佐賀縣神崎)의 와니다이묘신사(鰐大明神社), 와니덴만구(王仁天滿宮)는 왕인박사가 오사카로 갈 때 경유지의 사적이다.

와니우라(鰐浦)는 규슈로 가기 전 기항지임을 이곳 자연과 지명으로 증명된다. 즉 와니우라는 와니즈(和爾津)라 칭하여 대륙항로의 중요거점이었다. 한국남해의 조류가 반드시 서북면을 향하고 있어 남해안을 항해한 왕인박사 일행이 와니즈에 도착하였고 이러한 연유로 와니(王仁)즈라는 항구명이 생겼음을 국내외 학자들이 고증하고 있다. 그러므로 이곳 와니우라는 왕인박사가 일본에 최초로 한문을 전한 학문의 초전지(初傳地)인 것이다. 오늘날 국제사회 형성에 있어 양국문화교류의 초유의 역사적 현장에 이 석비를 세워 왕인박사의 위대한 공적을 영원히 현창코자 한다.

위의 설명문은 일본어와 한국어로 병기되어 있다. 그러나 위의 설명문 중 일부분은 일본어 설명문에 들어있지 않다. 이는 대마도측이 일본 문헌 기록에서 검증되지 않았다는 이유 때문인 것으로 보인다. 한국대마선현현창회가 이 비를 세우려 할 때 한국 측 대표인 정영호교수의 주장에 동의하지 않았다는 것이다. 즉 대마도 측 대표인 나가토메 히사에선생은 일본 『고사기』와 『일본서기』 등 역사 문헌에는 왕인박사에 대한 기록이 간략히 적혀 있을 뿐 대마도 기착에 관하여는 고증이 안 된다는 것이다. 이와 관련되는 현지 주민들의 비슷한 전설도 없으며 '와니'라는 지명은 현재 일본의 여러 지역에 있다고 주장하였다.

따라서 이 비는 정영호 교수가 '고대항로는 대마도를 경유하지 않고서는 도해하기 어렵고, 대마도의 와니우라는 왕인박사가 기착하여 조류와 풍랑을 기다렸다가 규슈로 건너갔기에 지명이 와니우라로 불리게 된 것이다' 라는 가설로 건립을 추진하였다고 한다.

  우리 나라의 역사책에는 '왕인박사가 A.D. 286년에 일본의 오진(應神)천황의 초청으로 『천자문』 1권과 『논어』 10권을 가지고 가서 일본에 학문을 알리는 한편 천황의 사부(師傅)가 되었다' 라고 되어 있다. 한편 일본의 백과사전 등에는 '왕인은 도래인(渡來人)으로서 와니키시(和爾吉師)라고도 불린다. 『고사기』와 『일본서기』에는 왕인이 『논어』 10권, 『천자문』 1권을 가지고 와서 공진(貢進)하였다' 라고 기록되어 있다.

  일본 기록은 나아가 "왕인은 고구려에 의해 멸망한 낙랑군(樂浪郡)의 한인(漢人)계통 학자답게 조정의 문필에 종사한바 있는 가와치노후미노오비토(西文首)의 원조로 추앙받았다. 왕인의 후손들은 현재 오사카의 하비키노시(羽曳野市)에 거주하며, 문자의 사용과 보급에 공헌하였다.

왕인박사공적비. 왼편 비명(碑銘)이 왕인박사의 공적을 상세히 기록하여 전하고 있다

왕인은 왕족과의 관계가 있는 것으로 짐작되며, 긴메이(欽明), 비타츠쵸(敏達朝) 때 활약한 오신지(王辰爾)도 그의 후예이다. 왕이라는 성씨는 낙랑출토의 인장, 칠기, 전(塼), 봉니(封泥), 묘벽명(墓壁銘) 등에 기록되어 있어 낭랑군의 유력 호족이었다는 사실을 알 수 있다. 일본은 당시 왕인이 지참한 논어와 천자문을 기본적인 전적(典籍)으로 삼게 되었음으로 왕인은 학문의 원조라 할 수 있다"고 하여 왕인의 공적을 인정하고 있다. 다만, 왕인이 일본으로 갈 때 대마도를 경유하였는지, 또 대마도를 경유하였다 하더라도 와니우라에서 묵은 것인지에 대하여는 관계문헌의 기록을 좀 더 찾아서 규명해야 할 숙제라 하겠다.

아무튼 한국대마선현현창회는 그 동안 '조선통신사비', '조선역관사순국비', '왕인(王仁)박사공적비' 등 대마도에 많은 현창비를 건립하였다. 뿐만 아니라 '덕혜옹주결혼기념비'의 복원, '최익현선생순국비' 건립, '신라사절박제상공순국비'와 '통신사이예공적비' 건립에도 지원과 공헌을 계속하여 많은 업적을 쌓았다.

15. 『만요슈(万葉集)』와 견신라사(遣新羅使)

1) 대마도의 만요비(万葉碑)

일본의 고문헌 중에는 『만요슈(万葉集)』라는 가요집이 있다. 『만요슈』는 7, 8세기 경 일본의 여러 고위 관직과 명사, 그리고 일반인들이 읊은 가사(歌詞)를 이두(吏讀)로 수록한 책이다. 총 20권 중 권1에서 권16까지(746~753년간), 권17에서 권20까지(759~777년)로 크게 분류하는 학자도 있는가 하면, 죠메이(舒明)시대(629년~672년) 이전까지를 제1기, 나라천도(710년)까지를 제2기, 나라천도 이후 733년까지, 즉 제2기 때 명인 가키노모토노히토마로(柿本人麻呂)의 퇴장까지를 제3기, 734년(天平 6)부터 759년(天平寶字 3)까지를 제4기로 시대를 구분하여 당시 읊었던 노래의 주인공이나, 작사의 특징을 분석하기도 한다.

『만요슈』에 실린 노래는 고대 율령(律令)국가의 형성기에 편집된 가요집으로 그 이전에는 구전으로 전승되어오던 가요를 기록으로 집대성한, 서정적 가요의 원초기 작품을 모은 책이다. 천황, 황후, 황족, 귀족들은 물론 계층이 낮은 일반 민중의 노래가 포함되어 있어, 고대 일본인들이 간직했던 의욕적, 즉흥적인 에너지를 엿볼 수 있다고 한다. 다시 말하면 문학적으로 섬세한 아름다움을 여과 없이 나타낸 활발한 생명의 숨결을 접할 수 있다는 점이 『만요슈』의 특징이라 평가하고 있다.

그런데 제4기의 권16권에는 A.D. 736년(天平 8)에 신라에 파견된 제23회 사절이 읊었던 노래가 이 『만요슈』에 145수나 실려져 있다. 이 중 140수는 출항지였던 나니와(難波, 현재의 오사카)에서 중간기착지인 대마도에 기착했을 때까지 읊었던 노래이며, 나머지 5수는 귀로에 읊었던 것이다. 내용을 분석해 보면 대마도에서 읊었던 노래는 21수에 이르렀으며 이러한 역사적 배경으로 현재 아사지노야마(淺芽山)에는 만요비(万葉碑)가 세워져 있다. 신라로 가던 제23회 사절이 대마도에 당도하여 첫 숙박을 할 때의 심경을 읊은 3수 중 1수를 바위에 새긴 것이다. 석비에 새겨진 노래와 그 뜻을 풀이하면 다음과 같은 내용이다.

秋さらば置く露霜に堪へずして京の山は色きづきぬらむ

가을이 깊었건만, 담뿍 내린 이슬과 서리에 버티지 못한 채, 도읍 나라(奈良)의 이 산 저 산은 붉은 단풍 색으로 물들여졌으리

당시 대마도의 국부(國府)로 추정되는 곳은 아사지노우라(淺芽の浦)였다. 사신들은 신라로 가는 길에 대마도에 당도하여 멀리 도읍인 나라(奈良)를 향해 고향을 그리워하는 노래를 읊었던 것이다. 6월 초에 나니와(難波)를 떠나 8월 말에 대마도에 이르니 벌써 3개월의 세월이 지난 것이다.

제23회 견신라사절의 대사는 아베노츠구마로(阿部繼麻呂), 부사는 오토모노미나카(大伴三中)였다. 일본사절은 A.D. 736년 6월 초에 출발하여 그해 가을에는 돌아올 예정이었으나, 실제로 귀국한 날자는 이듬해 1월 26일이었다. 이때 일본사절은 신라에 당도하였지만, 당시 신라와 일본 간의 관계가 악화되어 있었던 탓으로 일본사절은 제대로 대접을 받지 못했고 심지어는 국서(國書)마저 접수하지 않는 냉대를 받았으며 부여된 임무를 수행하지 못하고 귀국하지 않으면 안 되었다. 이러한 연유로 괴로워하던 대사는 귀로에 대마도에서 사망하고 부사 역시 대마도에서 병에

대마도 아사지노야마(淺芽山)에 세워진 만요비(万葉碑)

걸려 일행보다 2개월 늦은 3월 28일에 나라로 돌아갔다.

일본 조정은 견신라사가 신라로부터 냉대를 받고 귀로에 대사마저 사망하였다는 보고를 받고는 분노를 참지 못하여 '신라의 무례함을 엄중히 문책하자'는 둥 또 심지어는 '신라를 공격하자'는 둥의 의견이 난무했다고 한다.

대마도에는 아사지노야마의 만요비 이외에도 『만요슈』 권16에 실린 「시가노아마노우타(志賀の海人の歌)」를 기념하는 현판이 있다. 현판에는 다음과 같이 기록되어있다.

> 『万葉集』第16卷 志賀荒雄殉國挽歌
> 沖の鳥 鴨といふ船の歸り來(こ)ば 也良(やら)の崎守(さきもり) 早く
> 告(つ)こそ
> 沖の鳥 鴨といふ船は 也良の崎 廻(た)みて漕(こ)ぎ來(く)と聞こそ來
> (こ)ぬかも
> 『만요슈』 제16권 시가 아라오 순국만가
> 바닷가에 사는 오리, 오리라는 이름의 배가 돌아오면 야라(也良)의 곳
> (岬) 지킴이여, 한시라도 빨리 알려다오'
> '바닷가에 사는 오리, 오리라는 이름의 배는 야라(也良) 곳(岬)으로 노
> 저어서 되돌아왔다고 들려주지 않으리
> *야라(也良) 곳(岬)은 하카다(博多)만의 입구에 있는 노고노시마(能古
> の島)의 북단 곳을 말함.

이 노래는 그 옛날 풍랑을 맞아 배가 침몰하여 사랑하는 남편을 잃은 여인의 슬픈 심정을 읊은 노래다. 이 노래가 역시 『만요슈』 권16에 실려 있다. 오리라는 이름의 배가 빨리 돌아와 주기를 바라는 애절한 소원은 그

배가 이미 침몰했음을 알고 있었지만 그래도 그 배가 돌아오리라고 기대하는 심정, 남편이 죽었다는 것이 도무지 믿기지 않는, 믿기 싫은 아내의 마음을 읊은 노래다. 이 비극의 배경이 곧 대마도였다는 것이다.

A.D. 724~729년에 규슈 전역을 통괄하여 다스린 다자이후(太宰府)가 치쿠젠노쿠니(筑前國, 현재 후쿠오카현 중부에서 북서부까지)의 무나카타군(宗像郡) 출신 무나카타베노츠마로(宗形部津麻呂)를 대마도에 식량을 운반하는 선박의 선장으로 임명하였다. 그러나 츠마로는 나이가 많아 선장으로 일하기가 어렵다고 사양하여, 시가마을의 젊은 아라오로

『만요슈』권16에 실린 「시가노아마노우타(志賀の海人の歌)」 현판

하여금 교대해줄 것을 요청하였다. 아라오는 이 요청을 쾌히 승낙하여 선장으로 부임하고자 히젠코쿠(肥前國, 현재의 佐賀縣, 長崎縣) 마츠라노아가타(松浦縣)의 미네라쿠(美浦良久, 현재의 長崎縣 五島列島 북단 곳)로부터 배를 저어 대마도를 향하여 가던 중 갑자기 하늘에 먹구름이 몰아치고 폭풍우가 쏟아졌다. 이로 인해 그 배는 침몰하여 아라오는 돌아올 수 없는 저승으로 가버렸다.

남겨진 미망인과 자식들은 아라오가 돌아올 것을 기원하면서 슬픔에 빠져 이 노래를 읊었다고 한다. 일설에는 이 노래가 아라오의 처자들이 직접 지은 것이 아니라 치쿠젠의 국수(國守) 야마노우에노오쿠라(山上憶良)가 아리오 처자의 애통한 심정을 표현하고자 작사하였다고 한다.

대마도 역사연구가로 유명한 일본 규슈산업대학의 오사 세츠코(長 節子)교수는 저서『중세 국경해역의 왜와 조선』의 첫머리에 다음과 같이 기술하였다.

대마도는 옛부터 대륙과 조선 문화유입의 창구였다. 야요이 시대(A.D. 57~708)부터 한반도의 영향을 크게 받았으며, 또한 중국과 조선으로 가는 교통로서도 중요한 위치였다. 견신라사(遣新羅使), 견수사(遣隋使, 5회), 견당사(遣唐使, 제6차 669년까지 그후는 대마도 경유치 않음) 등도 이키와 대마도를 경유하여 한반도로 건너갔다.『만요슈』에는 736년의 견신라사 아베노 추구마로(阿部繼麻呂) 일행이 아소만에서 순풍을 기다리는 시간에 읊었던 노래가 기재되어 있다. 대마도는 이키와 더불어 진정 대륙을 연결하는 징검다리였다.

고대 일본은 630년 제1차 견당사를 당나라에 파견한 이래 894년까지 무려 20회의 당견사를 파견코자 했으며, 임명된 당견사가 당나라까지 다녀왔다는 일본의 기록은 16회라고 한다. 그러나 실제로 당나라를 방문한 것은 3~4회에 지나지 않으며, 이들 중에는 많은 사절들이 당나라 대신 신라를 방문하였다는 주장도 사실로 밝혀지고 있다. 특히 630년의 제1회로부터 667년의 제6회 당견사는 소위 북로(北路)를 통하여 신라선박의 지원을 얻어 나니와(難波)를 출항하여 이키와 대마도를 지나, 한반도 남해안을 따라 이동한 다음 황해에서 북상하여 중국에 이르렀다. 이 항해는 실로 목숨을 건 모험을 감행해야만 했다. 그러나 663년 북촌강(北村江)전투 이후, 일본과 당나라와의 사이가 나빠졌을 뿐 아니라 신라와의 관계도 악화되어 한동안 견당사의 파견이 중단되기도 했다.

일본의 견당사 파견이 재개된 것은 702년 이후였다. 이때부터는 이전의 북로 대신 소위 남로(南路)를 통하여 규슈에서 출항하여 남지나해를 거쳐 중국으로 왕래하였다. 백촌강 전투에서 왜군이 나당연합군과 맞싸운 이후, 일본은 약 30년간은 당나라 대신 신라에 사절단을 빈번히 파견하는 등 총 48회에 이르는 견신라사가 기록으로 남아있다.

견당사 중 장보고의 선단에 의해 중국에서 일본으로 귀환한 엔닌(圓仁)의 입당구법순례행기(入唐救法巡禮行記)에 의하면 항해 도중 선상에는 먹을 음식, 마실 물조차 부족했으며 폭풍으로 인한 높은 파도에 시달려야 했고, 그 중에는 병에 걸려 숨진 사람도 적지 않았다고 한다. 엔닌은 838년에 견당사로서는 최대인원이었던 651명으로 구성된 사절단의 한사람으로 당나라에 갔다가, 갈 때는 남로로 갔으나 귀로에는 장보고 선단에 승선하여 북로를 따라 귀국하였다.

그렇다면 일본은 왜 이런 모험을 무릅쓰고 당나라나 수나라 그리고 신라에 사절을 보냈을까? 사방이 바다로 둘러싸인 일본은 고대에 국가건설을 위해 필요한 정보와 지식을 해외로부터 수집해야 했고, 또한 국내의 정보가 국외로 흘러나가지 않도록 하는 관리체제가 필요했던 것이다. 비록 고대국가였지만, 당시에도 해외정보의 입수와 관리 그리고 이에 따른 대책의 수립 시행은 국가존망이 달린 중요한 문제의 하나였다. 때문에 일본은 고대로부터 일찍 견당사, 견수사, 견신라사 등 외교사절을 파견하여 공식적 해외정보 수집은 물론 민간상인들을 통해서도 해외정보를 입수하고, 또한 일본에 표착하거나 입경하는 외국인을 통한 해외정보의 수집 등 직간접으로 정보수집에 총력을 기울이고 있었다.

견당사, 견수사, 견신라사는 공식외교사절로서 정치적 친선관계뿐 아니라 경제적 교역, 중국, 신라와의 여러 분야에 걸친 선진문화, 기술 등을 전수하여 일본으로 가져오는 역할을 수행하였다. 이들 사절단은 대사, 부사 등 고위 인사뿐만 아니라 수많은 유학생과 수행 승려들도 함께 가서 선진문화를 익히고 귀국했던 것이다. 그들이 전수하여 일본으로 수입한 분야는 당나라로부터는 다양한 문화로서 특히 과학기술의 수용, 당나라 역법(曆法)의 전래, 전적(典籍)의 수입 등이라 할 수 있으며, 신라로부터도 불교를 비롯하여 여러 가지의 선진문화의 수입은 물론 특히 당나라의 정세 등 동북아의 국제질서에 관한 정보수집에 역점을 두었던 것이다.

이와 같이 중책을 맡아 신라를 향하던 견신라사들은 어김없이 이키와 대마도를 경유하여 신라에 당도하였으며, 귀로에도 같은 항로로서 다시 대마도와 이키를 경유하였던 것이다. 이러한 역사를 입증하는 것이 곧 대마도에 머물었던 견신라사들이 읊은 노래로서 736년 6월, 나니와(難波)를 출발한 견신라사의 노래 145편이 제4기 『만요슈』의 권 16에 실려 있다는 점이다.

이러한 사실을 감안하면, 대마도는 비단 고려조나 조선전기의 조선사절과 임진왜란 이후 12회에 걸친 통신사의 왕래뿐 아니라, 거슬러 올라가 신라 때부터 양국 간의 빈번한 교류가 이루어졌던 국경의 섬임을 짐작케한다.

2) 견당사(遣唐使)와 신라명신(新羅名神)

663년 나당연합군에 의한 백제 침공을 방어하기 위해 일본은 바다를 건너 지원군을 파견하였다. 그러나 백촌강 전투에서 일본지원군은 나당연합군에게 패하여 일본으로 철수하였다. 이로 인하여 8세기 후반부터 신라와의 관계가 악화되기 시작하여 779년(혜공왕 15)에는 양국 간의 관계는 단절되고 만다. 그 후 803년(애장왕 4) 일본이 견당사를 파견하면서 배가 신라에 표착할 경우에 대비하여, 일단 사신을 신라에 보내어 지원을 청했다. 일본 견당사는 1차 출항이 태풍으로 실패하여 다음해에 다시 견당사를 출발시켰는데 이때도 일본이 사신을 보내어 신라에게 지원을 요청하면서 황금 300량을 바쳤다고 한다. 1년 전의 견신라사 파견에 아무런 답신이 없자 다시 요청하여 협조를 얻은 것이다. 이처럼 803년에 재개된 양국 간의 관계는 809년에 다시 단절되었다. 그러나 공적관계의 단절이후에는 신라상인들의 왕래가 빈번해졌으며 일본은 당과의 교통이나 교역상 정보를 이들 신라의 국제상인들에게 의존할 수밖에 없었다. 현덕왕대인 809~825년에는 신라상인들이 자주 나가도(長門)와 지쿠젠(筑前)에 내항하였고 선박 20여척이 대마도를 드나들어 해적으로 오인되기도 했다. 때문에 일본막부도 대마도에 신라통역관을 두었다는 기록이 있다.

일본 불교의 천태종(天台宗)승려인 사이초(最澄, 767~823)는 16차 견당선 제2선박에 승선하여 입당하였다. 사이초는 1차 입당에 실패하자 하카다(博多)에 머물면서 신사와 불교사원에서 항해의 안전을 위한 공양과 반야, 법화, 화엄, 금강경 등 여러 경전을 강설하고 원문(願文)을 쓰는 등 불교에 정진하였다고 한다. 사이초의 제자승 닌츄(仁忠)의 저서 『예산대사전(叡山大師傳)』에는 사이초는 도해가 임박해지자 가와라신(香春神) 즉 신라신에게 항해의 안전을 기원하였고, 그 덕분으로 무사히 도해할 수 있었다고 전했다. 『속일본후기』에도 사이초와 신라신과의 관계를 기록한 내용이 남아 있다.

가와라 신라신의 유래는 『후젠후토기(富前風土記)』의 일문(逸文), '엔기식(延喜式)' 『가와라사연기(香春社緣記)』, 『속일본후기』 등 여러 문헌에서도 찾아볼 수 있다. 『후젠후토기』의 '일문'에는 다음 내용의 이야기가 수록되어 있다.

전하는 말에 의하면 신라국신이 건너와 이 청하원에 머무니 가와라(鹿原) 신이라 하였다.

그리고 북쪽의 3봉우리 가운데 셋째 봉우리에는 동이 생산된다.

그 후 수십 년 뒤 『속일본후기』에도 다음 내용이 기록되어 있다.

사이초가 견당사를 따라 도당할 때 가와라산에 이르러 도해의 평안과 도움을 청하고 원래 돌산이던 가와라산이 사이초의 독경으로 초목이 무성한 산으로 변했으며, 수해 한발과 질병이 있을 때마다 군사와 백성들이 가와라 신라신에게 기원하면 큰 감응이 있었다.

사이초의 제자 엔닌(圓仁, 794~864)은 일본 불교 천태종 3세 좌주로서, 838년 제17차 견당사 일행과 함께 입당하였다. 이에 앞서 일본 정부는 836년 견당사의 안전을 위해 신라의 도움을 요청하기로 하고 견신라사로 기노미츠(紀三津)를 파견하였다. 일본과 신라의 국교는 제18차 견당사 파견(804)을 계기로 복원되었다가 다시 단절되었던 때였다. 그러나 견당사의 항로에는 신라의 지원이 절대 불가피하였다. 당시는 장보고를 정점으로 신라인들의 해상활동이 절정에 달해 있었고 일본은 동아시아의 정보를 이들 국제무역 상인들을 통하여 입수하던 시대였다.

엔닌 일행의 견당사는 악천후로 인해 두 번이나 도해가 실패로 끝나고 838년 6월 13일에 3척의 선박만으로 다자이후(太宰府)를 출발하여 20여 일 만에 간신히 양주 해릉현 백조진에 도착하였던 것이다. 당초 도당을 기획한 지 2년 8개월이 소요된 셈이다. 엔닌은 첫 번째 도해에 실패하여 줄곧 다자이후에 머물면서 후젠고쿠에서 받들어 모신 신라국신에게 그의 스승 사이초가 했듯이 항해의 안전을 기원했을 것으로 추측되며, 그가 귀국하여 가와라명신을 위한 불경 1천 권을 전독한 점으로 미루어 이 사실이 명백해진다. 신라무역상들이 대활약을 하고 있었던 시기에 일본인들

왼쪽) 시가(慈賀)의 온죠지(園城寺), 현재의 미이테라(三井寺) 신라명신당 오른쪽) 미이테라 소장 신라명신 목상

은 신라선박에 편승하고 신라선원의 안내와 도움을 받으면서 당나라를 왕래하여 문물을 받아들였다. 이러한 과정에서 신라국신은 일본인의 해상신, 항해의 신으로 받들어 모시게 되었던 것이다.

장보고가 모살되고 신라의 해양세력이 쇠퇴일로에 있었지만, 신라의 해상무역활동은 계속되었고, 또한 일본의 견당사도 이어졌다. 일본 불교 천태종문의 5세 좌수 엔친(圓珍, 814~891)은 853년 7월 신라무역상 흠량휘(欽良徽)와 왕초(王超)의 선편으로 입당하였다. 일본의 일각에서는 이 두 사람을 당나라 상인으로 보기도 하지만, 이는 「지증대사전기(智證大師傳記)」의 기록에 의한 잘못이며, 엔닌의 「순례행가」에 보면 이들이 신라인임이 확실하다.

엔친은 입당 후 8개월 동안 천태산 국청사(國淸寺)에 머문 뒤 월주, 소주를 거쳐 855년 5월 장안에 도착한다. 장안에서는 신라승 운거화상(雲居和尙)의 정토원(淨土院)에 기거하면서 운거화상에 많은 것을 배고 운거화상을 높이 평가한다. 그는 예상치 않았던 큰 수확에 만족하고 11월에 낙양으로 떠났다. 낙양에서는 약 1개월간 온유방(溫柔坊)에 있는 신라왕

사가(慈賀)의 온죠지(園城寺)소장
13세기 및 14세기 신라명신 그림

견당사로 갔던 일본 승려 엔진

자의 자택에 머물게 된다. 그 후 엔친은 856
년 6월 발해국 상인 이연호의 선편으로 하
카다를 통해 귀국하게 되었다.

「온죠지류카카이엔키(園城寺龍華會緣
起)」의 기록에 의하면 다음과 같은 구절이
있다. "엔친이 당에서 돌아오는 배 안에서
어떤 백발노인이 출현하여 엔친에게 나는
산라명신이다. 화상(和尚)을 위하여 불법
을 보급할 것이다."라 말하고 사라졌다. 그
런데 엔친이 귀국하여 당에서 가지고 온 경
전을 태정관에게 바치려할 때 다시 그 노인
이 나타나서 "성지에 가람을 세워 불경을
안치하라"고 하면서 엔친을 오미국 시가군
(近江國 慈賀郡)의 온죠지(園城寺)에 인도
했다고 한다.

이렇게 하여 신라명신이 온죠지에 진좌
하게 되었으며 그 내력과 신의 영험, 신격
의 향상, 사문(寺門)의 지위확보 등의 내용
이 소상히 기재되어 있다. 따라서 이 절에
는 오늘날 까지 신라명신의 목상(11세기 平
安시대)과 엔친의 영정 5점 그리고 13세기
가마쿠라(鎌倉)시대의 신라명신과 14세기
무로마치(室町)시대의 신라명신 그림이 소
장되어 있다.(이상 조영록 교수 저『장보고
선단과 해양불교』참조)

16. 러·일 해군의 격전지

일행은 대마도를 한눈으로 내려다볼 수 있는 에보시타케(烏帽子岳)전
망대에 올랐다. 이 전망대는 1989년 나가사키현의 지원으로 건립한 것인
데, 높이는 해발 176m라고 한다. 전망대에서는 아소만(淺芽灣)이 내려
다보이고 사방으로 경관이 좋은 산과 바다가 조화를 이루어 그 운치는 일
품이다. 서쪽 바다 건너 멀리 우리 나라 산들이 희미하게 보이며 그 사이
에 파도가 넘실거리는 대한해협이 가로놓여 있다. 바로 이 대한해협이
1905년 5월 27일 러시아 발틱함대가 일본해군의 습격으로 격침된 역사
의 현장이다. 이 해전은 당시 동아시아의 패자(覇者)를 가리는 마지막 한
판 승부였다.

로제스트벤스키 제독이 인솔한 발틱 함대가 중국 뤼순(旅順)에 정박 중
이던 러시아함대의 지원을 위해 발틱해의 기
지를 출발한 것은 8개월 전인 1904년 9월 말
이었다. 함대가 난관에 봉착한 것은 수에즈운
하부터였다. 영일동맹관계로 당시 영국이 관
장하고 있던 수에즈운하의 통과가 허가되지
않았다. 때문에 발틱함대는 지중해와 대서양
을 거쳐 아프리카대륙 최남단 희망봉을 돌아
야 했다. 함대가 인도양의 마다가스카르섬에
정박한 1905년 1월, 뤼순이 함락되었으니 블
라디보스토크로 직향하라는 연락이 왔다.

러시아 함대가 대한해협에 다달았을 때는
장장 8개월간 28,800km의 항해로 연료와 보

대마도에 세워져 있는 러·일전 전승기념비

급품이 거의 바닥나고 지친 병사들의 사기는 땅에 떨어져 있었다. 발틱함
대는 일본함대가 진해만과 아소만에 숨어 있는 줄 모르고 블라디보스토
크로 질러가기 위해 폭이 좁은 대한해협을 항로로 택했다. 그러나 대마도
에 진을 친 일본해군은 이미 섬을 한 바퀴 돌지 않고도 군함이 아소만에서
동서로 민첩하게 왕래하는 비밀 인공운하를 파고 적함을 기다리고 있었
다.

러시아가 지구를 반 바퀴나 돌면서까지 발틱함대를 파견한 데는 그만
한 사정이 있었다. 동아시아를 관할하는 태평양함대가 있었지만 뤼순과
블라디보스토크로 나뉘어 있는데다가 뤼순은 일본함대에 포위되어 있었
기 때문이다. 한편 전함 포템킨으로 유명한 흑해함대는 국제협정에 묶여
다르다넬스 해협을 통과할 수 없었다.

발틱함대는 30척이 넘는 많은 군함으로 편성되었지만 함선은 모두 구
식이고 병사들은 농민출신으로 그야말로 오합지졸이었다. 이에 비해 일
본은 맹훈련을 거듭하여 다가올 해전에 대비하고 있었다. 당시 해군연합

아소만(淺芽灣)에서 동쪽 만제키교(万關橋)에 이르는 러일전쟁에 대비한 비밀인공운하

함대 총사령관 도고 헤이하치로(東鄕平八郎, 1847~1934)를 정점으로 일사불란한 전투태세를 갖추고 있었다.

이날 오후 1시 반경 포격전이 시작되었다. 그러나 발틱함대는 속도, 화력 어느 것 하나 일본 함대를 당할 수가 없었다. 일본은 결과적으로 발틱함대를 지리멸렬시키고 침몰 19척, 나포 5척, 전사자 4,800명, 포로 6,100명이라는 대전과를 올렸다. 이로 인해 러시아 황제 차르체제는 붕괴되고 일본은 신흥제국주의 국가로서 자신감을 갖게 되었다. 일제는 이를 바탕으로 삼아 대륙침략으로 이어지는 팽창시대의 출발을 맞게 되었던 것이다.

상(上)대마에는 러일해전승전탑이 두 군데나 서 있다. 그리고 일본 정부는 2005년 5월 승전 100주년 기념행사를 성대히 치렀다.

1) 일본해 해전

일본에서는 러일해전을 일본해해전(日本海海戰) 또는 쓰시마오키해전(對馬沖海戰)이라 한다. 발틱함대를 격침시킨 해역이 섬의 서쪽, 부산과 대마도 사이의 대한해협으로 알고 있는 사람이 많지만, 실은 섬의 남쪽 중허리에 위치한 아소만이었다. 아소만은 이 섬의 특산품인 진주의 양식장으로 유명하며, 또한 먼 옛날 중세기 여원연합선단의 침공으로 잘 알려진 곳이기도 하다. 당시 해군연합함대사령관이었던 도고 헤이하치로는 아소만에서 섬을 가로지르는 비밀 인공운하를 구축했다. 이 운하를 통해 러시아 함대에 대한 신속한 공격 루트까지 마련한 완벽한 전략이었다. 한편 뤼순항의 러시아 함대를 미리 대파한 일본 해군은 러시아함대가 대한해협을 지나갈 것을 예측하고 진해와 대마도 양편에서 잠복하고 있다가 발틱함대가 출현하자 협공작전을 폈던 것이다.

만제키교(万關橋)에 앞에 세워진 시비(詩碑)

이 해전에 동원된 일본 기함(旗艦) '미카사(三笠)호'는 4색기를 게양하고 '황국(皇國)의 흥망은 이 일전(一戰)에 달렸다. 각 장병은 가일층 분발, 노력하라'고 출격하는 전 함대에게 명령을 내렸다. 이때 일본함대의 구성은 전함 4척, 순양함과 해방함(海防艦) 29척, 구축함 26척, 수뢰함 41척이었다. 이런 대규모의 일본함대가 먼 항로에서 지칠 대로 지친 총수 38척의 발틱함대를 향해 일제히 돌진하였다. 발틱함대는 일순 19척이 격침되고 5척이 사로잡히는 대참패를 당하였다. 도고 헤이하치로는 이 해전에서의 승리로 일약 세계적으로 유명해졌으며, 동양의 넬슨제독이라는 별명이 붙었다.

넬슨(Horatio Nelson, 1758~1805)제독은 1798년 이집트 원정에 나선 나폴레옹 함대를 격침시키고, 1805년에는 프랑스·스페인 연합함대를 트라팔가 앞바다의 해전에서 격파하면서 현장에서 전사한 영국의 명장이었다. 도고는 그 이후 1913년 해군원수로 승진하였으며, 사망 직전에 후작(侯爵) 칭호를 수여받았다. 도고는 서예에도 능하여 많은 유묵이 남아 있다.

한편 발틱함대 격파 때 도고사령관이 탔던 선두지휘선 미카사호가 세계적인 관심을 모았다. 미카사호는 1902년 영국의 픽커즈 조선소에서 제작한 군함으로 상비배수량 1만5천 톤, 속력 18노트, 30cm 주포(主砲) 4문, 15cm 부포(副砲) 14문을 장착한 당시 세계 제1급의 군함이었다. 미카사호는 워싱턴군축조약으로 군함의 보유수가 제한되었을 때도 예외적으로 인정받아, 도쿄만의 요코즈카(橫須賀)군항에 영구보존 되어왔으며, 1961년 다시 복원 수리되어 현재까지 그곳에서 일반에게 공개되고 있다.

해전 익일인 5월 28일 격침당한 러시아군함의 승무원 약 100명이 표류하여 대마도 북단 가미쓰시마쵸(上對馬町)의 긴손(琴村)에 상륙하였다. 이들은 발틱함대의 순양함 '애드미럴 나이모프' 호의 장교와 하사관들이었다. 당시 불과 13세대가 살던 작은 이 마을은 대소동이 일어났다. 한편 대마도 북단의 도노사키(殿崎)에도 150명의 러시아 병사들이 구명보트를 타고 표류하여 민가에 수용되었다. 러시아 장병들은 혹시 주민들이 보복공격을 하지 않을까 위협을 느끼면서도 구조를 요청하였는데, 마을주민들은 예상과는 달리 친절하게 이들을 맞이하였다. 러시아 병사들은 마을사람들의 친절에 감동하여 기쁨의 눈물을 흘렸다고 한다. 특히 긴손(琴村)에는 우리 나라 제주도에서 들어온 해녀(海女)들이 사는 곳으로 알려져 있으며, 아마도 이들 해녀들이 중심이 되어 조난병사들에게 더욱 친절을 베풀지 않았을까 하는 생각이 들었다.

대동아전쟁 중의 대마도는 요새의 섬으로 변하여 약 1만 명의 일본군 병사가 주둔하였다. 일본은 전쟁말기 오키나와(沖繩) 함락에 이어 일본영토 최서단의 요지인 대마도에도 적군의 침공이 있을 경우 죽을 각오로 결전하겠다는 의지였다. 한편 이즈하라 남쪽의 츠츠를 잇는 도로는 당초 목재운송용의 좁은 길이었으나 군대의 주둔으로 약 20m의 군사도로로 개축되고, 해안선을 따라 높은 고지대에는 군데군데 포대를 설치하였다. 츠츠로 가는 도중에는 대규모의 통신 기지를 건설하였는데, 이는 오늘날까지 기능을 하고 있다.

2) 도고 헤이하치로의 이순신 장군 평가

러시아 발틱함대를 대한해협에서 대파하여, 전 세계를 놀라게 한 당시 해군연합함대 총사령관 도고 헤이하치로는 승리 축하연에서 이순신 장군을 높이 평가했다. 이에 관한 수필가 고 김소운(金素雲, 1907~81)선생의 기록이 있다. 이 수필에는 이순신에 대한 다음과 같은 이야기가 들어있다.

　도고 헤이하치로 해군총사령관이 러일전쟁에서 승리, 개선하였을 때 일본 조야는 성대한 축하연을 베풀었다. 이 자리에서 도고는 수많은 찬사에 답하여 이렇게 말하였다고 한다.

　"불초 도고를 영국의 넬슨제독과 비교하거나 혹은 이순신장군에 견주어 격찬을 보내주셔서 몸 둘 바를 모르는 영광으로 여깁니다. 그러나 넬슨제독과는 모르겠지만 이순신장군에 비유한 것은 가당치 않습니다. 불초 도고 같은 사람은 이순신 장군의 발밑에도 차마 미치지 못하는 자입니다."

도고 제독의 이러한 언급은 고 김소운 선생이 쇼와(昭和) 초기 하쿠분간(博文館) 발행『소녀세계』의 편집장을 지낸 퇴역해군 중좌 사카와 다코(佐川田功)로부터 전해 들었다고 한다. 또한 일찍 해군사관으로 진해요새사령부에서 근무한 적이 있는 사카와 중좌는 그의 저서『군함 이야기』에 이순신 장군에 관한 다음과 같은 기록도 포함되어 있다고 소개하였다.

　실례되는 말이지만, 오늘날 조선 사람은 진정 이순신장군의 '위대함'을 알고 있을까. 충무공을 모신 사당은 경남 통영에 있다. 매년 기일(忌日)에 한 번씩 진해해군이 자진하여 제사를 지내는 것이 상례였다. 그러나 현지주민들의 눈에는 제사를 지내는 존경심이 이상한 모습으로 비춰졌다. 이러한 소문은 통영 주민들로부터 직접 들었다.

사카와 다코는 러일해전에 참전하고 훗날 해군 전략가로 활약하였는데, 그의 회고록『포탄 잠재우기』에서도 일본 해군은 러일전쟁을 앞두고 이순신장군의 영전에 승리를 빌기도 했다는 일화를 소개하면서 일본의 도고제독은 이순신장군과 비교한다면 발가락에도 못 미친다고 평하기도 했다.

한편 일본 해군 중장 사토 데츠타로(佐藤鐵太郎)는 1908년에 쓴『제국 국방사론(帝國國防史論)』에서 '넬슨제독으로는 이순신 장군과 비교할 수 없다' 며 이순신 장군을 격찬했다. 사토는 1926년에도 한 논문을 통해 '이순신 장군의 위대한 인격, 뛰어난 전략, 천재적인 창의력은 이 세상 어디에서도 짝을 찾을 수 없다' 고 찬사를 보냈다.

일본의 유명한 역사소설가 시바 료타로(司馬遼太郎)는 '이순신장군은 기적과도 같은 이상적 군인이자 세계역사상 필적할 만한 사람이 없는 위인' 이라며 명치유신 이후 수많은 일본 해군 관계자들이 이순신을 존경했다는 점을 밝힌 바 있다.

이순신 연구가인 최석남(崔碩南) 전 육군 통신감은 충열사(忠烈祠) 관리인의 증언을 근거로 '구 일본 해군사관학교 졸업생들이 이순신장군 사당인 충열사에 정기적으로 참배했다' 는 기록을 남겼다. 또 최장군은 일제 시대에 일본해군군함들이 진해를 입

민족의 영웅 충무공 이순신 장군 동상

이순신장군을 숭배한 도고 헤이하치로

항할 때마다 이순신장군에게 묵념을 올렸다는 사실까지 소개한 적이 있다. 이런 평가는 이순신장군의 적이었던 일본인들에게서만 나오는 것은 아니다.

영국 해군중장이자 해전사전문가인 발라드는 1921년 '이순신은 위대한 해군 지휘관 중에서도 앞줄을 차지할 만한 제독'이라 평가했다.

한동안 이순신에 대한 외국의 연구는 소강상태에 빠지기도 했다. 하지만 최근 다시 이순신에 주목할 만한 연구 결과가 나오고 있다. 일본 사무라이와 전쟁사 전문가인 영국의 스티븐 턴불이 2002년에 출간한 그의 저서에서 '이순신은 한국의 영웅이자 인류역사를 통틀어 가장 위대한 해군 지휘관 중 한 사람'이라고 평한 것이 대표적 사례다. 이처럼 이순신장군은 미처 한국인이 모르는 새 세계의 위인으로 떠오르고 있다. 일본 해군 전략가 사카와 다코씨는 '한국인들은 이순신을 성웅(聖雄)이라고 떠받들기만 할 뿐 그분이 진정으로 얼마나 위대한 분인지를 일본인보다 모른다.'고 비판한 적이 있다.

17. 대마도를 떠나면서

오늘날의 대마도는 관광지로서도 각광을 받고 있다. 오염되지 않은 바다에 둘러싸인 섬으로서, 볼거리 먹거리도 꽤 많이 개발되고 있다. 특히 섬 전체가 수려한 경치를 자랑하고 곳곳에 맑은 해수욕장이 있다. 이즈하라마치(嚴原町)의 오우라(尾浦)해수욕장, 미츠시마마치(美津島町)의 오타우라(太田)해수욕장, 가미아가타마치(上縣町)의 이구치하마(井口浜)해수욕장, 가미쓰시마마치의 미우다하마(三宇田)해수욕장 등에서 여름을 즐길 수 있는 여건이 마련되어 있다.

시간 관계로 내가 대마도를 방문하는 기회에 미처 돌아보지 못한 곳을 든다면, 남단의 츠츠자키전망대, 비죠츠카(美女塚), 이시야네, '은어가 되돌아오는 공원'이 있고, 이즈하라 반대편의 소위 원구(元寇)유적지인 고모다하마(小茂田浜) 등이 있다.

또한 대마도에 가면 필수 관광 코스로서 전설에 얽힌 와다즈미(和多都美)신사와 에보시타케(烏帽子岳)전망대, 특히 에보시다케전망대에 올라, 가깝게는 아소만의 그림 같은 작은 섬들과 진주양식장을, 그리고 멀리는 바다 건너 한국의 남해안 쪽 희미한 산들을 바라보는 경치는 자못 신기하다. 경치라면 또한 미츠시마마치의 츠나도(網島), 미네마치의 '오우미노사토(青海の里)', 가미아가타마치(上縣町)의 사오사키공원 등도 구경할 만하다. 또 가미쓰시마마치(上對馬町)의 한국전망대는 우리나라와 가장 가까운 약 50km지점에 세워져 있는데, 여기서는 맑은 날이면 우리나라의 산들이 훤히 보이고 한국에서 통용되는 휴대폰이 작동하여 외국에서도 국내 친지들과 통화가 가능한 유일한 곳이라 할 수 있다.

그밖에도 대마도에는 오래된 절과 신사들이 예부터 전해오는 전설과 더불어 관광객을 모으고 있고 상하도에는 아직도 무성한 원시림이 남아 있어 쓰시마 살쾡이를 비롯한 여러 가지 희귀종 야생 동식물이 서식하고 있다고 한다.

한편 대마도의 먹거리는 먼저 특산물인 고구마로 만든 국수 '로쿠베'와 자연산 메밀로 만든 '소바'를 들 수 있다. 그리고 섬 전역의 청정해역에서 잡히는 생선과 채집되는 해초로 만든 요리 '이리야키'와 '이시야키(石燒)', 또 무엇보다 생선회를 빼놓을 수 없으며, 대마도 토종닭으로 표고버

울릉도에 세워져 있는 '대마도는 본시 우리 땅이다 對馬島本是我國之地' 비. 기단석 위에 대마도를 조선영토로 표시한 1592년의 일본의 「조선국지리도」

지리적 개념이 부족한 당시 독도(우산도)가 울릉도의 서쪽에 그려져 있으며 대마도도 반도 바로 옆에 같이 명백한 조선영토로 그려져 있다

섯 등을 넣어 끓인 찌개도 일품으로 알려져 있다.

여행에 나서면 언제나 마찬가지로 미련과 아쉬움이 남기 마련이다. 나는 네번의 대마도 방문에도 불구하고 제한된 일정 때문에 많은 볼거리와 먹거리를 다 경험하지 못하였다. 마지막 날 다음 기회를 기약하면서 이즈하라항에서 쾌속정에 몸을 싣고 규슈지역 답사를 위해 하카다(博多)항을 향했다. 배는 규슈유센(九州郵船)주식회사 소속 비너스호였다. 이 배의 정원은 262명으로 시속 80km로 항해하는 제트 휠 추진식 쾌속 여객선이었다.

이즈하라 선착장에서는 정오가 되면 확성기를 통해 우리 나라 동요 '고향의 봄'을 반복하여 크게 울러퍼지도록 한다. 설명에 의하면 연중 365일 매일같이 정오에 대마시청은 이 노래를 방송으로 흘린다고 한다. 한국 관광객을 의식한 것이겠지만, 그러나 나에게는 이 노래가 아무래도 대마도 주민과 우리 민족 간에 공통되는 정체성의 표현이 아닌가 싶었다. 문득 내 머리 속에는 기나긴 교류의 흔적들 속에서 살아온 그들의 정서가 향후 뿌리를 되찾아 역사의 뒤안길을 따라 우리에게로 돌아오지 않을까 하는 기대감이 생겨났다.

우리 일행을 태운 비너스호는 12시 50분 이즈하라 항을 떠나, 14시 경 이키도(壹岐島)에 약 10분간 정박하여 승객이 내리고 탄 다음 다시 하카다항을 향해 약 1시간 50분의 항해를 계속한다. 나는 항해 도중 선상에서 대마도가 우리 땅이 아니고 일본 영토임이 계속 마음에 걸렸다. 한때 우리 땅이었던 것이 우여곡절 끝에 일본에 귀속되었다니, 이는 우리 조상들의 대마도 관리가 너무 허술했을 뿐 아니라 국가 장래의 백년대계와 세계를 넓게 바라보는 혜안이 없었던 탓이 아니었을까. 신라 장보고 시절에는 우리 나라의 해상세력이 동아시아에서 가장 으뜸이었고 그 세력은 고려조까지도 이어졌다. 그런데 조선조에 들어오면서 유교를 숭상하는 한편 선비를 우대함으로써 점차 쇄국정책을 폈던 것이 대마도 같은 보고(寶庫)

대마도 이즈하라항(嚴原港) 전경

이즈하라항에 정박한 쾌속페리 비너스호

를 잃게 된 원인이 되지 않았을까.

울릉도소재 독도 박물관 이승진(李承鎭)관장은 박물관 입구 이수공원에 2002년 10월 늦게나마 대마도가 우리 땅이었음을 알리는 비를 세웠다. 높이 4.2m, 폭 1.6m인 이 표지석에는 '대마도 본시 우리 땅(對馬島本是我國之地)'이라고 써져 있고 하단부와 좌우 면에는 대마도가 원래 우리의 속령임을 보여주는 지도를 그려놓았다. 그리고 그는 대마도를 거울삼아 독도문제에 국민 모두가 계속 경각심을 가질 것을 당부하고 나섰다.

우리 민족의 대마도에 대한 일반적 인식이 이러한데 하물며 고구려와 발해의 고토였던 간도와 연해주에 대한 향수, 일제의 농간으로 빼앗긴 간도에 대한 실지 회복 의지는 어떠할까. 좁은 땅에 살고 있는 우리 민족에게는 이러한 숙원이 하나의 잠재의식으로 영원히 가슴 깊이 남아 있으리라 믿는다.

제2부

특별기고
대마도 기행문

1. 내가 사랑하는 쓰시마

-대마도를 100번이나 방문하고-

정영호(鄭永鎬)
단국대학교 석좌교수, 박물관장
(100번째 대마도 방문 기념비 옆에 선 필자)

현재 쓰시마 이즈하라(嚴原)의 동쪽 산 언덕 체육공원 입구에 대아(大亞)호텔이 자리 잡고 있어 한일 양국의 방문객들이 항상 끊일 사이가 없다. 대아호텔은 2000년도에 개설한 부산과 이즈하라, 히타가쓰(比田勝)의 쓰시마왕복항로에 취항하게 된 대아쾌속선박 '시플라워', '드림플라워' 회사의 황대봉회장이 쓰시마 당국으로부터 땅을 임대받아 건축한 호텔이다. 바로 이 호텔의 앞마당 한쪽에 내가 100번을 방문한 기념비를 세워 제막식을 열 때 주인공이 반드시 있어야 한다며 우리 내외를 초청, 부부가 뜻하지 않은 현장 식전에 참가하여 감격의 눈물을 흘렸었다. 2004년 2월 14일 오후 5시의 일이다. 그 때의 식전 장면과 밤중까지 이어졌던 일들이 지금도 눈앞에 생생하며 앞으로도 영원히 잊혀지지 않을 것이다.

당시 일주일 전쯤인데 이즈하라 부정장이었던 다찌바나 아쓰시(橘 厚志)씨께서 전화에 "2월 14일 오후 5시에 이즈하라에서 중요한 행사가 있어 선생의 부부를 초청하니 꼭 와주기를 바랍니다"라는 내용이었다. 나는 "되도록이면 참석하도록 노력하겠다"고 대답하고 그 다음날 아침에 이즈하라정장이었던 후지가미 기요시(淵上 淸)씨에게 전화로 "어제 다찌바나 부정장으로부터 전화가 있었는데, 무슨 중요한 행사이기에 우리 내외가 꼭 가야되겠느냐"고 물었더니 후지가미 정장이 흥분한 어조로 "이즈하라 뿐만이 아니라 쓰시마 전도(全島)적인 중요하고도 큰 행사이므로 정 선생 부부가 꼭 같이 와야 됩니다"하기에 "나 혼자는 늘 가기 때문에 그 행사의 참석이 어렵지 않으나, 집사람까지 동행할 필요가 있느냐" 했더니 "그게 무슨 말씀이오, 늘 혼자였으니까 이번만은 두 분이 참가하여 쓰시마 사람들에게 모범을 보여야 된다"는 것이었다. 그리고는 "두 분의 3박 4일간 여정의 왕복 비행기표를 보냈으니 아마도 금명간에 전달될 것이며 숙박시설, 차량 등 모든 것들을 준비해 놓았으니 그저 두 분이 꼭 같이 몸만 오면 된다"는 것이었다.

왕복의 항공권까지 보냈다고 하기에 우리 내외가 꼭 가기는 가야 하겠는데… 나는 항상 작업복 차림에 카메라 가방만을 메고 다녔는데 행사장에 참석하라니 입던 옷 가운데 그런대로 괜찮은 옷 한 벌을 준비하여 서둘러 쓰시마방문의 준비를 하게 되었다. 준비래야 늘 가는 곳이어서 별것은 아니겠다고 하면서도 나가도메 히사에(永留久惠, 쓰시마의 원로학자이며 쓰시마사람들의 정신적지주로서 당시 쓰시마문화재위원장이었음)선생을 비롯한 그 곳 친구들이 제일 좋아하는 안동소주와 경주법주를 두 병씩 우선 선물로 마련하였다.

항공권 일자에 맞추어 일본 규수유(九州)의 후꾸오까(福岡)국제공항을 거쳐 국내선 쓰시마행 비행기를 갈아타고 쓰시마 공항에 도착한 것이 2월 14일 오후 4시 10분이었고 4시 20분 경 도착출찰구에 나가보니 다찌바나 부정장이 반갑게 맞이하며 승용차에 안내하여 타고 보니 낯 익은 운전기사가 큰소리로 환호하여 정장전용차임을 곧 알 수 있었다. 5시 전에 도착하였는데 대아호텔 앞마당에는 나가도메 선생을 비롯한 몇 분의 학자와 학계의 원로, 쓰시마 지청장(현재의 쓰시마 도주)과 후지가미정장을 비

롯하여 많은 유지들, 심지어는 북쪽 히타가쓰의 마사끼(眞崎)회장댁에서
까지 20여 명의 인사들이 모여 있었다. 해마다 자주 만나는 여러 분이지
만 이렇듯 한자리에서 모두 다 함께 만나기란 쉬운 일이 아니었다. 여하
튼 얼떨떨한 가운데 간단한 인사를 하고 있는데 사회자가 "5시 전이지만
오늘의 주인공이 도착하였으니…"라고 알렸다. 오늘의 주인공이란 말에
나는 더욱 멍해졌으며 다음 "지금으로부터 정영호 교수의 쓰시마 100번
방문 기념비의 제막식을 거행하겠습니다"라는 말에 정신이 번쩍 들어 모
두들 향하고 있는 앞쪽을 바라보니 이제까지 씌워져 있던 하얀 장막이 내
려지면서 검은색 석비 하나가 나타나는 순간 박수갈채와 환호가 붉은 저
녁노을이 은은해지는 허공에 가득해졌다. 순간 나는 눈물이 앞을 가리어
희미해지는 시야에서도 석비 한가운데 새겨져 있는 나의 얼굴을 분명히
확인하였다.

곧이어 후지가미 정장의 인사와 경과보고가 있었다. "날이 어두워짐으
로 간단히 말씀드리겠습니다. 1977년 7월 쓰시마를 처음 방문하여 지난
2004년 1월까지 100번째의 방문이었으며 오늘이 102번째의 방문이 되
겠습니다. 30년이 가까운 동안 일한 또는 한일 양국의 우호친선과 역사의
현장답사로 올바르게 양국관계사를 밝히고 정립함에 있어 크게 진력하였
으며 앞으로도 양국의 모든 관계가 더욱 증진될 것이며, 200번 내방을 기
대하면서 내외분의 건승을 기원합니다." (하략)

석비의 석재는 쓰시마산으로 긴 4각형 화강암 석재의 기단 위에 오석으
로 조성한 긴 4각형의 비신을 세웠는데 전체의 높이가 1.1m이다. 앞면 중
앙에 나의 한복차림 얼굴을 화상(畵像)으로 조성하고 왼쪽에 큰 글씨로
'호불 정영호선생(豪佛 鄭永鎬先生)', 오른쪽에는 약간 작은 글씨로 '대
마내방 100회기념(對馬來訪百回記念)'이라 음각하였고 측면에 '2004년
2월 길일'이라 하였으며 뒷면에는 서두에 '세와닌대표 나가도메 히사에

(世話人代表 永留久惠)'라 밝히고 기념비건립의 취지로 다음과 같이 음각하였다.

1977년에 처음으로 내도(來島)한 이래 일한교류사의 현창(顯彰)을 축(軸)으로 많은 기념비를 쓰시마 도내에 건립하는 등 친선교류 추진에 정력적으로 공헌하고 있다.

― 한국국립교원대학교 명예교수(韓國國立敎員大學校名譽敎授) ―

점점 어두워지는 가운데서도 기념단체사진과 개별사진들, 많은 장면을을 사진에 담고 나서야 여러 대의 자동차에 나누어 타고 일행은 축하연 장소로 이동하였는데 입구를 보니 이즈하라 뿐만 아니라 쓰시마에서는 제일 큰 식당이자 요정이기도 한 '시마모도'였다. 20여 명의 일행이 좌정하여 쓰시마의 대표이신 나가도메 히사에 선생의 인사말에 이어 "쓰시마를 100번이나 방문하였다니, 참 대단하십니다"하며 참석하신 많은 분들이 감사의 인사와 격려의 말씀이 있었다. 나는 속으로 이분들은 내가 무슨 일을 하며, 무엇 때문에 쓰시마를 찾고 있는지를 잘 알지 못하고 있는 것 같았는데, 이 때 내 건너편 쪽에 앉아있던 후지가미정장이 "정박사는 양국의 문화교류사를 정립하기 위하여 역사의 현장을 찾고 있는 것"이라고 말하며 몇 가지의 순국비(殉國碑), 현창비(顯彰碑) 등 건립 일들을 설명하니 그때서야 "아―참! 그러한 제막식이 몇 번 있었지요."하며 나에게 악수의 손을 내밀기도 하였다.

지난 1986년 7월의 일이다. 이즈하라에 위치한 수선사(修善寺) 앞마당에 대한인최익현선생순국비(大韓人崔益鉉先生殉國之碑)를 건립하고 다음날 귀국하는데 강풍으로 인하여 후쿠오까(福岡)에 비행기가 결항되어 이즈하라항에서 하까다(博多) 항구(港口)까지 연락선을 타게 되었다. 아

왼쪽) 정영호 교수 대마도 100회 방문기념비(앞면) 오른쪽) 대마도 100회 방문기념비 건립 취지문(뒷면)

침 일찍이 항구로 나갔는데 차에서 내리자마자 장정 두 사람이 나타나 양쪽에서 팔짱을 끼고 잠깐 가자는 것이었다. 나는 깜짝 놀라 "당신들은 누구요? 무엇하는 사람이기에 예의도 없이, 어디로 가자는 것이요!" 하고 외쳤더니 "우리는 이즈하라의 경찰이요, 남의 나라에 와서 마음대로 비(碑)를 세우고…"해서 그제서야 연유를 알게 되었다. "이 입비(立碑)는 쓰시마의 유지들과 함께 공동으로 진행한 것이니 불법이 아니요!"라고 큰소리쳤더니 아무 말 없이 양쪽 팔을 놓았다. 이 때 내 뒤에는 여러 대의 승용차들이 몰려와 나가도메 히사에 선생을 비롯하여 후지가미 기요시, 다찌바나 아쓰시, 사이토 히로유끼 선생 등 여러분이 전송 차 이즈하라 항구로 나오는 길이었던 것이다. 먼데서부터 경찰의 무례함을 보았는지 "무슨 짓들이냐! 이 분이 누군 줄 아느냐! 사죄하라!" 라고 정중이 말씀들을 하는데 고개도 들지 못하고 굽실대며 차를 타고 사라져버렸다. 그 후에 알게 된 일인데 우리가 입비(立碑)한 사실이 벌써 언론에 발표되었고 경찰서 정보과에서는 이러한 일을 미처 알지 못하고 있다가 이미 발표된 언론에 의하여 비로소 알게 되었으며, 이러한 늦은 정보수집의 태도로 상급 사람으로부터 심한 꾸지람을 들었다는 것이다. 그러므로 그 분풀이가 나에게 미치게 되었는데, 그 때 전송 차 항구에 나온 분들은 이 경찰 두 사람의 대선배, 또는 스승들로서 감히 대꾸할 입장이 못되었다는 것이다. 당시 입비(立碑)는 중량이 무겁기 때문에 석재(石材)들을 소형(小形)화물차에 신고 수선사(修善寺) 뒷길의 좁은 골목을 겨우 들어갔으며 경내는 육체미(肉體美)운동선수들을 시켜 운반하였는데 이 때 이들은 모두 다찌바나 부정장의 후배와 제자들이었다. 큰 길을 이용하지 않고 좁은 뒷길로 조용하게 비석을 세웠으니 많은 사람이 알 수 없었고 관계자만이 알았다. 그러므로 경찰들은 알 수 없었으며 기자 몇 사람이 나가도메 선생댁을 찾아가 알게 되었던 것이다. 이들을 그 후 식당이나 선술집, 가라오께점에서 자주 만나게 되어 친해지기까지 하였다. 그 후의 일인데 비행장의 출찰구에서 간혹 만나면 종이쪽지를 준다. "금일(今日)이 ○○번째의 내도(來島)입니다" 나는 기분이 좋을 수가 없어 "왜 남의 뒤를 밟느냐!"고 하면 웃으며 "이 곳은 국경의 마을입니다. 선생을 보호하기 위해서입니다"라고 하는데 나는 연신 고맙다고 말한다. 역시 쓰시마는 대한해협을 사이에 두고 한국과 국경을 이루고 있어 특히 군사적으로 요충지인 것이다. 역사적으로도 말할 것 없지만, 들은 이야기로는 1983년도 대한항공기가 사할린 방면에서 소련 전투기에 의하여 불법 격추당했을 때 이곳에서 탐지하여 정보수집, 연락을 취하였다고 한다. 그리고 옛 소련의 잠수함이 대한해협의 바다 속을 지나는 것도 이곳에서 모두 탐지했었다고 한다. 항상 평온하며 평화로운 해상국립공원(海上國立公園) 쓰시마이지만 보이지 않게 국경지대의 중요한 임무를 잘 수행하고 있음을 새삼 느끼게 하는 곳이다.

1999년 여름철인데 그 때 마침 쓰시마에 가 있었다. 이즈하라 항구 광장에서 성대한 행사가 있으니 꼭 참석해야 한다기에 답사중이지만 단정한 옷차림으로 내빈천막 지정석에 앉아 있었다. 현수막을 보고, 기념품을 받아 살펴보니 '헤이세이(平成)11년(1999), 에도(江戶)시대의 이즈하라항이 오늘의 이즈하라항으로 개항된 지 100주년이 되는 기념축전'이라는 것이다. 식순에 따라 행사의 의의, 경과보고, 기념사, 축사 등이 진행되었고 감사장, 표창장 등을 수여하였는데 이 때 나를 호명하기에 얼떨떨김에 단상에 올라가 감사장을 받았다. 내용인즉 '70회에 걸쳐 내도(來島)하여 유적지를 답사하면서 양국교류사의 정립과 친선우호(親善友好)에 크게 진력하고 있어 감사장을 드린다'는 것이었다. 이 때 나는 '벌써 70회가 되나?' 하며 쓰시마 방문의 회수에 관심을 갖게 되었던 것이다.

생각해 보면 쓰시마 방문의 회수가 많든 적든 그리 큰 문제가 되는 것이 아니었다. 문제는 쓰시마에서 무엇을 하느냐가 중요했던 것이다. 일거리가 많으니 자연이 자주 방문하게 되었는데 나는 항상 쓰시마 지역의 답사라고 했지, 방문이나 여행이란 용어를 쓴 적이 없다. 한국의 선사(先史)시대 문화가 쓰시마에 심어져 특히 고시다까(越高)의 신석기시대 패총유적은 부산 동삼동(東三洞) 패총이 그대로 옮겨진 것이고 도노구비(塔の首)청동기(靑銅器)시대유적을 비롯한 쓰시마지역의 석상분(石箱墳)유적은 한국의 청동기시대유적이 건너가 심어진 것이며 역사시대의 유적과 유물, 한국의 삼국기, 통일신라시대, 고려시대, 조선시대의 불상이 이제까지 134구가 조사되었음은 한국문화가 심어진 사실을 곧 알 수 있게 한다. 한국에 남아있지 않는 고려대장경 초조본 완질, 범종, 각 종의 불구 등은 특히 주목되는 우리의 문화유산들인 것이다.

1986년도에 입비한 대한인최익현선생순국비(大韓人崔益鉉先生殉國之碑)를 필두로 그동안 신라국사박제상공순국비(新羅國使朴堤上公殉國之碑), 조선역관순난비(朝鮮譯官殉難之碑), 조선통신사비(朝鮮通信使之

碑), 조선덕혜옹주비(朝鮮德惠翁主碑), 조선역관영휘비(朝鮮譯官靈諱碑), 조선선조옹주묘재건비(朝鮮宣祖翁主墓再建碑), 조선통신사이예공적비(朝鮮通信使李藝功績碑), 백제국왕인박사현창비(百濟國王仁博士顯彰碑) 등 9기의 석비(石碑)를 건립하였는데 이때마다 수없이 쓰시마를 갔으며 어떤 때는 한 달에 세 번을 간 적도 있으니 100회는 그리 장하게 생각되는 숫자가 아닌 것 같다. 아직도 쓰시마에는 우리 나라의 역사적 인물의 기념비, 공적비, 현창비 등을 세워 기리 빛내야 할 일이 많이 남아 있을 것이다. 이러한 일들을 찾기 위하여 앞으로 쓰시마를 계속 답사하면 150번, 200번의 회수는 간단할 것이다.

요즈음 나는 오래전부터 의문을 갖은 조선국 제4대의 세종 때 소위 이종무(李從茂)장군의 대마도정벌(對馬島征伐)의 사실을 구명하고자 현지를 찾고 있다. 쓰시마의 여러분이 도와주고 있어 여러 차례 동행, 현지답사를 진행하고 있다. 이때의 사실을 알 수 있는 기록은 조선시대의『왕조실록』세종 원년 6월 26일 전후의 기사 밖에는 없다. 우리는 이때의 사료를 정독하고 현지를 답사하여 진실을 밝힐 의무가 있는 것이다. 쓰시마에서는 이때의 싸움을 '누까다께(糠嶽)의 싸움(合戰)'이라 하여 도요타마쵸(豊玉町)의 니이(仁位)에 누까(糠)마을이 있으며 당시 전쟁터에는 우무기(卯麥) 뒷산 표고 105m의 나즈막한 산위에 도노사마단(殿樣壇)이 설단되어 있고 누까마을쪽의 산기슭에는 게라이의 묘(家來の墓)가 자리하고 있다. 그리고 이 두 곳에는 향로와 술잔들이 놓여 있어 지금도 봉사(奉祀)의 발길이 끊이지 않고 있음을 알 수 있다.

이곳의 답사, 연구가 끝나면 임진왜란 직전의 통신사로 일본에 파견되었던 황윤길공(黃允吉公)의 공적비, 혹은 현창비를 세울 예정이다. 황공(黃公)은 당시 정사(正使)로 다녀와 부사(副使)의 반대의견보고에 모두가 찬동의 뜻을 보임에도 불구하고 사실대로 직간(直諫)하였던 충신이었다. 당시 조일간의 국제정세의 직시(直視), 정직한 보고, 유비무환(有備無患)의 태세 등 강직(剛直)한 직신(直臣)의 모범이 되므로 쓰시마에 상륙한 이곳 이즈하라에 공(公)의 추앙비(追仰碑)를 세울 예정이다. 다만 위치선정 문제로 쓰시마의 유지들과 의논 중인데 뜻대로 잘 진행될 것으로 안다.

2. 대마도와 나의 특별한 인연

서 현 섭(徐賢燮)
전 외교부대사, 현 일본 나가사키 시볼트대학 교수
(통신사 행렬 때 정사로 분장한 필자)

국경의 섬 대마도. 부산의 야경이 아스라이 추억처럼 떠오르는 곳이
다. 부산에서 고작 50km라는 인근성과 비자 면제, 원화 강세로 이곳을
찾는 한국인 관광객이 해마다 늘어나고 있다. 지난 한 해 동안 섬 전체의
주민 인구 3만 6천여 명을 훨씬 웃도는 4만여 명의 한국인이 거친 바람처
럼 대마도의 산과 포구를 휩쓸고 다녔다.

최근의 현상은 기이한 대마도 붐이라고 하겠다. 사실 대마도는 역사에
관심이 별로 없는 이들에게는 재미없는 섬이다. 일본 관광지에는 당연히
있기 마련인 그 흔한 골프장이나 좋은 온천장도 없고 그렇다고 특별히 내
세울 만한 볼거리가 있는 것도 아니다.

조선왕조의 최고의 지일파라고 할 수 있는 신숙주가 『해동제국기』에서
"대마도는 남북이 3일 걸리고 동서가 1일 또는 반나절 거리이다. 토지는
척박하므로 백성들은 가난하여 소금을 굽거나 물고기를 잡아 팔며 생활
한다"고 갈파한 대로 궁벽하고 외로운 섬에 불과하다. 대마도 유지들은
술좌석에서, 해마다 대마도 고등학교 졸업생 500여 명이 졸업과 동시에
고향을 등지고 타처로 빠져나가기 때문에 인구는 매년 졸업생 수만큼 줄

어들기만 한다는 푸념을 늘어놓곤 한다.

대마도는 남북 82km, 동서 18km의 변경의 가난한 섬이지만 근대 한일관계사의 자료가 넘치는 보고(寶庫)이다. 1970년대 중반과 80년대 말, 두 번에 걸쳐 5년 남짓 주일대사관에 근무하는 동안 틈틈이 한일관계 문헌을 읽어가면서 대마도 종가문서(宗家文書)를 구경이라도 한번 해 봤으면 하는 게 소원이었다. 특히 일본의 국민작가로 숭앙받고 있는 시바 료타로(司馬遼太郎)가 쓴 『이키·쓰시마의 길』을 읽은 후로는 그 섬에 가보고 싶다는 생각이 더욱 간절해졌다. 그러나 도쿄-서울 왕복보다 여비가 많이 드는 대마도 나들이는 쉽게 나설 수 없는 형편이었다. 언젠가 기회가 오겠지 하는 마음으로 미루어 둘 수밖에 없었다.

대마도는 여느 한국 사람처럼 철들 무렵부터 들어오던 터라 막연하나마 가깝게 느끼고 있었지만, 그 섬이 나의 마음속으로 비집고 들어온 계기는 아메노모리 호슈(雨森芳洲, 1668~1755)라는 유학자에 관한 책을 우연히 접한 때문이었다. 호슈는 20대 초에 대마도번 유학자로 부임하여 타계할 때까지 60여 년간 조선어 통역교육자로서 한일관계 증진을 위해 음으로 양으로 진력한 외교관이었다.

그는 임진왜란을 대의명분이 없는 무모한 침략전쟁이었다고 공언한 일본 최초의 지식인이었으며, 한일 양국은 이웃나라로서, "서로 속이지도, 다투지도 말고 참된 마음으로 교류하자"는 성신(誠信) 교류를, 조선의 일본어 통역 현덕윤과 더불어 주장한 국제인이었다. 에도시대 일본을 방문한 조선통신사들도 그의 학식과 인품을 높이 평가하고 있다. 그는 한국어를 거의 완벽하게 구사했으며 나가사키에서

호슈의 『교린제성(交隣提醒)』의 표지

雨森芳洲　あめのもりほうしゅう

1668年、滋賀県高月町に生まれる。江戸で儒学者木下順庵の門下に入り、
儒学を学ぶ。
1689年、対馬藩に仕官。1689年に朝鮮方佐役（朝鮮外交の役所の補
佐役）に任命され、その後、朝鮮外交の第一線で活躍した。

誠信交隣

雨森芳洲は、相手の心（言葉、文化、習慣、歴史など）を知り、互いに欺か
ず、争わず、まごころをもって交わることこそ本当の交流であると唱えている。

아메노모리 호슈(雨森芳洲) 기념행사 팜플렛

배우기 시작한 중국어를 평생 손에서 떼지 않고 갈고 익혔다.

일본 사람 중에도 이런 지식인이 있었다는 것은 놀라운 일이었다. 역사의 책갈피 속에 이대로 묻어 두기는 너무나 아까운 인물이라는 생각이 늘 떠나지 않았다. 더러 동료들과 식사하는 자리에서 호슈 이야기를 꺼내 보았지만, 책깨나 읽었다고 아는 체 한다는 반응이었다. 그러나 기회는 언젠가 오는 법인가 보다. 1990년 5월 24일, 일본을 국빈 방문한 노태우 대통령이 천황 주최 만찬에서 행한 연설의 대미를 아메노모리 호슈를 평가하는 내용으로 장식하여 참석자는 물론 일본 지식인들을 놀라게 했다. 그 이튿날 아사히신문사 등에 호슈에 대한 문의가 잇달았다고 한다. 자기 자랑이라 송구스럽지만, 필자는 대통령 연설 초안에 호슈를 삽입할 수 있는 영광을 누렸다. 일본 연구를 평생의 업으로 생각하고 있는 학도에게 더할 나위 없는 행운이었다.

1990년 봄 노태우 대통령의 일본 공식 방문에 앞서 주일 대사관에서는 대통령의 연설문 초안 작성 작업을 했다. 그 작업의 마무리 단계에 내 책상에 온 초안의 결론 부분을 보고 깜짝 놀라지 않을 수 없었다. '새로운 한일관계를 모색함에 있어 에도시대의 아라이 하쿠세키(新井白石) 정신을 ...' 이라는 구절이 있지 않은가. 아라이가 누구인가. 『일본서기』의 오랑캐 사관에 기초하여 조선을 옛날 일본의 속국이었다고 경시하면서 임진왜란을 합법화시킨 대표적인 일본의 유학자가 아닌가. 나는 회심의 미소를 지으면 서 아라이를 깡그리 지우고 당연히 호슈의 성신 외교론으로 대체했다.

1990년 5월 24일 노태우 대통령은 천황 주최 만찬에서 품격 있고 온화한 어조로 "270년 전 조선의 외교를 담당했던 아메노모리 호슈는 성의와 신의를 외교의 신조로 삼았다"라고 평가함으로써 현대의 일본인에게 역사에 대한 반성을 우회적으로 촉구하였다. 노 대통령의 연설은 일본인의

통신사 정사로 분장한 서현섭 대사, 통신사 행렬 재현이 끝난 후 국서전달 의식을 행하고 있다

마음에 깊은 감동을 주었고 식자들로부터 많은 공감을 불러일으켰다. 노 대통령의 일본 방문이 있은 지 얼마 되지 않아 일본에서는 호슈에 대한 평전이 발간되었다. 일본 외무성의 한 친구가 도쿄 대사관에서 모스크바로 전임되어 있던 나에게 '한국 대통령이 언급한 아메노모리 호슈' 라는 신문 광고문과 함께 그 평전을 보내왔다.

당시 대마도에서는 지역진흥대책의 일환으로 조선통신사 행렬을 재현시키려는 움직임이 일고 있었고 1990년 5월 27일 대마도 로타리클럽에 의한 조선통신사 심포지엄이 예정되어 있었다. 노 대통령의 호슈 언급은 그야말로 절묘한 타이밍이었다. 대마도에서는 이를 지금도 "노태우 대통령 쇼크"라고 부르며 노대통령에 대한 존경심이 대단하다. 이곳 유지들은 노태우대통령을 한 번 모시고 싶어 안달이 나 있다. 대통령의 연설을 계기로 그 해 6월에 대마도에서는 '호슈회' 를 발족시켰으며, 또한 대마도를 중심으로 하여 조선통신사와 인연이 있는 일본의 지방 자치 단체와 지역이 연락협의체를 구성하여 해마다 번갈아 가며 통신사 이벤트를 전국적으로 개최하게 되었다. 일본에서 호슈에 관한 심포지엄 개최, 논문 발표, 호슈 일대기 간행 등 다양한 각도에서 호슈를 평가하는 작업이 진행 중에 있다. 한국에서도 호슈의 저서 『교린제성(交隣提醒)』이 번역 출판되었다.
1990년 5월 이래 호슈가 꽤나 알려진 지 8년이 흐른 다음에야 나는 러시아, 서울, 파푸아 뉴기니를 거쳐 1998년 5월 마침내 대마도가 영사 관할 지역에 속한 후쿠오카 총영사로 부임하게 되었다. 자기 자랑을 하지 않고는 배기지 못한 소인배 기질 탓에 1994년 가을에 출판한 『일본은 있다』에서 호슈에 관한 에피소드를 발설하고 말았다. 그 책은 일본에서도 『일본의 저력』이라는 타이틀로 번역, 출판된 관계로 부임과 더불어 일본의 전국지와 지방 신문들은 호슈를 발굴한 지일파라는 과분한 기사를 게재하여 주었다. 그 때문인지 부임 인사차 대마도를 방문한 나는 조선통신사 정사 이상의 극진한 환대를 받았으며, 그 후로도 대마도 아리랑 축제 때 재현되는 조선통신사 정사역을 맡았고 호슈에 관한 강사로도 나서야 했다. 덕분으로 대마도 뒷골목 주막집 할머니도 아는 체를 할 정도가 되었다.

후쿠오카에서 3년 가까이 재임하는 동안 서너 차례 대마도를 방문하는 과정에서 향토사연구가, 공무원, 사업가, 미인 마담 등 많은 사람들을 사귀게 되었다. 외국에서 근무하는 중에 사귀게 된 지인들은 대부분 임지를 떠나면 인연도 다 하기 마련이다. 그런데 대마도 사람들은 예외인가 보다. 외무부를 퇴임한 후에도 행사에 초청해 주고 한결 같은 우정으로 대해 주고 있다. 그 중에서도 니이 타카오(仁位孝雄)라는 기인은 특기할만하다. 대마도 출신으로 나가사키현 공무원으로 40년간 근무한 후 퇴임하여 현재는 사진작가로 활발히 활동하고 있다. 내가 처음 니이 선생을 만난 것은 그가 나사사키현 대마도 지청장, 일테면 나가사키현의 대마도 총독으로 재임하고 있었을 때였다.

니이선생은 사진 솜씨가 프로 빰치는 수준이다. 대마도의 자연과 조선통신사의 행사나 유적지가 그의 단골 테마이다. 사진집『조선통신사의 길』을 자비 출판하는가 하면 조선통신사에 관한 사진전을 부산, 도쿄, 후쿠오카 등지에서 15회나 개최했다. 한 장의 사진을 건지기 위해 일본 전국을 누비고 한국에까지 기꺼이 다리품을 팔고 있다. 그 모든 비용을 자담한다니 제정신이 아니다. 부창부수라고 할까, 그의 부인은 돈 타박은 커녕 사진작가 조수 노릇을 톡톡히 할 뿐 아니라 사진전 준비와 진행을 기꺼이 맡고 있으며 한국 전통춤을 배워 가르치기도 한다. 나가사키현 국제교류원으로 근무한 한국의 젊은이들을 예외 없이 두서너 번씩 자택으로 초청하는가 하면 자가 운전으로 큐슈의 관광지를 안내하곤 한다. 물론 나가사키에서 생활하고 있는 나로서도 참으로 많은 도움을 받고 있다.

니이(仁位)라는 성씨는 일본에서 희성에 속한다. 아마도 대마도에만 있는 성씨일지도 모른다. 조선통신사 관련 문헌에 니이 성씨를 가진 조선어 통역이 기록되어 있고 조선통신사 행렬도에 역시 니이라는 성씨의 역관이 말을 타고 수행하고 있는 것으로 보아 어느 정도 지체가 높은 통역관을 배출한 가문으로 짐작된다. 원래 대마도의 생존은 한반도로 부터의 문물 확보에 크게 영향을 받았던 관계로 조선과의 무역을 독점한 상인들은 구어체의 조선어를 꽤 구사하였다. 임진왜란 때 조선을 침략한 일본군 각 부대에 50여 명의 조선어 통역이 배치되었는데 이들 대부분이 대마도 출신이었다. 1727년 9월, 호슈의 건의로 대마도번이 3년제의 조선어통역 양성소를 개소하였을 때, 호슈가 교사로서 발탁한 인물이 니이 분키치(仁位文吉)라는 20대 초반의 청년이었다. 분키치는 역시 조선어 통역으로 부산의 왜관에 근무하던 중 급사한 부친의 가르침을 받아 일찍 조선어를 익혔던 것이다. 니이가(仁位家)의 통신사를 통한 한국 사랑은 실로 뿌리가 깊은 거목을 연상케 한다.

호슈에서 비롯된 대마도와의 인연은 나로 하여금 제2의 인생을 대마도를 관할하는 나가사키현의 공립대학에서 교편을 잡도록 한 게 아닌가 하는 생각이 든다. 현재 재직하고 있는 대학의 사무국장도 대마도에서 처음 만났기에 더욱 그러한 생각이 든다. 호슈를 흉내내어 지난 봄학기부터 신입생들을 위한 중국어 강의를 청강하고 있다. 계속 중국어에 도전해 나갈 각오이다. 이 대학에서도 정년을 맞게 되는 날, 우선 대마도의 남쪽에서 북쪽까지 걸어 볼 작정이다. 그리고 반 년 정도 대마도에서 하숙을 하면서 대마도와 한반도 사이에 얽히고 설킨 애환을 한 권의 책으로 풀어내고 싶다. 대마도와의 인연은 아마도 세월과 더불어 더욱 깊어질 듯한 예감이 든다.

3. 문화의 보고 대마도와 뒷골목 이야기
-국경의 섬 대마도 취재 파일에서-

시마무라 하츠요시(嶋村初吉)
니시니혼신분(西日本新聞) 대기자
(2007년 6월 부산박물관 방문 시의 필자)

대마도는 문화의 보고(寶庫)이다

내가 처음으로 국경의 섬 대마도를 찾은 때는 1994년이었다. 재일한국인 작가 김달수(金達壽)씨의 「대마도까지」라는 글을 읽은 영향이 컸다. 김달수씨의 장서 『일본내의 조선문화』(講談社文庫)을 열심히 읽은 팬으로서 한국에 가장 가까운 대마도에 도래문화의 흔적을 탐방하고 싶었던 차였다. 하카다항에서 출발하는 페리는 이키섬을 경유하여 4시간 반이 걸려 대마도 이즈하라항에 닿았다. 섬의 모습을 구경하면서 항해하는 여로였다. 시바 료타로(司馬遼太郎)의 『가도를 가다 - 이키 · 대마도의 길』(朝日文庫)을 뒤적거리며 「위지왜인전(魏志 倭人傳)」의 세계를 더듬어 찾아가는 듯 재미있는 느낌이었다. 쟁반처럼 생긴 이키 섬은 평야가 있어 벼농사가 성행하지만, 대마도는 농토가 없어 예부터 조선에서 쌀을 하사받았다고 한다. 그렇기 때문에 이키와 대마도는 너무나 대조적인 모습이었다.

내가 대학을 나와 간사이(關西)에서 신문사 기자로 일하던 시절에 선배

기자의 소개로 알게 된 신기수(辛基秀)씨는 당시 조선인의 강제연행 실태를 조사하여 영상물로 재작하였고, 이어 1970년대와 80년대에 발간한 계간 『3천리』에 연재로 르포기사를 게재하였다. 내가 그러한 신기수씨와 대마도에서 재회할 줄이야 꿈에도 예상치 못했다. 당시 신기수씨는 선린우호의 조선통신사를 연구하는 학자로서 두각을 나타내고 있었다. 또한 광개토왕릉비를 연구하는 유명한 이진희(李進熙)씨는 통신사와 왜성을 답사하여 기행문과 연구서를 쓰고 있었다. 그런 상황에서 신기수씨는 뒤늦게 의욕적으로 연구에 나서서 통신사 연고지를 돌며 지역별로 붐을 일으키는데 앞장섰다. 결과적으로 각 연고지의 통신사행사는 한일우호의 커다란 가교 역할을 하게 되었다.

대마도는 1990년에 노태우대통령의 공식방일 때 행한 연설로 자극을 받아, 한국과의 문화교류를 활성화하려고 계획하고 있었다. 대마도는 옛부터 도쿠가와막부에 이르기까지 조선과의 외교를 전담하고 있었다. 부산에 왜관을 운영하며 조선과의 외교교섭과 무역을 하던 빛나는 역사를 지니고 있다. 그 때 활약하였던 조선담당외교관은 아메노모리 호슈였다. 두 차례나 부산왜관에 파견 근무하며 조선어를 공부하고, 국서(國書)교환을 위해 일본에 온 조선통신사를 두 번이나 수행하여 에도까지 왕래하였다. 이와 같은 특출한 외교관인 호슈를 재조명하게 된 것은 노태우 전 대통령이 일본을 방문, 궁중만찬에서 행한 연설 때문이었다. 이를 알게 된 대마도의 유지들은 한일교류로써 섬을 부흥시키려 나섰다.

내가 이 섬을 방문하였을 때는 이듬해인 1995년부터 이즈하라에서 조선통신사연고지협의회의 발족을 위해 논의가 진행 중이었다. 나는 김달수씨의 『일본 내의 조선문화』를 한손에 들고 거리를 돌아다녔다. 거리에는 여기저기 조선과의 교류사가 짙게 각인되어 있었다. 방대한 종가문서(宗家文書), 조선외교를 전담했던 대마번주와 소케가 누렸던 영화, 이런 역사가 가장 흥미로웠다. 그 중에서도 가장 관심을 끈 대목은 근대사였다.

한일합방 이후 식민지시대에 대마도에는 약 6천 명의 한국인이 해협을 건너와 살고 있었다. 주로 숯을 굽는 직업에 종사하면서 어렵게 끼니를 이어가고 있었다. 대마도 최북단의 가미쓰시마쵸(上對馬町)의 고리(古里)마을에 야요이(彌生)시대 후기의 상자식석관(箱子式石棺)이 발굴되었는데 이는 북한 출신 김광화(金廣和)씨의 공적이었다. 이즈하라 소재 종가(宗家)의 보리사(菩薩寺)인 반쇼인의 문고에 팽개쳐버렸던 비석이 있었는데 이 비석은 식민지시대 정략결혼으로 희생된 덕혜옹주와 종가의 적남(嫡男) 다케유키(武志)와의 결혼을 축하하기 위해 세워졌던 기념비였다.

나는 대마도 방문 기회에 이즈하라의 도서관에서 한일 양국의 교류사와 재일 한국인의 역사를 조사하려 했지만, 이곳에 거주하는 한국인의 역사자료는 조금밖에 없었다. 때문에 이들 한국인이 대마도에서 어떠한 생활을 하고 있는지에 대하여 상세히 알 수가 없었다. 1990년대 대마도 거주 한국인은 약 100명 정도였으며 거의 북도에 많이 살고 있었다.

1995년부터 대마도에 불기 시작한 새로운 한일교류의 바람은 무엇보다 조선통신사 행사라 할 수 있다. 통신사연고지가 서로 연대함으로써 한일 양국의 교류에 기여하게 된 것도 빼놓을 수 없는 사실이다. 신기수씨로부터 들은 이야기인데 기후켄(岐阜縣) 다케시마쵸(竹嶋町)에서는 쵸센다시(朝鮮山車)의

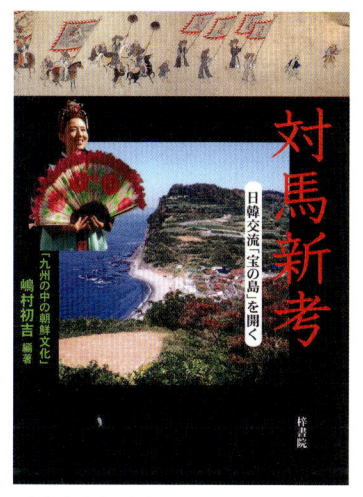

필자의 편저 『대마신고』(2004년 12월 간행)

행렬이 있다고 한다. 다케시마쵸는 에도까지 왕래했던 통신사의 길목이었다. 통신사의 행렬을 흉내를 낸 다시(山車)가 신사(神社)의 축제 때 거리를 돌아 지나갔다는 것이다. 다시는 에도시대부터 이어진 선린우호의 증거물이었음에도, 일본이 조선을 식민지로 다스리는 동안 이를 방해물로 취급하여 따로 꾸려서 봉인하여 창고 속에 넣어 두었던 것이다. 이는 조선을 경멸시하였기 때문이다. 이 다시가 빛을 보게 된 것은 한국과의 국교정상화가 이룩된 1960년대부터였다. 숨겨둔 다시를 발견한 것은 오로지 재일한국인 학자들이 한일교류의 역사를 검정하는 과정에서 일구어낸 성과였다.

대마도에서는 전후 1952년에 이승만 라인(정식명칭: 해양주권선언, 배타적어업수역 포함)이 그어져 어민들 사이에는 트러블이 끊이지 않았다. 위법행위는 한국인들이 더 많이 한다는 목소리가 높았다. 그러나 대마도민은 배타적수역의 선포에도 불구하고 위축되지 않았다. 그럼에도 한국과는 바다를 통해 교류를 거듭하고 있었다. 이는 대마도민들의 개방적인 기질이 있었기 때문일 것이다. '바다를 통한 교류가 끊어지면 섬은 암흑의 역사 밖에 남지 않는다'라고 섬사람들은 말한다.

대마도의 최남단에는 츠츠라는 마을이 있다. 자그마한 어항이지만 본토의 말씨가 쓰이고 있는 보기 드문 곳이다. 거기에는 비죠츠카(美女塚)의 전설도 있다. 이고장의 예쁜 미녀가 홀어머니와 살고 있었는데, 너무 잘 생긴 미녀라 궁전 시녀로 발탁되었다. 그러나 이 미녀는 효심이 지극하여 홀어머니를 혼자 두고 떠날 수 없어 궁전으로 가기를 거부하고 스스로 목숨을 끊었다는 슬픈 전설이 전해지고 있다. 여기에는 또한 전쟁 때 설치된 포대를 철수하기 위해 전후에는 미군이 일시 주둔하였다. 이 마을의 이웃에는 야마쿠치(山口)의 수보오시마(周防大島)로부터 이주해온 아자모(淺藻)라는 개척마을(開拓村)이 조성되었다.

언젠가 동료친구가 "미야모토 츠네이치(宮本常一)가 쓴『잊지 못할 일본인』이라는 책에 아자모의 개척마을 이야기가 실려 있었는데, 읽은 적이 있느냐고 물었다. "일본전역을 조사하며 다닌 민속학자 말인가"라고 묻자, 그 친구는 "그래요. 이도(離島)진흥법이 제정된 것도 그분 덕분이었지. 그는 대마도에도 조사하러 왔지요. 국민적작가인 시바 료타로와는 크게 달라요. 미야모토씨는 눈높이가 낮은 편이지요"라고 말하였다. 대마도에서 미야모토씨가 유명하게 된 것은 제8학회와 9학회의 합동학술조사단이 방문했던 1953년의 일이었다. 그가 아소만에 면하고 있는 작은 마을에서 고문서를 빌려달라고 요청했다는 일화에서 비롯되었다. 이 문서를 가진 분은 자기 혼자 대출 결정을 하지 않고, 마을사람들을 불러 모아 의논한 끝에 겨우 빌려주겠다고 승인하였다. 이런 과정을 거치는데 대하여 미야모토씨는 감동하였다. 이 마을에 민주주의가 뿌리내리고 있다고 평가하였다. 그 후 학교 교과서에도 미야모토씨의 고문서 대출 이야기가 소개되었다. 여태까지 동경 등지에서 대마도 답사차 왔던 본토 학자들이 빌려간 문서를 반환하지 않았다는 소문이 자자하였다. 이는 도적질이지만 범죄사실이 신문에 보도된 적은 없었다. 고문서는 사실 소유하고 있는 사람 측에서는 한낱 목욕물 데우는데 쓰이는 땔감 정도에 지나지 않을 뿐, 그들에게는 아무런 도움도 보탬도 못되지만 그 문서의 진가를 아는 사람에게는 그렇지가 않다.

미야모토씨는 만년에 가서 대마도 어느 마을의 작은 집에서 빌렸던 고문서를 아미노 요시히코(網野善彦)씨를 통하여 반환하였다. 반환은 그가 최후의 눈을 감기 직전에 이루어졌다. 빌렸던 책을 돌려주지 못했던 것이 못내 마음에 걸렸던 모양이다. 이 에피소드는 아미노씨의『고문서 반환의 여로』(中公新書)에 기술되어 있다. 미야모토씨는 필드워크 차원에서 전국 각지를 두루 돌아다녔기 때문에 서민들의 마음을 잘 알게 된 것이다.

이를 미루어 보면 미야모토씨가 세상을 뜨기 직전에 고문서를 반환한 것은 양심에 가책을 느꼈기 때문일 것이다.

대마도 사람들은 흔히 "시바 료타로씨는 구름 위의 사람이고, 한국의 양반과 같이 얼굴에 땀이 맺힌 모습을 볼 수 없었지만, 이에 비해 미야모토씨는 땅바닥을 기어다니면서 조사하였다"고 말한다. "온몸이 땀에 흠뻑 젖은 사람, 우리는 미야모토씨을 좋아해요" 라고 말한다. 따라서 대마도에서는 시바 료타로의 기행 『가도를 가다』를 쓰는 수법에 대하여 강하게 비판한다. 그는 사전에 자료를 모아 읽은 다음 그것을 확인하는 형식으로 다닌다는 것이다. 답사여행 때는 언제나 애처 '미도리' 부인과 슈칸아사히(週刊朝日)의 편집인, 화가 스다고쿠타(須田剋太) 그리고 친지들과 함께 간다. 또 목적지에 가면 그 지방 연구자들이 해설을 맡고 가이드역을 해준다. 이런 행태는 비단 대마도에서 뿐만 아니라 다른 지역의 답사 때도 마찬가지일 것이다. 이에 비해 서민들은 고군분투한 미야모토씨를 응원하고 싶다고 한다. 이런 이야기를 들려준 동료는 결론으로 "다이묘(大名)행차의 시바 료타로와 고군분투한 미야모토 츠네이치, 서민들은 어느 분을 응원하겠어요?" 라고 묻기에 나는 묵묵부답일 수밖에 없었다.

대마도는 국경의 섬답게 한국 측으로부터도 많은 기여를 한 분들이 있다. 그 중에서도 크게 은혜를 입은 인사를 꼽는다면, 부산의 강남주(姜南周)선생과 서울의 정영호(鄭永鎬)선생이 아닐까 싶다.

강남주선생은 2000년 7월부터 수년간 국립부경대학교의 총장을 지낸 분이다. 선생은 총장시절에 대마도의 고등학교를 순방하여 학생들에게 한국으로 유학가기를 권유하였다. 그 결과 대마도 출신 학생이 매년 부경대학에 입학하여 공부하고 있다.

강남주 선생은 임진왜란 때 피로인으로 일본에 연행되었다가 귀환한 유학자 강항(姜沆, 1567-1618)의 16대 손(孫)이다. 당시 형조좌랑(刑曹

佐郎)이었던 강항은 1597년(宣祖 30, 慶長 2) 5월 전라도 영광군에 군량조달 담당관으로 배속되어 근무 중 전란이 일어났는데, 이요오즈(伊予大洲)의 다이묘(大名) 도도 다카토라(藤堂高虎) 군사에게 붙잡혀 일본 시고쿠(四國)로 끌려갔다. 다행이 후지와라 세이카(藤原惺窩) 등에게 주자학을 전수하게 되어 그 공적으로 1600년(宣祖 33, 慶長 5) 2월 교토의 후시미(伏見)에서 풀려나 5월에 귀국하게 되었다.

조선 중기 유학자 강항(姜沆). 임란 때 포로로 연행되었다가 귀환하였다.

강항은 귀국 후 조정에 「예승정원계사(詣承政院啓辭)」라는 일본정세에 관한 보고서를 제출했다. 이 보고서가 조선 조정에서 일본과의 국교 수복의 결단을 내리는데 하나의 계기가 되었다. 강항은 일본 정세 등 견문록을 엮어서 『간양록(看羊錄)』이라는 책을 남겼다.

강남주 선생은 이 사실과는 직접 관계는 없지만, 2002년도부터 현재까지 조선통시사문화사업추진위원회 위원장으로서 대마도를 포함 일본 각지의 통신사 행사를 지원하면서 한일양국간의 교류를 위해 힘쓰고 있다. 또한 선생은 부산국제영화제조직위원직을 맡고 있으며 시인으로서도 고명한 분이다.

한편 정영호선생은 한국교원대학교 교수시절부터 대마도를 무려 100번 이상 방문한 드문 기록을 세운 분이다. 불교미술을 전공한 정영호 선생은 대마도에 한반도로부터 도입된 불상(佛像)의 조사 연구에 진력하여 도내의 불교문화유산 발굴에 공헌하였다. 2002년에는 덕혜옹주와 소 다케유키의 결혼기념비를 복원하는데도 앞장서서 서울에서 모금운동을 전개하기도 했다. 이 결과 오랫동안 구석진 곳에 방치되어 오던 결혼기념비는 이즈하라마치의 가네이시성(金石城)에 훌륭히 복원되었다. 그 밖에도 정 선생은 최익현순국비, 조선역관조난위령비, 신라사신박제상순국비, 통신사이예공적비, 조선국왕옹주묘비, 왕인박사공적비 등 무려 9기의 석비 건립에 참여하여 대마도의 한국역사를 현창하는데 크게 힘썼다. 이처럼 정영호선생의 대마도 방문에 항상 협조를 아끼지 않았던 분이 있었는데, 그분이 곧 향토사학가 나가토메 히사에선생이다.

2004년 3월 대마도의 6쵸(町)가 합병하여 대마시로 승격하였을 때, 이즈하라에서 열린 폐정식(閉町式)에서 강남주선생과 정영호선생에게 감사장이 수여된바 있다.

1990년 대마도 로터리크럽에 초청강연을 온 교도대학교 동남아시아연구소 소장 야노 도오루(矢野 暢)교수는 "대마도가 에도시대에 어느 면에서는 문화도입의 전진기지였다라고 하기보다 중심성(中心性)을 가지고 있었다." 라고 평가했다. 야노 교수는 과거 대마도가 누리던 영화를 다시금 되새겨보라고 강조했으며 또한 대마도가 아시아를 향한 창구로서 유서 깊은 역할을 다시 해주기 바란다고 당부했다.

노태우 전 대통령이 공식 방일 때 행한 궁중만찬사에서 아메노모리 호슈를 언급함으로써, 조선통신사행사를 통한 대마도의 부흥에 불씨는 당겨졌다. 2000년도에 부산과 이즈하라항을 왕래하는 국제정기선편이 취항한 이래, 대마도를 찾는 한국관광객이 늘기 시작하여, 당시 2천 명에 불과했던 방문자수는 2007년도에는 4만 명에 달했다. 대마도의 인구는 불과 3만8천인데 비하여 1년간 방문하는 한국관광객이 더 많았다고 하겠다.

이러한 현상을 도쿄의 매스컴은 어떻게 보도했는가. "대마도는 한국에 넘어 간다", "대마도는 한국 영토가 된다." 정말 웃기는 말이다. 나는 솔직히 보도된 것 이외는 아무것도 날조하지 않는다. 주요매체의 보도내용을 집요하게 모아서 분석 평가한 것뿐이라는 뜻이다. 한일문화교류를 장려하려는 사람들에게는 대단히 부정적인 보도였다. 공연히 센세이셔널한 기사만으로 잘 팔리게 만드는 주간지들에 이어 도쿄의 주요 TV방송마저 이런 식으로 보도를 하였다. 이쯤 되면 대마도 출신들은 그냥 보고만 있을 수 없다. 감정을 그대로 화풀이로만 달랠 수는 없을 것이다. 편견 보도를 하고 있는 중앙의 언론매체들에 대하여 참는다는 것이 이제 한계에 이르렀다고 경고해야 할 것이다.

중앙에서 보면 대마도는 변경이다. 대마도는 예부터 대륙문화를 도입해온 창구였다. 변경에 위치할지라도 문화적으로는 중앙 못지않게 개방적이다. 북부 규슈에 거주하는 사람은 지리적으로 유리한 점을 이용하여 대마도를 기점으로 한일문화교류사를 생각하기가 쉬운 편이다. 대마도를 연구한다는 것은 아시아연구와도 직결된다는 점을 강조하고 싶다.

대마도의 술집과 뒷골목 이야기

밤이 깊어질수록 섬은 야음으로 뒤덮이고 그 무렵이면 이즈하라의 뒷골목 유흥가에는 술집간판에 불이 밝혀진다. 인구 고작 1만 5천 밖에 안 되는 이 자그마한 마을에 섬 최대의 환락가가 형성된다. 특히 술집들은 이즈하라의 오데바시(大手橋) 일대에 몰려 있다. 술집(스낵 바)의 수는 무려 65개소를 넘어, 인구에 비해 술집이 많은 데에 놀라지 않을 수 없다. 대마도의 다른 마을을 포함한 술집은 모두 85개소, 이들의 태반이 이즈하라에 집중되어 있는 셈이다. 때문에 실제 밤거리를 나서면 좁은 골목 양가에는 술집들이 몰려 있어 시끌벅적하다.

이즈하라 합동청사. 중앙정부와 지자체 등 여러 기관이 모여 있다

　이처럼 술집이 많은 이유는 대마시청을 포함, 나가사키현과 중앙정부의 출장소 직원, 그리고 본토의 기업체에서 파견된 사원들이 이곳 이즈하라에 집중 체류한다는 것이 하나의 원인이 될 수 있다. 일례로서 이즈하라항만의 합동청사에는 해상보안부, 법무국, 측후소, 노동기준감독국, 입국관리국, 검역소, 세관 등이 모여 있다. 또한 나가사키현청 직원이나 본토에서 대마도로 전근되는 학교 교사 등도 여기에 포함되는데, 이들은 대부분이 단신으로 부임하기 때문에 퇴근 후 이런 술집에서 적적함을 달랜다고 한다.

　나는 단신 부임 근무자들이 단골로 이용하는 한 스낵바의 마담으로부터 몇 가지 이야기를 들을 수 있었다. 1980년대 후반부터는 대마도에도 버블 경제의 영향을 받게 되었다고 한다. 이로 인해 관공서의 행정예산이 절감되는 바람에 종래와는 달리 '관 대 관의 접대'가 사라지고 손님이 줄어들었다고 한다. 때문에 폐점하는 술집들이 늘어나고 오너가 바뀌기도 했다는 것이다. 술집을 경영하는 사람은 당연 대마도민의 여성들이 많았다. 그러나 사정이야 어쨌든 간에 본토나 한국 등지에서 이주해온 여성도 섞여 있었다. 또 이들 종업원 중에는 필리핀에서 돈벌이하러 온 여성도 끼여 있었다. 이 여성들은 어디로 가나 여럿이 어울려 다닌다. 하기야 언어소통이 잘 안되니까 그럴 수밖에 없을 것이다.

한번은 대마공항에서 이들 필리핀 종업원들과 같은 항공편을 이용한 적이 있었다. 한 사람의 책임자가 한 그룹의 여성들을 인솔하여 일시귀국 길에 오른 참이었다. 일행은 가벼운 옷차림을 하고 밝은 표정을 짓고 있었다. 내가 짧은 영어실력으로 말을 걸었다. "선물은 어떤 걸 사가지고 갑니까?" 했더니, "후쿠오카에서 하루 묵게 되는데 그 때 많이 살 겁니다." 라고 답하였다. 이 여성은 유명한 째즈 가수인 마린과 닮은 얼굴이었다. 그리고 보니 마린도 필리핀 출신인 것으로 기억된다.

아무튼 이즈하라는 소위 '관(官) 대 관(官) 접대'가 줄어들었다 하더라도 환락가는 반드시 공공기관 직원들의 단골로서만 존속되는 것은 아니다. 알고 보면 그 배경은 어촌문화라는 것이 있다. 술집에서는 언제나 햇볕에 탄 모습의 건장한 체격을 가진 어부들을 볼 수 있기 때문이다. 이들 어부에게는 한가지의 낙이라면 술이 아닐까? 거친 파도와 싸우던 평소의 피로를 이런 술집에 와서 마담이나 종업원들과 수작을 걸거나 잡담을 나누면서 풀게 되고, 때로는 가라오케 장단에 맞추어 노래부르며 외로움을 달랜다. 어부들이 이렇게 술집을 찾는 것은 도회지의 월급쟁이나 다르지 않으리라.

지금부터 약 10년 전 이즈하라 오데바시의 뒷골목에는 '제주도'나 '항해등대' '신카이(新海)' 같은 바다와 관계되는 술집 간판이 눈에 잘 띠었다. 손님들은 주로 일본 사람이 많았지만 한국 분들도 더러 섞여 있었다. 얕보는 것은 아니지만 이들 술집은 큰 도회지의 스낵과 같은 것으로 여겨서는 안 된다. 요리집과 비슷한 수준이며, '마마'(한국에서의 마담)가 상냥하게 맞아 준다. 마치 고향을 떠났다가 오랜만에 귀향한 자식들을 정겹게 맞아주는 분위기이다. 전혀 억지로 베푸는 친절이 아닌 자연스러움이 마음에 든다. 마담은 대마도 출신이 많은 편이었다. 특징이라면 한결같이 나이 든 사람들이라는 점이었다.

나는 이즈하라에서 35년간 마담으로 일해 왔고 또 지금도 현역 마담인 이른바 '살아있는 증인'으로부터 대마도 환락가의 변천해 온 역사를 엿들을 수 있었다. 마담의 이야기를 간추려 적는다.

1960년대는 대마도 주변 해역의 어업은 대성황이었다. 멀리 오미(近江), 오사카, 아와지(淡路), 히로시마(廣島)에서, 가까이는 시마하라(島原)나 이 키섬의 전통 상인들까지 어업에 매달려 대마도에 와서 거의 살다시피 하였다. 특히 오징어 낚시잡이로 이즈하라는 풍성해졌다. 따라서 술집도 빠짐없이 덤으로 성황을 이루었다. 어업이 맞아떨어지면 정이 따뜻해지고 어부들은 환락가로 몰려와 넘쳐흘렀다. 이들은 돈을 배로 받는데도, 밤새껏 마시는 바다 사나이들의 호쾌한 기질 때문에 밤이 깊었다는 이유만으로 문을 닫을 수 없었다.

또한 11월 가다랑이(가츠오, 鰹)철이 되면, 와카야마(和歌山), 오이타(大分), 구마모토(熊本), 가고시마(鹿兒島), 미야자키(宮崎)로부터 바다 사나이들이 몰려와 분빈다. 그러나 해마다 어획량이 줄어들고 또한 버블경기에 빠져들기 시작하여 관 대 관 접대의 자숙이 엎친데 겹친 격으로 영향을 미쳐서 환락가는 그만 이전의 활기를 잃게 되었다. 또한 1975년에는 항공기 취항으로 미츠시마쵸(美津島町)에 대마공항이 개항되자 교통편이 좋아짐으로써 본토에서 출장 온 사람들이 숙박하지 않고 당일 돌아가버리는 바람에 이즈하라 뒷골목은 더욱 조용해졌다.

마담은 이렇게 말하면서 시대가 흐름에 따라 술집은 활기를 잃었다고 털

이즈하라의 오테바시 뒷골목의 야간 광경

어 놓았다. 그러면서도 오랜 세월 동안 서비스업에 종사해 온 경험인지 원래 명랑한 성격 탓인지 걱정하는 기색은 보이지 않았다.

한편 약 반세기 이전의 대마도로 거슬러 올라가면 접대부에 관한 이야기가 많이 유포된 적이 있었다. 사이토 하야토(齊藤隼人)씨의 저서 『전후 대마도 30년사(戰後對馬30年史)』(對馬新聞社刊)에는 '대마도 북단 마을에 유흥업소가 있었다'는 제목이 실려 있다. 일본 제일의 고등어 어장이라 알려진 긴손(琴村)과 히토에(一重), 그리고 도요사키쵸(豊崎町)와 히타카츠(比田勝)쪽에는 성수기가 되면 수많은 어선이 투입되었다. 히토이에는 약 60척, 히타카츠에는 약 70척의 건착망(巾着網)어선이 나가사키현 마츠우라(松浦)와 야마쿠치(山口), 시마네(島根), 돗도리(鳥取) 등 여러 지방으로부터 몰려와 입어하였다. 히토이에와 히타카츠에는 한 번에 6

천 명의 선원이 동시에 상륙하기 때문에 이들을 상대로 많은 유흥업소가 생겼다. 이 중에서도 홍등가가 늘어나서 히타카츠에는 무려 70명, 히토에에는 120명의 접대부가 모였다고 한다. 특히 미녀로 전통악기인 샤미센(三味線)을 연주할 줄 아는 게이샤(藝妓)는 어선의 우두머리들이 5만엔에서 10만엔이라는 거금을 선불하고, 며칠간씩 독차지하기 일쑤였다. 이즈하라의 상점에서는 7만엔짜리 고급 샤미센이 히토이에의 기생집으로 마구 팔려나갔다.

대마도 주변에서 생선이 많이 잡히면 각지로부터 어선이 모여들었고 돈을 벌게 되면 섬의 환락가에 마구 뿌려댔다는 사실을 쉽게 알 수 있다. 유흥업소가 생긴 지 1년 후에는 놀랍게도 접대부의 반 수가 성병에 감염되었다는 기사가 대마신문에 보도되었다. 이즈하라보건소가 접대부의 실태를 조사한 바에 의하면 대마도 전체의 매춘부는 260명으로 그 중 대마도 출신은 2%, 규슈출신이 78%를 차지하였다. 나이는 20~24세가 가장 많았고, 학력은 중졸과 고졸이 46%였으며, 대졸은 0.4%에 불과했다. 어부들은 일확천금을 꿈꾸며 대마도 근해에 오지만 주머니에 들어온 돈은 안타깝게도 섬에서 그들을 유혹하는 술과 접대부에게 유흥비로 탕진해버린다는 것이다.

1970년대에 발간된 시바 료타로의 『이키·대마도의 길』에는 그가 대마도로 가는 도상에 이키를 둘렀는데, 숙소에서 일하는 여종업원의 이야기를 다음과 같이 인용한 구절이 있다.

"이키 사람들은 대마도 사람들과 사이기 좋지 않다. 대마도는 가난해요. 가난하면 가난한 대로 살면 되지, 조그마한 이즈하라에 술집이 70~80개소나 있답니다."

이 말을 듣고 시바 료타로는 다음과 같은 생각이 머리에 떠올랐다.

대마도는 역시 어촌문화가 바탕이구나. 어촌문화는 농촌과는 다르다. 일확천금, 비록 천금에는 못 미치지만, 그를 가능성을 언제든 지니고 있다. 풍어(豊漁) 기간에 돈을 저축하는 습관은 근년에 들어서 어업협동조합의 발족 덕분으로 이루어졌다. 종래에는 농촌과 같이 인색하게 근검저축을 할 필요가 없고, '바다에 나가면 고기가 있다'라고 믿었던 어민들의 사고방식은 갑자기 변했다. 이런 점으로 미루어볼 때, 마치 옛날 대목들이 에도(江戶)에 품팔이로 가서 밤늦게까지 일한 일당을 달갑지 않게 여겼던 생각과 비슷하다.

인용이 너무 장황하지만 이키섬은 농경문화사회이며 대마도는 어민사회라는 사실을 시바 료타로는 지적한 것이다. 넓은 평야가 있는 이키에는 섬이면서도 농업종사자가 많은 편이며 한편 대마도는 산이 많고 농경지가 적은 편이다. 특히 논밭이 거의 없기 때문에 예부터 조선과 친교를 맺고 속국 같은 입장을 취하여 쌀을 제공받았다.

재일 한국인으로 대표적 문인인 김석범(金石範)씨가 쓴 대작『화산도(火山島)』(전 7권, 文藝春秋)를 읽은 후부터 나는 제주도에 더 많은 흥미를 갖게 되었다. 대마도에 있는 친구와 가끔 탐라(耽羅)국의 역사를 논하기도 했다. 마치 제주도가 탐라국이었던 것처럼 대마도도 고대에는 하나의 국가였다. 바로 대마도의 말(對州馬)은 제주도 말과 흡사하다. 아마도 대주마는 원구(元寇) 때 제주도에서 건너온 짐승이 아닐까. 따라서 제주도의 해녀는 대마도 근해까지 계절노동을 하러 온다. 제주도와 대마도의 해녀교류의 역사도 엄연히 기록되어 있다. 한편 오사카와 제주도 간에는 정기 페리가 취항하고 있다. 때문에 재일한국인사회에서는 대마도가 향수를 불러오는 섬이라고 말한다.

대마도에서 날씨가 맑은 날에는 한국 산이 보인다. 지리적으로 가까울 뿐 아니라 역사적으로도 한국과의 관계가 매우 깊다. 지금 대마도는 조선통신사행사를 섬의 부흥을 위한 기폭제로 삼고 있듯이 한국문화와 친숙한 사람들이 살고 있다.

어느 날 친구로부터 이즈하라에 제주도출신이 경영하는 '제주도'라는 스낵바가 있다는 이야기를 듣고는 가슴 설레며 그 집을 찾아갔다. 마침 그 집 마담이 추석을 맞아 고향인 서귀포로 다니러 가기 며칠 전이었다. 마담의 이름은 문영심(文榮心)이었다.

나는 문 마담으로부터 감동적인 에피소드를 듣게 되었다. 문 마담은 어느 날 우연히 여고시절의 은사를 이 술집 문 앞에서 만났다는 것이다. 은사는 친구를 찾아 오사카를 방문한 후, 해녀에 관한 한일비교사를 연구하기 위해 규슈 5도열도와 히라도(平戶)를 거쳐 최후 목적지인 대마도에 이르렀다. 긴 여정 때문에 고향이 그리워진 참에 마침 '제주도'라는 간판이 눈에 보여 그 집 앞에 앉아 있었다. 아직 시간이 일러 개점을 하지 않았기

2007년 6월 부산 통신사행사 전별연에 참석, 다과상을 받고 있는 필자

때문이었다. 문 마담이 가게에 도착한 것은 조금 시간이 지나서였다. 청소를 할까 하여 문을 열자 낯선 남자가 가게 앞에 앉아 있는 것이 아닌가. 얼굴을 자세히 보다가 문 마담은 그만 '아이고'라고 소리쳤다. 은사 역시 놀랐다. 멀리 일본 외딴 섬에서 은사와 제자가 만날 줄이야 꿈에도 생각하지

않았던 일이었다.

문 마담은 은사의 짐보따리를 보고 놀랐다. 가지고 다니는 짐은 답사에서 모은 문헌자료들로 큰 보자기에 한보따리였다. 마담은 은사의 집요한 연구심에 감동한 나머지 큼직한 카툰박스를 구해다 주었다. 은사는 제주대학교 박물관 연구소에 근무하고 있었다.

문 마담은 어떻게 인연이 닿아 스무 살 젊은 나이에 대마도로 시집을 와서 13년간의 세월이 흐르는 동안 고생도 수없이 해가며 살아왔는데, 이제 겨우 자리가 잡혔다고 털어놓았다. 지금은 한국에서 학자, 연구자들이 대마도에 오게 되면 이곳 스낵 '제주도'는 문화의 장으로 변한다고 한다. 오사카와 대마도를 왕래하는 항공편이 주 3편이나 연결되는 시대라, 오사카 사투리에다가 제주도말씨까지 섞여있는 정겨운 대화로 이 술집은 붐빈다는 것이다.

그러나 '제주도'라는 간판은 이제 더 이상 볼 수 없게 되었다. 왜냐하면 문 마담이 재혼하여 이 가게는 함께 일해오던 여종업원에게 물려주었기 때문이다. 나는 이런 이유로 문 마담이 떠난 이후에는 단 한 번 '제주도'를 가봤을 따름이다.

나를 처음 '제주도'로 안내하여 문 마담을 소개해준 사람은 전 대마신문사장 아카시 사마모(明石雅藻)씨였다. 당시는 이즈하라에 스낵 등 술집이 3, 4개소에 불과했다. 그의 설명에 따르면 "전성기 이즈하라에는 식당을 포함하여 상업시설이 모두 380개소나 있었는데, 그 후 200으로, 170으로 점차 줄어들었다. 본토에서 출장 근무하는 사람도 많았으나. 버블이 꺼지자 관관 접대 예산은 저녁식사 1차 때만 1인당 약 5천엔 정도의 사용으로 제한되고 2차부터는 자비 부담이었다. 대성황을 이루던 상가의 매상고는 급격히 줄어들었고 특히 술집은 월 고작 5백만엔 안팎의 매상고에

이즈하라의 명물 수양버들 가로수 거리

지나지 않았다. 과거에는 분위기 좋은 스낵으로 손님들이 솔리는 바람에 어떤 술집에는 20여명의 호스티스를 거느리기도 했다. 옛날에는 풍어제(豊漁祭)인 다이료키간사이(大漁祈願祭)가 열리거나 어업조합 사람들이 자주 이용해 주었다. 그러나 불경기 이후에는 그렇게 많이 오지 않는다. 근래에는 한국에서 단체관광그룹이 몰려와서 오히려 한국 손님이 많아졌다"는 것이다.

다른 스낵 마담들도 대충 비슷한 이야기를 털어놓았다. 그 중 중복되지 않는 내용만을 간추린 것이 곧 이상과 같은 이야기였다. 마담들은 손님과의 대화에서는 무리하게 맞장구를 치거나 아양을 떨지 않는 등 자기 페이스를 잃지 않고 말한다. 가정적인 편안한 분위기라고 할까, 대마도가 정말 좋아서, 대마도 이야기를 할 때는 표정이 생생하게 살아난다. 그리고는 "이즈하라 스낵은 국제적인 수준이에요!"라고 웃음 띤 얼굴로 말하던 마담이 떠올려진다.

대마도를 무대로 서술한 문학작품은 많지 않다. 하지만 약간은 있다. 그 중에서 특히 우수하다고 할 만한 작품은 논픽션 작가 가마타 사토시(鎌田 慧)의『조선해협의 섬 대마도』(岩波現代文庫,『일본열도를 가다』편)가 아닐까. 위 단행본 제1작품은 대마도 공해문제였다. 가마타는 도호(東邦)아연대주공업소 때문에 문제가 된 공해상황을 취재하러 1969년에 처음으로 대마도를 방문한 적이 있었다. 도민들에게 환영받지 못할 고립무원의 취재였지만, 결국 도와 준 사람은 농업에 종사하던 이다 히로오(井田裕夫)였다. 자기 집에서 숙식을 제공하고 취재 본거지로 삼도록 도와주었다. 가마타가 이다와의 재회여행을 쓴 것이 앞서 말한 그의 작품이다. 이 책에는 1969년 이즈하라 풍경을 이렇게 기술하였다.

나는 인기척 없는 조용한 이 항구가 마음에 들었다. 항구로 흘러들어가는 강가의 양편에는 수양버들 가로수가 끝없이 줄지어 서 있고, 그 양쪽 길가에는 여관과 식당 그리고 토산품가게가 나란히 보인다. 섬에 저녁 어둠이 깔려지면서 조용해지는 한동안은 도회의 시끄러운 환경 속에 살고 있는 사람으로서는 귀중한 시간이다. 하지만 그 무렵 이즈하라의 자랑거리였던 가로수, 여행자를 유혹하듯 바람에 나부끼던 그 버드나무의 정경이 살아진 것을 보고는 놀라지 않을 수 없다.

이 기록을 보고는 이즈하라에도 이런 시절이 있었던가 하고 놀랐다. 지금, 아니 좀 더 이전에 버드나무 가로수는 복원되어, 여행자에게 손짓하던 옛 정경을 재현하고 있다. 가마타가 자주 걸음했던 그 무렵과 달라진 점은 한국관광객이 많이 늘어났다는 현상이다. 버드나무 가로수 길에는 새로 '부산정'이라는 한국음식점이 생겼다. 밤이 되면 치마저고리를 입은 여성과 거리를 걸어다니는 취객들도 있을 법한데 아직은 눈에 띄지 않는다. 이쯤 되면 대마도에 한국여성이 경영하는 스낵이 생겨도 이상하지 않을 그런 시대를 맞이했다고 볼 수 있다. 되돌아보면 문 마담이 경영하던 술집 '제주도'가 선구적 역할을 했기 때문이다. 다만 유감스러운 것은 문 마담을 이어 갈 그런 여성이 나타나지 않았다는 점이다.

전시(戰時)문학 중에서 대작이라 할 수 있는 오니시 교진(大西巨人)의 『신세이키키케키(神聖喜劇)』(전 6권, 光文社文庫)라는 장편소설에 대마도가 나온다. 오니시는 1919년 후쿠오카 출생으로 규슈대학 법학부를 중퇴하고 신문사에 근무하다가, 전시징병소집으로 대마도요새의 중포연대에 입대하였다. 그 때의 경험이 틀림없이 『신세이키키케키』의 대마도편에 묘사되었을 것이다. 이 작품의 주인공은 중포연대의 보충병역으로 입대한 '도도 타로(東堂太郎)'이다. 주인공의 성격이 '초인적인 기억력을 가진 박람강기(博覽强記)적인 인물'로 설정되어 있다. 작가 아베 가즈시게(阿部和重)는 평하기를 '대단히 강고(强固)한 성격의 소유자'로 표현되었다고 했다.

이야기의 줄거리는 주인공이 처음 입대 때는 '개죽음'을 당할 것으로 여기고 있었으나 끝내는 '이 전쟁에서 살아남아야 한다'는 쪽으로 점차 생각을 바꾼다. 이 과정에서 주인공의 심리적 변화를 교묘한 사고방식으로 확대해 가며 줄거리를 이어간다. 대마도 편에는 츠츠(豆酘)의 미녀, 대마도 여성의 평이 나오는데 막상 이 내용을 대마도민이 읽는다면 어떻게 생각할까 걱정스런 부분도 있다. 예를 들면 제4부 전승의 장(傳承の章)의 4부 쓰시마후류곳케이탄(對馬風流滑稽譚)에는 대화 속에 이런 말이 적혀 있다.

"어쩌면 츠츠는 다이라게(平家)의 유배자들이 모여 사는 부락이라 하는데, 그건 거짓이야. 그거야 어찌되었건 아무것도 아냐. 왜 츠츠 여자는 미색을 갖춘데다가 모두 무섭게 남자를 좋아하는 색골들일까. 그렇다면 어째서 그럴까?"

"밤일 이야기나 츠츠 미녀 이야기가 나왔지만, 대마도 여자는 모두 정이 많다니 좋은 이야기네요."

"대마도 여자는 소녀 때부터 정조를 지키는 편이 아니지만 대신 남편(亭主)이 생기면 매우 깐깐하다는 말은 이전서부터 선배들에게 들어 왔지, 이 말이 의외로 딱 들어맞는지도 몰라요."

대마도의 최남단 츠츠자키

이상은 섬 밖의 출신인 상관과 섬 출신 부하간의 대화의 일부분이다. 이처럼 술집에서 약도 독도 안 되는 많은 잡담들을 다 털어놓으면 그것으로 홀가분해질지 모른다. 픽션 세계의 대화인 만큼 굳이 흠잡을 필요는 없을 것이다. 그러나 이에 대한 다음 논평이 대마도의 성풍속을 이해하는 데 도움이 될 것이다.

"음! 이런 점을 어떻게 생각하세요? 이 대화에서와 같이 일단은 남녀자유 교제, 자유결혼 부락이라 알려져 있습니다만, 때문에 외부에서는, 특히 규슈본토에서는 보다 더 과장된 소문이 나돌고 있지요. 그러나 실제로는 그렇게까지는 아니에요. 본토 사람들은 츠츠 뿐만 아니라 대마도 전체가 그런 거라는 소문을 퍼뜨리거나 이걸 또 믿기조차 하지요. 아무튼 멀리 떨어져 있는 섬 이야기나 산속 오지마을 이야기가 나오면 어쨌든 사람들은 이런 호기심을 자극하는 이야기 즉 밤일이 대유행이라든지 본마츠리(盆祭) 때는 밤에 어떤 남자가 어떤 여자를 어떻게 해도 마음대로 자유라는 이야기를 크게 과장하는 예가 많거든요."

이 소설의 시대적 설정은 태평양전쟁 중이었다. 대마도는 변경의 외딴섬이다. 여러 가지 상상을 갖게 할 소지가 많았을 것이다. 그러나 한일교류를 기치로 내세운 오늘날의 대마도를 생각한다면 이 소설을 읽을 때 '그런 시대도 있었구나.' 하는 정도로 넘어가야 할 것이다.

이즈하라 오데바시의 스낵 바에서 여자들과 이야기를 나누다가보면 대마도 여성들의 쾌활한 성격, 즉 섬사람의 외향성을 느낄 수 있다. 따라서 그들의 생활력이 강하다는 점도 알 수 있다. 규슈 하카다에서 자주 나오는 이야기이지만 대마도 사람들의 기질에 대하여, 대마도 전체를 두고 평가한 말로 '순정과 인정이 있는가 하면 배타성이 내포된 2중성을 가졌다'라고 한다. 사이토 하야토는 대마신문에 게재한 '국경선 대마도' 라는 글에 '섬나라 근성의 타파'를 주장하였다. 그는 이키 사람들의 근면성, 타산, 적극성에 비하여 대마도 사람들의 성격은 개선되어야 하지 않을까' 라고 강조했다.

4. 통신사의 숨결이 깃든 곳, 대마도

한 태 문(韓泰文)
부산대학교 국문과 교수
조선통신사문화사업추진위원

　부산국제여객터미널 2층 대합실은 낚시와 사이클링, 또는 사업이나 관광 등 목적은 다르지만 한결같이 쓰시마를 향해 떠나는 이들로 북적댄다. 출국심사대를 통과하여 탑승문을 나오면 '시플라워호'가 항구에서 손님들을 맞이하는데 국제선이라고 하기엔 너무 작아 한결같이 실망하는 빛이 역력하다. 예정 시각을 조금 초과하여 출발한 배는 승객들의 실망을 잠재우기라도 하려는 듯 곧장 바다 한가운데를 향해 돌진한다. 동시에 선체를 덮칠 듯이 포효하는 파도 앞에 배 안의 기물들이 어지러이 움직이고 승객들은 순식간에 사색이 되고 만다. 나는 일찍이 멀미약을 먹어둔 것을 못내 대견해하면서 눈을 감는다.

　승무원의 안내 방송에 문득 눈을 떠보니 어느덧 쓰시마의 중심인 이즈하라(嚴原)항이다. 입국심사대 곳곳에 일본어와 함께 한글이 병기되어 있어 한국의 여느 여객선터미널의 모습과 별반 다르지 않다. 터미널을 나서자마자 갑자기 허기가 밀려온다. 가까운 식당을 찾아『국경의 섬』이란 쓰시마 안내책자에서 익히 봐 둔 쓰시마 메밀국수를 주문한다. 여행의 참맛은 향토음식을 맛보는 것이라 애써 합리화하면서. 식사를 마친 후 이번 여행이 통신사의 숨결을 찾는 것이니 만큼 이즈하라 안내지도를 들고 길을 나선다. 이즈하라는 도시 전체가 우리 문화를 소개하는 박물관이라 할 만큼 다양한 문화유산을 간직하고 있다.

먼저 항구에서 나와 시가지 큰길에서 이즈하라 우체국 맞은 편 길로 접어들면 이즈하라 청사와 그리 멀지 않은 곳에 쓰시마역사민속자료관이 있다. '조선통신사비(朝鮮國通信使之碑)'라는 글이 새겨진 비석이 입구에서 다정한 모습으로 내방객을 맞이한다. 이곳은 전국에서도 희귀하다고 일컬어지는 소케(宗家)문고를 비롯해 '조선통신사행렬도', '왜관지도' 등 한국과 관련된 많은 자료들이 소장되어 있다. 특히 오늘날까지 쓰쓰지역을 중심으로 행해지고 있다는 거북점(龜卜)에 대한 전시물은 '구지가'에서 말로만 듣던 것이어서 더욱 흥미를 돋운다. 맞은편에는 '이즈하라마찌향토자료관'이 있는데, 두 건물 사이에는 '성신지교린(誠信之交隣)'이라 새긴 아메노모리 호슈(雨森芳洲)의 현창비가 있다. 그는 22세

이즈하라 청사와 그리 멀지 않은 곳에 대마도역사민속자료관이 있다

때 쓰시마에 들어와 88세까지 무려 66년
간을 한일 친선교류를 위해 진력한 쓰시
마 측 외교담당자이다. 향토자료관에는
그의 초상화와 함께 사진으로 복제된 통
신사 행렬도가 벽을 장식하고 있다.

대마도역사민속자료관 입구에 서 있는
조선통신사비

자료관을 나와 개천을 거슬러 올라가면
역대 쓰시마 도주들의 무덤과 장군들의
위패가 모셔져 있는 반쇼인(万松院)에 이
르게 된다. 통신사들로부터 가장 많은 사
랑을 받았던 비파가 주렁주렁 열린 입구
를 지나 본당에 오르니, 본존불이 고려 불
상인 십일면관음불이고, 마루 한 켠을 장
식한 제기삼구족(祭器三具足) 역시 조선
국왕이 기증한 물품들이다. 가장 일본적 성향을 지닌 묘역조차 한국과 결
코 무관할 수 없다는 것을 재삼 확인하는 순간이다.

반쇼인으로부터 되돌아 나오는 길에 체육관을 끼고 있는 작은 공원에
들렀다. 그곳에는 고종의 딸로 쓰시마 최후의 도주인 소 다께유끼(宗武
志)와 정략결혼을 한 덕혜옹주의 결혼기념비가 쓰시마 거주 한국인들에
의해 세워져 있다. 이혼을 하고 귀국한 후에는 신경성 질환에 시달리다
창덕궁 낙선재에서 숨을 거둔 비운의 여인. 그녀의 넋은 쓰시마의 작은
공원 한 켠에서 또 그렇게 외로이 서있다. 서글픈 심사도 잠시 빠듯한 일
정을 생각해 곧장 소방서 부근 100여 미터 쯤에 있는 역대 통신사들인 정
사, 부사 종사관들의 숙소였던 세이잔지(西山寺)를 찾았다. 본당에는 본
존인 대일여래 외에 임란 전후 일본국왕사로 두 번이나 조선을 다녀갔던
겐소(玄蘇)의 목상이 놓여 있다. 또 수국이 아름답게 핀 앞뜰 한 편에는

1590년에 통신사로 왔던 김성일을 현창하는 시비도 세워져 있는데, 우리 말과 이를 번역한 일본말의 내용이 약간 달라서 묘한 생각을 불러일으킨다. 이밖에 통신사와 무관하지만 결코 놓칠 수 없는 곳이 슈젠시(修善寺)이다. 이곳은 을사조약에 반대하여 의병을 일으키다 체포되어 1906년 쓰시마로 유배된 후 결국 아사한 최익현의 장례를 치룬 곳으로, 지금은 대한인최익현순국지비(大韓人崔益鉉殉國之碑)가 그 역사적 현장을 대신하고 있다.

다리 난간마다 통신사의 행렬이 그려진 개천 주변의 숙소에서 이른바 '국경의 밤'을 보내고 다음날 미쓰시마(美津島)로 향했다. 이즈하라가 조선과 쓰시마의 관계를 잘 보여준다면, 미쓰시마에는 그 이전의 교류관계를 입증하는 문화유산들이 많다. 이를테면 나가사끼(長崎)현 내 유일한 국가지정특별사적인 '카네타노키(金田城)'는 일본으로 망명한 백제인 억례복유(億禮福留)의 지도로 나당연합군의 침입에 대비해 축조된 한국식 산성이다. 또 오늘날까지 쿠로세의 산신(産神)으로 대접받는 국가지정중요문화재인 동조여래좌상은 머리와 어깨 부분을 따로 따로 주조해서 짜맞춘 8세기 신라불상이다.

세이잔지에 세워진 학봉 김성일 사비

그리고 백제에서 불법이 전파될 때 최초로 불상과 경문을 안치했던 바이린지(梅林寺)에는 조선 선비가 쓴 절의 현판과 고려 탄생불이 소장되어 있다. 아쉬운 것은 이들이 한결같이 본당에 있지 않고 유물창고 속에 수장되어 있어 특별전이 있기 전에는 보기가 쉽지 않다.

아쉬움을 뒤로 하고 한국이 잘 바라보인다는 가미아가타(上縣)의 센뵤마키(千俵蒔)산을 향했다. 가는 도중에 통신사들이 그토록 숭앙해 마지 않던 신라 사신 박제상의 추모비를 만났는데, 정비는 잘 되었으나 한국을 등지고 서 있었다. 지아비를 기다리다 망부석이 되어 버린 부인을 멀리서나마 바라볼 수도 없게 만들어 버렸기에 안타까움이 더하다.

마지막 여정은 쓰시마의 최북단에 위치한 가미쓰시마(上對馬)이다. 통신사의 배가 처음 정박한 사스나(佐須奈)항을 멀리서 지켜보면서 통신사의 첫 숙소인 세이후꾸지(西福寺)에 들렀다. 1711년 통신사에 수행했던 종사관 이방언이 지었다는 칠언절구 족자는 보이지 않고 다만, 수령이 넉넉히 500년이 됨직한 은행나무만이 동백, 매화와 함께 옛 기억을 되새기는 듯 외로이 서 있을 뿐이다. 아쉬운 마음을 뒤로 한 채 맑은 날이면 부산의 야경이 보인다는 와니우라(鰐浦)의 한국전망대에 올랐다. 국서를 전달하고 마지막 도항지인 이곳에서 고국산천을 보며 환호했을 통신사의 모습을 떠올리는 순간, 그 곁에 서 있는 조선국역관사순난비(朝鮮國譯官使殉難之碑)가 다름 아닌 1703년 조선의 역관사 108명과 동승한 4명의 쓰시마인 등 총 112명이 입항을 앞두고 풍랑으로 순국한 것을 기념한 비석이라는 생각에 갑자기 숙연해진다. 112개의 영석(靈石)으로 건립한 이 비석은 쓰시마 주민들의 모금에 의해 건립된 것으로 그리던 고향산천과 등지고 있던 박제상과는 달리, 다행히 한국이 잘 바라보이는 언덕에 있어 그들의 세심한 배려에 감사한 마음이 들었다.

우리는 살아가면서 황당하고 부끄러운 경험을 할 때가 많다. 특히 평소 내 주변에 너무 가까이 있어 눈길조차 주지 않았던 것이, 어느 날 전혀 면식도 없는 타인에 의해 조명되고 열렬한 사랑을 받을 때 황당하다 못해 부끄럽기까지 하다. 그런 대표적인 예가 쓰시마의 '한국사랑'이 아닐까?

부산은 17~19세기 한일 선린우호의 상징인 조선통신사의 총 집결지이지만 무사항해를 기원하며 해신제를 지냈던 영가대를 보존하지 못하고 기념비조차 철로가에 덩그렇게 방치하고 있는데 비해, 한반도로부터 불과 49.5㎞의 거리에 있는 쓰시마는 매년 8월 첫째 토요일과 일요일에 조선의 통신사가 도착한 것을 기리는 아리랑 축제가 열린다. 이때는 섬 전체가 17~19세기로의 역사여행으로 출렁거린다. 어디 축제뿐이랴. 매일 정오가 되면 예전에는 '무궁화' 가, 작년 4월부터는 '고향의 봄' 이 쓰시마의 중심지인 이즈하라 전역에 울려 퍼진다. 쓰시마의 한국사랑은 만남을 통한 진솔한 마음의 교류만이 상대에 대한 편견과 무지를 극복하고 상호 인정과 이해의 진정한 선린관계를 형성할 수 있다는 것을 말없이 강조하고 있는 것이 아닐까.

5. 아리랑축제 통신사행렬에 12년째

오다기리 유코(小田切 裕子)
전일본항공(ANA)근무
(아리랑축제에 한복차림으로 참가한 필자)

1993년 3월 초순 어느 날, 저는 무심코 아사히신문(朝日新聞) 일요판을 넘기다가 한쪽에 시선을 멈추었습니다. 거기에는 '물 맑고 꽃피는 일한친선의 섬'이라는 제목으로 대마도를 소개하는 기사가 실려 있었습니다. 평소 대마도는 후쿠오카(福岡)현인 줄만 알았으나, 기사를 읽어보니 실은 나가사키(長崎)현에 속하는 섬이었습니다. 지리적으로 규슈 본토보다 한반도에 더 가깝다는 사실과 일본에서 니이가타현의 사도가시마(佐渡島)섬과 가고시마현의 아마미오오시마(奄美大島)에 이어 세 번째로 큰 섬임을 알게 되었습니다. 도쿄에 거주하는 일본인들은 대마도가 정확하게 어디에 위치하는지, 또 어느 현에 소속되는지 잘 모르고 있는 사람이 많은 편입니다.

그때만 하더라도 대마도의 최대 이벤트인 아리랑축제는 그다지 많이 알려지지 않았던 것입니다. 그러나 저는 이 기사를 읽고 여태까지 갖고 있던 대마도에 대한 이미지가 크게 달라졌습니다. 이전에 대마도에는 한 번도 안 가보았지만, 한국을 수차례 방문한 적이 있었던 저로서는 '일한친선의 섬'이라는 대마도에 흥미를 갖게 되었습니다.

위) 대마공항, 아래) 하늘에서 내려다 본 옛날 왜구의 소굴 아소만

그리하여 저는 주말을 이용, 대마도를 방문하게 되었습니다. 때는 1993년 3월 18일이었습니다. 하네다(羽田)공항에서 후쿠오카공항을 경유하여 대마공항에 도착하였습니다. 후쿠오카에서 대마도까지의 비행시간은 불과 30분, 착륙이 가까워지자 기내에서 열리지 않는 창밖으로 내려다보이는 아소만이 눈앞에 들어오고, 여기가 국경의 섬이로구나하는 생각이 뇌리를 스쳤습니다. 고려시대부터 조선조에 이르기까지 긴 세월동안 많은 사람들을 괴롭혔던 왜구(倭寇)의 소굴이 바로 아소만이라는 이야기를 들어왔기 때문입니다.

대마공항에서 내려 처음 찾은 곳이 관광안내소였습니다. 저는 거기서 대마관광협회 사무국장 사토 요시쿠니(佐藤義國)씨를 만나게 되었습니다. 마침 그는 니혼케이자이신문(日本經濟新聞)에서 나온 취재기자를 안내하게 되어 있었는데, 덤으로 저도 함께 합류하는 행운의 기회를 얻었습니다. 이날 견학 코스는 짭짤했습니다. 차편으로 도요타마마치(豊玉町)의 와다츠미신사(和多都美神社)와 이즈하라의 반쇼인(万松院)을 비롯한 주요 유적을 순식간에 둘러보고, 이어 차편 없이는 감히 접근조차 하기 어려운 대마도 최남단 츠츠자키의 전망대까지 올라가서 경치를 만끽할 수 있었습니다. 또한 숙소인 이즈하라로 돌아오는 길에 시이네(椎根)지방에 남아있는 현 지정유형문화재인 이시야네(石屋根, 돌지붕 가옥)을 둘러볼 수 있었습니다. 안내하는 사토씨의 설명에 의하면 이 돌지붕 가옥은 대마도 특유의 방식으로서 농촌에서 볏짚을 얻기 어려웠다는 점과 강한 바닷바람에 가옥이 엎어지지 않도록 하고, 식량이나 귀중품을 화재로부터 방어하기 위한 지혜를 모아 지어졌다고 하였습니다.

위) 대마도 전통 돌지붕 가옥 이시야네
아래) 대마도 고유 전설이 얽힌 와다츠미신사(和多都美神社)

저는 1박 2일의 짧은 여정이었지만 덕분으로 대마도의 많은 것을 보고 돌아오게 되었습니다. 마침 사토씨는 떠나는 날에 조선통신사행렬진흥회 쇼노 신쥬로 (庄野伸十郎)회장을 소개해 주었습니다. 현재 쓰시마시관광협회의 회장직을 맡고 있는 쇼노회장은 이웃아저씨 같은 인상에 너무 친절하여 세상에 이런 분이 또 있을까할 정도였습니다. 그의 명함 이면에는 보기 드문 긴 문장으로 다음과 같이 기록되어 있었습니다.

"히데요시의 한반도 침략 후 쇄국시대로 접어든 대마번은 국교회복을 위해 진력하였다. 그 결과 1607년(慶長 12)에 국서를 휴대한 조선통신사가 내일(來日)한 것을 시작으로 200년간 12회의 통신사가 방문하였다. 일행은 500명에 달하는 대규모 문화사절단으로서 대마도에서 안내역을 맡은 소번(宗藩)과 합류하여 왕복 6~8개월이나 걸리는 에도(江戶)까지의 여로에 올랐다. 막부는 통신사 일행을 60여 주에서 분담토록 하여 환대하고, 학자, 문화인들은 그들과의 교류를 종신(終身)의 영광으로 여겼으며 민중은 이들을 구경하러 연도에 모여들었다. 1회의 통신사 접대에 소요된 비용은 100만량(兩)을 넘었고 동원된 인원은 수 십 만에 이르렀다. 이즈하라에서는 한국의 협력을 얻어, 매년 8월 첫 일요일에 조선통신사행렬을 재현하고 있다."

훗날 알고 보니 대마도의 유지들은 물론 시청에 근무하는 공무원과 공공기관 요원들은 대부분 같은 디자인에 이름과 직책, 연락처 등 기재사항만 다를 뿐 동일형의 명함을 쓰고 있었습니다.

저는 대마도 첫 방문이 있었던 2년 후, 1995년 8월에 아리랑축제에 처음으로 참가하게 되었습니다. 첫 방문 때 후의를 베풀어주신 사토씨와 그때 소개받은 쇼노회장의 권유로 아리랑축제에 처음으로 참가하기 시작하여, 지금까지 12년째 거의 매년 이 축제에 참가하고 있습니다.

그런데 저는 쇼노회장을 1995년 8월 아리랑축제 때 다시 만났고, 그 후부터 매년 만나 도움을 받아왔지만, 그분이 샤쿠하치(尺八) 연주의 달인인줄은 미처 몰랐습니다. 샤쿠하치란 일본 전통악기로서 대나무로 만든 피리인데 연주 때는 세워서 붑니다. 한국에서는 퉁소라고 합니다. 길이가 1척 8촌(43.7cm)이라는 데서 '척팔(尺八)'이라 부쳐진 이름입니다. 대나무 통으로 만든 이 피리는 구멍이 5개이며 그중 4개는 표면에, 하나는 이면에 있고 손가락으로 이들 구멍을 조정하여 음정의 높낮이를 이어갑니다. 이 피리의 음색은 매우 독특하여 듣는 이의 가슴에 스며드는 듯 느껴집니다.

저가 쇼노회장이 무대 위에서 뛰어난 솜씨로 샤쿠하치를 연주하는 모습을 직접 보게 된 것은 극히 최근의 일입니다. 2008년 2월 3일, 도쿄의 국립극장에서 개최된 '레이보(鈴慕)100주년기념공연'에서 고토(箏, 한국의 거문고)와 샤미센(三美線, 기타 같은 3줄의 현악기)의 합주가 있었

통신사행렬진흥회 쇼노 신쥬로(庄野伸十郎)회장. 그는 일본 통소 샤쿠하치(尺八)의 달인이기도 하다

는데, 여기에 맞추어 쇼노회장이 샤쿠하치를 연주하였던 것입니다. 쇼노회장은 오랫동안 샤쿠하치 연주의 연습을 꾸준히 거듭하여 근래 스승으로부터 '죠신(靜眞)'이라는 예명을 받았다고 합니다.

현재 일본에서는 샤쿠하치 연주의 제1인자로서 '중요무형문화재' 보유자인 '인간국보(人間國寶)' 아오키 레이보(靑木鈴慕)를 이에모토(家元)로 삼고 그 문하에서 배운 달인들이 각 지방에서 교습을 맡는 제도가 존속되고 있습니다. 쇼노회장도 규슈 레이보카이(九州鈴慕會)의 스승으로부터 매월 1회 레슨을 받고 있으며, 이제는 샤쿠하치의 솜씨가 취미의 영역을 넘어서 달인의 수준에 이르렀다고 합니다.

저는 아리랑축제에 참가할 때마다 쇼노회장의 도움을 받습니다. 저가 축제에 참가하는 것은 단순한 구경이 아니라 통신사행렬 재현행사에 전통한복차림을 하고 행진에 가담하는 것이기 때문입니다. 쇼노회장은 저에게 매년 한국 전통 복식인 치마저고리 한벌을 준비하여 줍니다. 저가

전통 한복을 입어 본 것은 그 때가 처음이었습니다. 일본 여성이 치마저고리를 입고 통신사행렬에 끼어들었을 때 맨 먼저 놀랐던 사람은 한국 측 인사들이었습니다. 원래 통신사 일행에는 여성이 포함되지 않았기 때문입니다. 그러나 축제주최측은 이벤트를 더 즐겁게 꾸미기 위해서 여성 참여를 유도해야 한다는 아이디어로 이 축제에 한복차림의 여성참여를 기획한 것이라고 합니다.

통신사는 먼 옛날 무로마치(室町)시대로부터 방문하게 되어 에도(江戶)시대까지 이어졌는데, 조선사절단은 어느 때든 대마도를 경유하여 교토 또는 에도까지 왕래했던 것입니다. 이처럼 대마도는 양국의 선린친선을 위한 징검다리 역할을 해왔습니다. 한일 양국간의 오랜 교류사를 염두에 둔다면 대마도에서 치마저고리를 입는다는 것이 그다지 놀라운 일은 아니었습니다. 일본의 전통의상은 기모노(着物), 한국의 전통의상은 치마저고리이며, 일본에서나 한국에서나 전통의상 차림을 할 수 있는 기회란 이런 축제 때밖에 없을 것이라고 생각하였습니다.

제가 매년 치마서고리 차림을 하다 보니 한복은 젊은 사람일수록 매년 점점 더 화려한 색상으로 유행이 변해가는 경향을 알게 되었습니다. 일본의 기모노와는 달리 한복은 단일색인 경우도 있지만 대부분 상하의를 각각 다른 색상으로 착용하는 콤비네이션 패션임을 알고 더욱 놀랐습니다. 예를 들면 치마저고리가 단일 색인 경우도 있지만, 상하의가 콤비인 경우는 (상) 청색과 (하) 분홍색, (상) 연두색과 (하) 보라색 또는 주황색, (상) 레몬 색과 (하) 짙은 녹색, (상) 녹색과 (하) 청색, (상) 짙은 녹색과 (하) 하늘색, (상) 사몬 핑크색과 (하) 회색, (상) 주황색과 (하) 청색 등이었습니다.

저는 짙은 녹색 저고리와 청색 치마를 선호하는 편입니다. 한복의 색상은 일본에 비해 다양하며, 이런 콤비네이션 중에서도 (짙은 녹색과 하늘

필자를 비롯해 많은 일본 여성들이 한복차림으로 통신사 행렬에 참여하고 있는 모습

색)이나 (레몬 색과 짙은 녹색) 같은 배합은 일본에서는 좀체 보기 드문 것이며, 한마디로 한국적이라 할 수 있습니다. 한국에서는 붉은 색이라 하더라도, 고추 색, 김치 색, 새빨간 월드컵 스타디움 색, 선혈 색, 장미 색 등으로 분류됩니다. 또한 색상마다 상징하는 바가 있습니다. 즉 주, 청, 황, 백, 흑 색은 단청(丹靑)이라 하고, 이는 행운을 가져다주는 색이라 합니다. 일본은 간소하고 차분한 색을 좋아하는데 비해 한국은 비교적 선명한 원색을 선호하는 편임을 알 수 있었습니다.

저는 매년 8월 아리랑 축제에 참여하러 오기 전에 쇼노회장에게 이번에는 무슨 색상의 치마저고리를 준비해달라고 주문하지만, 막상 와서 보면 마음에 들지 않을 때가 많습니다. 때문에 언제나 당일 착의준비실에 가서 직접 눈으로 보고 선정하기 일쑤입니다.

대마도 아리랑축제는 시작한 지 15년이 되었습니다. 해마다 축제의 규모와 참관자 수가 늘어납니다. 통신사행렬 이외에도 연고지 특산품전시,

사진전, 학술회의, 연고지연락협의회 회의 등 행사도 겸하게 됨으로써 일본인과 한국인이 매년 약 500명 이상 축제 기간에 모입니다. 이에 따라 축제를 주관하는 대마시청은 물론 통신사행렬진흥회는 연중 내내 행사 준비에 분망합니다. 행렬 준비만 하더라도 정사, 부사 등 100여 명의 통신사일행의 전통의상과 접대하는 대마도 측 인사 수십 명의 일본전통의상도 준비해야 합니다. 그런데도 저는 단지 치마저고리의 색상을 두고 쇼노 회장에게 억지를 부렸으니 미안하고 감사한 마음에서 머리가 숙여졌습니다.

더욱이 축제 기간인 8월 초순의 한여름 기온이라 매우 덥습니다. 행렬에 참가하는 모든 사람들의 의상은 화학섬유로 제작했기 때문에 뜨거운 아스팔트 위를 1시간 이상 걷게 되면 땀에 흠뻑 젖습니다. 그럼에도 대마도사람들은 모두가 한마음으로 뭉쳐 한국과의 선린우호의 시대를 재확인하고 그 정신을 후대에 물려주기 위하여 이 행사를 정성껏 추진하고 있습니다. 주최 측은 그해 행사가 끝나면 곧 다음해의 축제준비에 들어가야 한다고 합니다. 그분들에 비하면 저 같은 참가자는 도쿄에서 1박 2일 일정으로 와서 행렬에 참가하고는 곧 떠나버리는 것이 아닌가. 그럼에도 고마운 것은 주최측이 매년 다시 참가해달라는 간절한 초청의사를 전해오며, 저 또한 그분들의 열성에 100분의 1이라도 보답한다는 뜻에서 아리랑축제에 12번이나 참가했습니다.

이렇게 해마다 행사에 참가를 거듭할수록 저는 한일 양측의 학계, 관계, 업계 인사들과 알게 되어 지금은 많은 분들과 교류하는 즐거움을 갖게 되었습니다. 대마도축제가 끝나는 날 밤에는 한일 관계 인사들과 함께 이즈하라마치의 스낵바나 가라오케 집으로 어울려가서 특히 한국가요를 따라 부르기도 합니다. 기억하고 있는 노래는 '돌아오라 부산항에' '노란 샤츠' '이별' 등입니다.

저는 이런 행사에 자극을 받아 한국어를 배우기 시작하였습니다. 저는 오랫동안 한국어를 김유홍(金裕鴻)선생으로부터 배웠습니다. 김 선생님은 50여년 전에 일본에 건너와서, 그동안 NHK 라디오 한글강좌와 와세다대학에서 강의를 맡는 등 다방면에 걸쳐 활동하신 분입니다. 김 선생은 저가 대마도축제에 참가한다는 이야기를 듣고 매우 기뻐하면서 한국어 공부 이외에도 도움이 되는 많은 것을 가르쳐 주셨습니다. 그럼에도 저는 한국어 구사능력이 아직 짧은 대화 수준밖에 되지 않아 지금도 계속 한국어 교실에 다니며 공부하고 있습니다.

그 동안 저는 여러 번 대마도 아리랑축제에 참가했지만, 그중에서도 가장 인상적인 축제는 역시 2002년 월드컵 한일공동개최의 해였습니다. 이때 이즈하라 상점가는 '아리랑 축제' 깃발이 가득했으며, 섬 전체가 축제 무드 일색이었습니다. 통신사행렬재현에는 예년에 비해 한국인이 대거 참여하고 이를 구경하는 관광객도 한국인이 태반이었습니다. 행렬에는 소학교 학생들이 한복차림으로 동참했는데 정말 귀엽고 예뻤습니다. 연도에서 구경하는 사람들이 '예뻐요, 좋아요'라고 격려하는 소리를 연발하였습니다. 그 뒤를 이어 화려한 색상의 치마저고리 차림으로 지나가는 저에게도 격려의 함성을 아끼지 않았습니다. 저는 나름대로 통신사가 왕래한 먼 옛날을 떠올리며 한일친선을 위해 조금이라도 이바지한다는 보람을 느끼면서 국서교환이 예정된 이즈하라 선착장에 이르렀습니다. 약 1시간의 행진으로 체력은 떨어지고 더위에 땀이 치마저고리는 물론 전신을 적셨습니다. 자칫 주저앉아버릴 뻔한 시점에서 다행히 관중들이 차가운 음료를 보내주었습니다. 저는 덕분으로 정신을 차릴 수 있었고 행사의 마지막 순서인 국서교환과 내빈인사까지 들을 수 있었습니다.

이날 내빈은 가네코 겐지로(金子原二郎) 나가사키현 지사였습니다. 이처럼 대마도아리랑축제는 주민과 관청이 함께 힘을 합쳐 수행하는 행사로서 이는 오로지 한일 양국이 긴 세월동안 일구어낸 교류의 역사이며, 바로 대마도의 재산이고 자랑이라는 사실을 실감케 하였습니다.

1995년 이래 매년 대마도를 찾은 저는 무슨 이유로 그 섬에 빠져들었을까, 자신도 알 수 없는 의문이 들었습니다. 섬의 아름다운 자연과 아리랑축제 때문일까, 아니면 소박하고 거리낌 없는 섬사람들의 마음씨 때문일까, 아마도 아리랑축제에 참관하는 한국 분들도 이와 같은 생각을 하고 있으리라 여겨집니다.

이즈하라에는 통신사기념비가 세워져 있고, 곳곳에 한일교류의 유적과 흔적이 많이 남아 있습니다. 그 중에서도 아메노모리 호슈(雨森芳洲)의 현창비와 묘소를 빼놓고는 이야기할 수는 없을 것입니다. 대마도에는 아직도 호슈의 '성신교린' 정신이 살아 숨 쉬고 있습니다.

이에 따라 대마도에 가면 언제나 한일간의 상호이해가 점점 더 깊어지며, 서로를 잇는 끈이 더 강해지는 느낌을 가집니다. 아메노모리 호슈를 누구보다 일찍 우리에게 알려주신 교토대학 명예교수 우에다 마사아키(上田正昭)선생이 지석하신 바와 같이 '민간교류'가 그나마 가장 질 이행되고 있는 곳이 곧 한국과 가장 가까운 대마도가 아닌가 하고 저는 아리랑축제 참가 때마다 그렇게 실감합니다.

6. 대마도와 부산, 그 교류의 장

김 경 일(金京一)
대마도부산사무소부소장

"쓰시마(對馬)? 대마도에 간다고? 사람 사는 곳이야?"

1996년, 국제교류원으로서 대마도 배치가 결정되었을 때, 주위로부터 많이 들었던 말이다. 그 당시까지 한국에서는 대마도가 일본에 속해 있는 섬이라는 것은 알려져 있었지만, 그 외 대마도에 관해서 알려진 것은 거의 없었다. 그 후 십수 년, 한국 내에서 쓰시마의 이미지는 크게 변했다.

"대마도에 가고 싶은데요, 배는 일주일에 몇 편 있어요?"

이 질문은 2003년 5월 대마도부산사무소가 개소한 이래 가장 많이 들었던 질문의 하나이다. 대마도는 이미 한국 내에서 지명뿐만이 아니라 부산에서 정기항로가 있는 섬, '국경의 섬'으로 알려져 있으며, 한번 가보고 싶은 섬으로 인기가 높다. 게다가 쓰시마는 부산의 해운대, 용두산 공원, 태종대에서도 육안으로 보인다. 손을 뻗으면 잡힐 듯이 근거리(49.5km)에 있어 외국이라고 느껴지지 않는지 "대마도에 갈 때도 비자가 필요하나요?"라고 묻는 한국인도 의외로 많다. 2006년 3월부터 관광으로 일본 방문 시 비자는 필요 없게 되었다.

대마도부산사무소는 한국인들에게 대마도에 관한 정보제공 및 질문에 대한 응답, 대마도와 한국간의 교류 사업을 담당하기 위해 개소되었다. 개소 당시는 대마도의 여섯 개의 마치(町 : 마을)가 합동으로 운영하였는데, 마치(町) 레벨에서 해외에 단독사무실을 설치한 것은 일본에서도 처음 있는 일로, 일본과 한국 매스컴에서 꽤 주목을 받았다. 사무소가 에도시대에 왜관이 있었던 부산의 용두산 공원 근처에 자리 잡은 것으로 '현대의 왜관'이라고 쓴 신문기사도 있었다. 왜관은 15세기부터 조선에 있었던 일본인거류지로서, 에도시대에 대조선 외교 및 무역의 거점이었다. 당시 대마도의 3만 인구 중 남자만 500명까지 왜관에 상주하였다 하니, 역시 이시대부터 대마도는 국제교류를 담당한 섬으로서 역할을 다해 왔다고 말할 수 있지 않을까 한다.

오늘날 대마도의 한일교류는 축제를 통한 교류, 지자체간의 교류, 각급 행정레벨간의 교류, 민간 교류 등 그 폭이 급격히 넓어지고 있다.

먼저 축제를 통한 교류를 보면, 대마도에서는 한일교류의 깃발이라고 할 수 있는 3대 축제가 있다. '아리랑축제', '친구음악제', '국경 마라톤 IN 쓰시마'가 그것이다. 한국어를 축제의 이름에 사용한 것에서도 알 수 있듯이, 대마도의 한일교류는 축제에서 생겨났다고 해도 과언이 아니다.

그중에서 한국에서 가장 잘 알려진 것이 아리랑축제이다. 아리랑축제는 매년 8월 첫째 주 토요일과 일요일에 걸쳐 개최된다. 처음에는 이즈하라마을의 항만축제로써 개최되었는데, 축제에 조선통신사를 가장행렬로 구상한 것이 행렬의 시작이라고 들었다. 처음 통신사행렬을 제의한 분은 오랜 기간 조선통신사행렬진흥회회장을 역임하였던, 쇼노 신쥬로(庄野伸十郎)씨의 아버지 쇼노 고자부로(庄野小三郎)씨였다.

1980년에 조선통신사행렬진흥회가 발족한 후, 진흥회는 통신사행렬 의상 및 대열을 서울의 전문가에게 의뢰하여 에도시대의 행렬 그대로의 재현을 목표로 하였다. 그간의 노력은 대단한 것이었다고 들었다.

이즈하라정사무소 근무 때 직원들과 함께. 일본 기모노차림으로 참석한 필자 (왼쪽에서 세 번째)

에도시대의 조선통신사는 총인원은 400명 내지 500명, 스물일곱 개의 분야에서 조선 내의 일급 인재를 발탁한 문화사절단이었다. 그중에서도 마상재 및 악사들은 행렬의 꽃이었다고 말할 수 있다. 지금은 한국의 궁중악단과 무용단을 초청하여 대신하고 있다. 조선통신사의 정사, 부사 역할은 부산시 관계자가 맡아주고 있으며, 주후쿠오카 한국총영사도 초청하여 대마만(對馬灣)의 한일교류의 장을 만들어 가고 있다. 아리랑 축제는 부산을 중심으로 한국 내에서도 널리 알려지게 되어 매년 한국인 관광객이 1,500명에 이를 정도가 되었다.

쓰시마아리랑축제를 통해서 한일 양국의 사람들은 물론이고, 2002년에는 부산에서 가장 큰 부산바다축제와의 자매결연을 채결하고, 지금은 매년 5월 부산 용두산 공원 일대에서 열리는 조선통신사 문화축전의 통신사행렬에 대마도의 무사들이 참가하고 있어 한일축제의 교류가 지속되고 있다.

친구음악제는 매년 8월 넷째 주 토요일에 열리며, 세계 공통언어인 음악을 통해 마음을 주고받는, 즉 친구가 되는 축제로서 정착되었다. 2007년 13회를 맞이하는 친구음악제는 한국과 일본의 뮤지션이 야외무대에서 모국어로 노래하며, 한국 측에서는 러브홀릭, 자전거를 탄 풍경, 윤도현, 강산에 등이 일본 측에서는 코무로 히토시, 자키 류도, D-51등이 출연하였다. 행사의 마지막에는 테마곡인 「친구」와 「아리랑」을 합창하여 하나가 되는 교류의 장을 만든다. 쓰시마의 자연 속에서 음악을 매개로 마음을 주고받는 친구음악제는 한일 젊은이들이 만나는 장으로서 빠뜨릴 수 없는 행사이다.

건강을 유지하기 위한 한일교류가 매년 7월에 열리는데, 쓰시마에서도 가장 한국에 가까운 그야말로 국경의 마을인 가미쓰시마에서 열리는 국경마라톤이 그것이다. 2007년에 11회를 맞이한 국경마라톤은 3km 워킹에서 하프마라톤까지 각 종목에 일본은 물론 한국 각지에서도 많은 마라토너들이 참가한다.

최근 한국 내에서 건강에 관한 관심이 많아짐에 따라 이국 대마도에서의 국경선 (대한해협)을 보면서 달려보고 싶다는 것이 참가 동기가 되고 있다. 대마도와 한국은 최단거리로 49.5km. 미래에 한일터널이 개통될 때는 이 국경마

1996년 한국어강좌수료식에 한복을 입은 필자의 모습(앞 줄 왼쪽에서 두 번째)

라톤이 대마도에서 한국까지 국경을 넘는 마라톤대회가 되었으면 한다.

행정레벨의 교류는 1986년 부산시 영도구와 대마도의 6개마치가 자매결연을 맺은 것이 시작이라고 들었다. 그 후 1995년부터는 상호간의 행정 정책을 주제로 발표하는 '행정교류세미나'를 양 지역에서 격년으로 개최하고 있으며, 행정적인 정보교환은 물론 직원간의 스포츠교류도 실시하였다.

민간교류도 활발한 곳이 국경의 섬, 쓰시마의 특징이라고 말할 수 있다. 대마도의 중학교, 고등학교가 한국의 학교와 자매결연에서부터, 각 마을 레벨에서 홈스테이 사업을 실시하는 등 매년 그 폭이 넓어지고 있다. 조금 나열해 보면 2007년으로 10회를 맞이한 사진교류 및 럭비, 테니스, 배트민턴, 야구 교류, 공동 유적 발굴, 고교생 브라스밴드의 합동연주 등 그야말로 한일교류의 섬이라는 말이 실감난다.

대마도는 하늘의 현관인 공항과 항구에 '대마도에 어서 오세요!' 라는 한국어 간판이 있다. 도로표지에는 한국어가 병기되어 있고, 음식점에 한글 메뉴판이 비치하는 등 보다 한국과의 친밀감을 보이려는 노력을 하는 것이 뼈저리게 느껴진다.

대마도에서 살았던 적도 있지만 현재까지 대마도와 한국과의 교류를 위해 노력한 지 벌써 10년이 지났다. 그 간 경험을 통해 나는 대마도에 대해 다음과 같이 생각한다.

지정학적으로 대마도는 '국경의 섬'으로 한국과 일본은 대마도를 분기점으로 하여 국경이 그어진다. 그러나 대마도는 양국을 나누는 단절의 국경을 넘어 한국과 일본을 한데 불러 모아 서로 교류하는 '교류의 섬'으로서 임무를 다한 역사와 저력을 가지고 있다. 지정학적으로 봐서도 앞으로 더욱 더 이러한 모습을 변함없이 이어가야 할 것이며 또 그렇게 될 것임을 나는 확신한다.

7. 자전거를 타고 대마도를 일주하다

─아리랑축제 대열에도 참가─

차백성(車白星)
여행가, 전 대우건설 상무

첫날 대마도 접근 때는 아직도 미명(未明)이었는데, 배는 섬의 최북단에 위치한 히다카츠(比田勝) 항에 나를 내려놓았다. 하선한 승객들은 어둠 속으로 하나 둘 흩어지고, 손님을 기다리던 마지막 택시마저 떠난 여객터미널에는 다시 어둠이 찾아왔다. 건물 앞 가로등 밑에서 나의 애마(자진거)와 함께 앉아 날이 밝기를 기다렸다.

이제 대마도에 왔으니 '일본 속의 한국을 찾아 떠난 여행'도 막바지에 접어든 셈이다. 한일 역사의 관문이라는 이곳은 우리 조상의 흔적이 곳곳에 스며있어 이번 여행의 하이라이트라 할 수 있다.

한반도를 바라보고 서 있는 한국전망대

가장 가까운 일본본토인 후쿠오카에서 150km 떨어진 대마도는 고구마처럼 길쭉한 형상으로 동서 폭 18km, 남북 82km, 면적은 709㎢(거제도보다 조금 크다)인데 88%가 울창한 산림지대다. 인구는 약 4만 5천 명으로 중심도시인 남쪽의 이즈하라(嚴原)에 많이 몰려 살고 있다. 대마도의 행정관할관청은 나가사키현(縣)이다. 거리상으로는 후쿠오카현이 당연하나, 막부의 쇄국정책 시절에 개항했던 곳이 나가사키와 이 곳 밖에 없어 당시의 행정관행을 지금까지 답습하고 있다. 달리 표현하면 울릉도의 관할도청을 경기도가 맡는 식이다.

출발점을 북쪽 항구인 히다카츠로 택한 이유는 북에서 남쪽으로 훑어 내려가 이즈하라에서 여행을 마무리하고 부산행 배를 탈 계획을 세웠기 때문이다. 먼저 대마도 최북단에 있는 한국전망대를 향해 힘찬 첫 페달을 밟기 시작했다. 굽이도는 산길을 10여km 달려 시야가 확 트인 전망대에 도착했다. 전망대 건물은 한국의 이미지를 나타내는 팔각형으로, 설계에서 자재공급, 준공까지 모두 한국인의 손에 의해 이루어졌다. 맑은 날은 육안으로 부산을 볼 수 있을 정도로 가까운 거리(49.5km)로 '한국 땅이 보이는 국경의 섬'이라는 별칭에 걸맞다.

바로 옆에는 '조선역관사 조난위령비'가 한국을 향해 말없이 서있다. 1703년 2월 108명의 역관사를 태운 배가 이 앞바다에서 돌풍을 만나 침

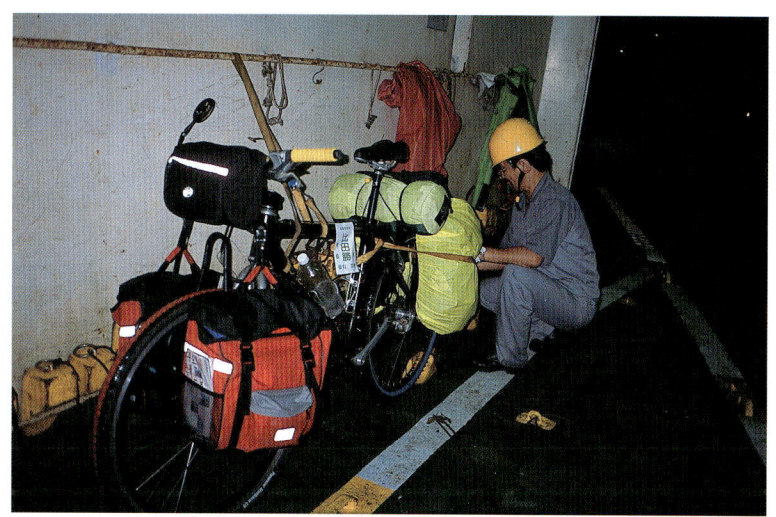

대마도행 쾌속정 안에 고정시켰던 자전거를 하선이 임박하여 풀고 있다

몰, 전원이 사망했다. 에도막부(江戶幕府)는 조선과의 모든 외교 권한을 대마도주(對馬島主)에 일임했기 때문에 조선시대에 역관사(譯官使, 외교사절)의 대마도 방문이 54회에 이르는 활발한 교류가 있었다. 전망대 바로 앞바다에 있는 섬(海栗島)에는 일본 해상 자위대 레이더 기지가 있다. 여기에서 한반도는 물론 만주까지 24시간 감시한다고 하니 찜찜한 기분이다.

전망대를 뒤로하고 와니우라(鰐浦)를 지나 오우라(大浦)에 도착했다. 시계를 보니 9시. 동틀 무렵부터 라이딩을 시작했으니 시장기가 들만도 한 시간. 마침 근처에 있는 큰 슈퍼마켓에 들어가니 갓 만든 따끈따끈한 도시락이 나를 기다리고 있었다. 매장을 돌아보니 물가는 큐슈보다 비싸다. 특히 과일이 그러한데, 밤톨만한 귤 한 개에 100엔이나 한다.

오우라만(灣)을 바라보며 아침식사를 했다. 411년 전 이 바다에 조선 침략군 15만8천 명이 집결한다. 이들은 도요토미 히데요시(豐臣秀吉)의 명령에 따라 1592년 4월 12일, 고니시 유키나가(小西行長)와 소 요시토시(宗義智, 대마도주로 고니시의 사위)를 선봉부대로 643척의 군선에 나눠 타고 부산을 향해 쳐들어갔다. 임진왜란의 시작이다. 다음날 새벽 부산에 상륙한 왜군은 파죽지세로 진격을 계속해 5월 2일 꼭 20일 만에 제1군 1만8천700

대마도 최북단에 세워진 한국전망대. 이곳에서는 날씨가 좋은 날에는 부산시가지와 남해안 일대가 다 보인다

명의 대병력이 수도 한양에 입성한다. 당시 도로 사정이나 수송 수단을 생각하면 상상을 초월하는 진격속도다. 조선의 국방이 이처럼 썩은 수수깡처럼 허술하기 짝이 없기도 했지만, 조선의 지리와 사정에 밝은 요시토시를 위시한 대마도 출신 병졸들이 선봉부대였기 때문이다. 대마도는 임진왜란 때 침공의 전진기지이자 앞잡이 노릇을 톡톡히 했다. 이렇듯 역사적으로 대마도는 우리들에게 골치 아픈 땅이었다.

　일본 침략군은 7년 왜란 기간 중 조선에 필설로 다 못할 엄청난 물적, 정신적 피해를 주며 강토를 유린했다. 절이란 절, 보이는 마을이란 마을은 모조리 불태우고 아무 죄 없는 민간인조차 남녀노소 가리지 않고 다 죽이고 귀와 코를 도려냈다(병사 1인당 코 3개 할당). 또 서화부, 공예부, 금속부, 보물부, 포로부, 축(畜)부 등 6개 특수부대를 만들어 각 분야별로 약탈을 전담케 했다. 특히 포로부는 많은 조선인을 포로로 잡아가 짐승처럼 부리고, 일부는 포르투갈 노예상인에 팔아 넘겼다. 전란 기간 중 일본으로 잡혀간 조선인은 3만명에서 10만명까지 추정된다(국립진주박물관 자료).

　일본 종군승 케이넨(慶念)은 『조선일일기』(朝鮮日日記, 일본 安養寺 소장)에서 "들도 산도 죄다 불태우고 자식 앞에서 부모를 쳐 죽인다. 부모 앞에서 아이의 목을 밟아 숨통을 끊어 놓는다. 산 사람은 새끼줄과 대나무 통으로 목을 묶어 끌고 간다. 자식이 부모를 찾아 울부짖는 비참한 모습을 처음 보게 되었다. 불 지르는데 혈안이 된 무사들의 소리가 시끄럽고, 남은 부모자식의 모습은 마치 지옥의 귀신이 달려드는 것 같이 공포와 탄식 속에 몸을 떨고 있다"며 조선인 포로를 잡기 위해 한 마을을 도륙내는 왜군의 광기를 묘사하고 있다.

　조선통신사 일행으로 대마도를 방문한 적이 있는 신유한(申維翰)은 그의 저서 『해유록(海遊錄)』에서 "땅이 메말라 백물이 잘 자라지 않고 산에는 밭뙈기 하나 없고 들에는 논도 없다. 집 앞에는 채마밭조차 없으니 오직 물고기나 잡아 장에 내다 팔뿐이다"라고 쓰고 있다. 「위지 왜인전(魏志倭人傳)」에도 "삼림이 험준하고 양질의 토지가 적어 대부분 사람들이 해물을 먹고 살며 쌀은 한반도나 일본 본토에서 구입하고 있다"는 기록이 있다. 지금이야 '울창한 삼림'이니 '자연 환경' 운운하지만, 그 옛날에는 쌀(곡물)이 생산되지 않으니 생사가 달린 절박한 문제였으리라.

왜구 소탕 위해 두 차례 정벌

사정이 이러니 이들이 먹고 살 수 있는 손쉬운 길은 노략질뿐이었다. 일본 본토에서도 별 볼 일 없는 떠돌이 칼잡이들만 모여드니, 특히 아소만 일대는 왜구(倭寇)의 소굴이었다. 톱니 모양의 리아스식 해안은 이들에게 더 없는 천혜의 장소를 제공했다. 왜구들은 한반도의 남, 서해안은 물론 멀리 대만과 중국까지 진출했다. 왜구의 피해가 극에 달하자 1차 고려 공양왕 1년(1389년), 2차 조선 세종 1년(1419년) 두 차례에 걸쳐 대미도를 정벌한다. 기해동정(己亥東征)으로 불리는 2차 정벌 때는 삼군도체찰사(三軍都體察使) 이종무 장군이 이끄는 227척의 배와 1만7천 명의 군사가 동원되었다.

이런 대규모 응징 후 조선은 대마도주인 소 사다모리(宗貞盛)로부터 절대 순종할 것이라는 항복과 함께 조선으로의 복속을 요청받는다. 그래서 조선의 조정에서는 유화책으로 '종일품 판중추원사 겸 대마주도제사(從一品 判中樞院使 兼 對馬州都制使)'라는 벼슬까지 하사하지만 더 이상의 다른 조치는 없었다. 나는 이 대목에서 우리 조상들이 길게 앞을 내다보는 안목이 없었던 것이 너무 안타깝다. 왜 좀더 진취적이지 못했을까. 왜 좀더 적극적이지 못했을까. 그때 확실하게 코앞의 땅인 이곳을 확보해 두

었더라면 임진왜란(정유재란)은 물론 향후 한일 관계의 양상과 지금의 동북아 힘의 역학까지 크게 달라졌으리라고 본다. 역사나 국제 관계학을 공부하지 않은 문외한인 '두 바퀴 나그네'도 이 점만은 확신한다(역사에 가정법은 어리석다. 그러나 이렇게 좋은 기회는 다시 오기 어려울 터인데, 한탄한들 무엇 하리).

오우라를 떠나 382번 도로를 타고 남으로 달리기 시작했다. 382번은 북쪽의 히다카츠에서 남쪽 이즈하라까지 연결하는 대마도의 주 간선도로이며, 바다 건너 이키(壹崎)섬까지 같은 번호로 연결된다. 하늘을 가릴 듯 울창한 산림 사이로 뻗은 도로는 잘 포장되어 있으나 갓길이 충분하지 않아 차량 통행이 많을 경우 극도로 조심해야 한다. 도로의 고저도 심한 편이다. 숨이 목까지 깔딱깔딱 차오를 때 쯤 되면 터널이 나타나 한숨 돌린다.

대마도는 터널이 많으므로 안전장비를 충분히 갖추어야 한다. 뒤 패니어는 물론 배낭에도 깜박이를 다는 편이 안전하다. 내가 통과한 터널만 20개가 넘는다. 짧게는 300m에서 길게는 1천500m까지 다양한데, 터널 안에 갓길은 따로 없고 한 사람이 겨우 걸어갈 수 있을 정도의 인도만 확보되어 있다. 장거리 여행의 경우 짐이 무거우므로 무게중심을 잘 컨트롤해야 한다. 오래된 터널은 어둡고 노면의 요철을 잘 볼 수 없으니 꼭 선글라스를 벗고 서행하는 것이 좋다. 가장 안전한 방법은 인도에서 자전거를 끌고 가는 것이다.

카미쓰시마(上對馬)를 지나 카미아가타(上縣)에 들어오면 사고가와(佐護川)에서 우회전해서 물길 따라 약 5km 거리에 미나토(湊)란 곳에 신라국사 박제상공 순국비(新羅國使 朴堤上公 殉國之碑)가 서 있다.『삼국사기』에 의하면 신라의 내물왕은 왜국과 친선을 위해 미사흔(未斯欣) 왕자를 인질로 보냈는데, 뒤에 지모가 뛰어난 박제상이 왕자를 데려오기 위해

위) 캠핑장에서 쉬면서 다음 코스를 찾고 있다
가운데) 백제산성 가네타성(金田城)으로 가면서
아래) 바다 속 도리이(鳥居)가 서 있는 와다츠미
　신사에서

일본에 왔다가 이 부근에서 충돌이 일어났다. 박제상은 왕자를 무사히 귀환시키고 자신이 대신 죽는다(그 후 미사흔 왕자는 은혜에 보답하는 의미로 박제상의 둘째딸과 결혼한다). 박제상의 숭고한 충절 정신을 기리기 위해 1988년 한국과 대마도의 학자, 유지들이 힘을 합쳐 이 비를 건립했다.

계속 382번 도로를 타고 남하해 도요타마(豊玉)에 이르니 니이(仁位)가 나타난다. 조선왕조실록에 따르면 이종무 장군이 2차 정벌을 마치고 여기서 철군했다고 한다.

오늘은 와다즈미신사(和多都美神社) 옆에 있는 신와노사토(神話の里) 자연공원에서 묵기로 했다. 이 지역 일대는 국립공원으로 지정되어 있으며 원시림으로 둘러싸여 경관이 아름답고, 다양한 동식물들이 서식하고 있다. 캠핑장 양쪽으로 산이 있고 앞바다는 진주 양식장으로 바닷물이 깨끗하며 호수같이 잔잔하다. 캠핑장 내에는 20여 군데 식탁과 바비큐 판, 상수도, 화장실, 샤워실, 그리고 방갈로 등의 시설을 갖추고 있다.

늦은 시간까지 공원 사무실의 관리인은 물론, 단 한 명의 야영객도 볼 수 없는 적막한 공원에 내 텐트만 독야청청 서 있다. 모두가 떠난 텅 빈 유령의 도시에 혼자 돌아온 기분이다(지금이 연중 가장 붐빌 철인데도 이렇게 텅텅 비어있으니 잘 이해가 되지 않는다). 대마도에는 살쾡이가 많아 음식물을 따로 근처 빈 방갈로에 보관했다. 오늘은 6개의 터널을 통과했고 주행거리가 70km를 넘어 몹시 지쳐 두려움을 느낄 틈도 없이 골아 떨어졌다. 다음날 아침 떠날 때까지 사무실 문이 잠겨 있어 유료공원이었지만 그냥 갈 수밖에 없었다.

공원에서 200m 옆에 있지만 어제 시간이 늦어 보지 못한 일본 용궁 신화의 발원지라는 와다즈미신사를 돌아보았다. 이 신사는 신화에 나오는 도요타마 히메(豊玉姫, 용왕의 딸)라는 제신(祭神)을 모시고 있다. 본전 정면 바다 가운데 서 있는 도리이(鳥居, '天' 자 모양의 구조물로 신사의 상징)는 조수간만의 차이에 따라 모양이 변해 잔잔한 아소만과 함께 신화에 나오는 아득한 과거로 돌아가는 느낌이 들게 한다. 신사를 떠나 382번 도로를 타고 가다 '谷, 가야, Gaya' 라고 쓰인 길 안내판을 보니 무언가 우리 조상의 흔적이 남아 있으리라는 생각이 들었다. 대마도에는 공공건물이나 안내표시판에 한글이 병기되어 이채롭다. 더 재미있는 사실은, 큐슈에서는 '化粧室' 이라고 표시하나, 여기는 '便所' 로 쓴다. 변소…. 우리에게 향수를 일으키며 사라져 가는 말을 여기서 볼 수 있다.

'다미쌍' 의 정체를 찾아서

가야에서 긴 터널을 빠져나와 아소만을 끼고 10여분 달리니 고후나고시(小船越)라는 자그마한 마을이 나타났다. 가끔 지명(地名)이 그 고장의 개념을 대표하듯, '배가 땅을 넘어갔다' 니 과거에 무슨 일이 있었는지 구미가 당긴다. 마침 우체국 앞에서 한 아주머니에게 그 연유를 물어보니, 한참을 설명하는데 내가 잘 못 알아들어 서로 웃기만 했다. 하루타 다미코(春日多美子)라는 이 친절한 아주머니는 어떻게 해서든지 설명해서 나를 이해시키려는 노력이 정말 눈물겨울(?) 정도였다. 말이 잘 통하지 않으니 함께 니시 고이데(西槽出)까지 가서 "배를 끌고 언덕을 넘어가 후나 고시우라(船越浦)까지 가서 다시 배를 띄웠다"고 제스처와 함께 종이에 그림까지 그려가며 설명해 주었다. 즉 한반도에서 오면 서쪽(니시 고이데)에서 내려 통나무를 고여 가며 그 위에 배를 놓고 이동하여 이 마을을 넘어 동쪽(후나 고시우라)에서 다시 배를 띄워 큐슈 쪽으로 갔다. 그 거리는 옛 치수로 38간(178m)이다.

언어학자들의 연구에 의하면 사람간의 의사소통에서 언어 자체가 차지하는 비율은 30%밖에 되지 않는다고 한다. 과연 그녀가 구사한 영어 몇 단어와 나의 일어 몇 단어로 생소한 '선월(船越, 배가 넘어갔다는)' 의 뜻을 내가 이해했으니 말이다. '다미짱' 이라고 불러달라는 그녀는 30대 후반으로 보였다. 일본 여지답지 않게 키가 훤칠하고 미소를 머금은 말투는 상냥하고 부드러웠다. 친절한 안내에 대한 고마움의 표시로 근처 가게에서 주스를 사서 같이 마시며 자녀와 집에 대해 물어보니, 그녀는 웃으며 "당신이 이번 여행 중에 꼭 가봐야 할 곳이 나의 집"이라고 말해 나는 한층 더 궁금증이 일었다(도대체 이 여자의 정체는 무엇인가). 그녀는 천천히 자기 차를 몰았고 나는 자전거로 뒤를 따라 도착한 곳은 그녀의 집 바이린지(梅林寺)였다. 그녀의 남편은 이 절의 주지승(住持僧)이었다.

남편과 딸을 불러 나를 소개했다. 주지승인 하루타 유젠(春日勇禪)과 바이린지 경내를 돌아보며 절의 역사와 유래에 대한 설명을 들었다. 『속일본후기』(續日本後記, 869년에 완성된 일본역사서)에 의하면 킨메이(欽明) 천황 때 백제(성왕, 538년)에서 처음으로 불법(佛法)이 대마도를 통해 일본 본토로 전해졌다. 바로 이곳으로 불상과 경전이 들어왔고 임시로 일당(一堂)을 세워 불상을 안치해 모셨다고 한다. 이것이 현재의 바이린지 터로서 일본 최초의 불적(佛跡)이다.

녹차와 다과도 대접받고 가족들과 기념사진도 찍었다. 유젠 스님은 사찰관계 일로 가끔 한국을 방문한다고 했다. 러닝셔츠 바람에 소탈한 말투는 평범한 옆집 아저씨처럼 나를 편하게 해주었다. 서울에 돌아가면 자기 절을 많이 선전(?)해 달라고 농담을 하길래 "지금 바로 5만 엔(13일간의 여행 경비)을 현찰로 주면 가능할 걸" 하고 맞받아쳐 온 가족이 파안대소했다. 우연찮은 기회에 역사적인 고찰의 주지승 가족의 친절과 환대로 힘을 얻어 다음 목적지를 향해 페달을 저어가기 시작했다.

계속 아소만의 아름다운 경치를 따라 30분 정도 달리니 붉은 색 철제 아치형의 만제키바시(萬關橋)가 눈앞에 나타난다. 대마도는 원래 하나의 섬이었으나 구 일본해군이 군함 출입을 위해 운하를 만들면서 그 위에 건립한 다리다. 다리 중간에 자전거를 세우고 땀을 닦으며 양쪽 바다 대마해협과 대한해협을 번갈아 조망했다. 자전거가 흔

위) 바이린지(梅林寺) 주지 부인 다미짱의 안내를 받으면서
가운데) 통신사일행이 대마번주의 초대를 받아 가면서 통과했던 고려문
아래) 일본 최대의 화강암으로 이뤄진 아유모도시 공원 유원지에서 관광객과 함께

들거릴 정도로 바람이 강하다.

　폭 25m, 수심 3m, 길이 80m의 이 운하를 건설한 것은 1900년의 일이
다. 일본은 5년 후에 발발할 러시아와의 해전을 미리 대비한 듯하다.
1895년 4월 청일전쟁의 결과 체결된 시모노세키조약에 의해, 청나라는
그동안 조선에 대해 종주국이라고 큰소리치던 권위를 완전 상실한 것은
물론 자신의 영토인 요동반도와 대만을 일본에 떼어주는 굴욕을 맛본다.
그 해 8월 일본공사 미우라 고로(三浦俉樓)는 군대와 정치 로닌(浪人, 정
치폭력배로 원래 주군 잃은 사무라이라는 뜻)을 동원, 조선 침략의 장애
물인 친러 세력의 우두머리 명성황후를 시해하고 시신을 불사르는 전대
미문의 을미사변(乙未事變)을 일으킨다.

　기세가 바싹 오른 일본 제국주의자들은 한반도와 만주의 지배권을 놓
고 이제는 러시아와 전쟁을 결심하고, 1904년 2월 여순(旅順)항에 정박
중인 러시아 함대를 기습, 전쟁을 유발한다. 당시는 지금과 달리 공군이
없었으므로 해전과 육전에서 승패를 결정지었다. 육군에서는 노기 마레
스케(乃木希典) 대장이 여순항이 내려다보이는 난공불락의 203고지를 1
만7천여 명의 전사자를 내는 육탄전으로 점령한다. 이 전투에서 그의 두
아들도 죽는다. 당시 그 일대가 시산혈해(屍山血海)를 이뤘다고 한다.
(후에 노기는 명치천황이 죽자 장례를 치른 그날인 1912년 9월 13일 저
녁, 부인과 함께 자결한다. 저승까지 따라가 모시기 위함이다. 노기는 군
인이므로 할복하고 부인 시즈코(靜子)는 자기 손으로 칼을 심장 깊이 박
는다. 일본에서 노기는 무인의 귀감으로 추앙받으며, 그를 신으로 모시는
노기신사가 동경의 아카사카(赤阪)에 있다.

　한편 대한해협에서는 가고시마 출신의 도고 헤이하치로(東鄕平八郞)
제독은 러시아 발틱함대의 노란 마스트가 새벽 안개 속에 모습을 드러내
자 "제국의 흥망이 이 싸움에 달려 있다. 전 장병은 가일층 분투하라"는

깃발을 걸고 임전 태세에 들어간다. '영일동맹'으로 영국이 수에즈운하 통과를 거부하자 아프리카의 희망봉을 돌아 장장 7개월의 긴 항해에 지친 발틱함대를 맞아 진해만과 이 부근의 오사키(尾崎)에 잠복시킨 배들로 공격의 기선을 잡는다. 종대로 대한해협을 통과하는 발틱함대 정면을 횡대로 막아서는 T자 형의 해전사상 유래 없는 대담한 전술로 발틱함대에 일제히 함포사격을 퍼붓는다. 불과 몇 시간 만에 승패의 향방은 결정되어 공격개시 30여 시간 만에 발틱함대의 기함(旗艦)에서 백기가 올라가고 네보가도프 제독은 정식으로 항복한다. 그후 그는 본국으로 돌아가 군법에 의해 처형된다. 4천 800여 명의 장병이 수장(水葬)되고 함대는 38척 중 3척만 온전할 뿐 나머지는 바다 속에 가라앉거나 대파되었다. 반면 일본은 전사 117명과 어뢰정 3척 격침뿐인 압승이었다. 1905년 5월 28일의 일이다. 러일전쟁은 오직 약육강식의 법칙만이 지배하는 초원에서 임팔라 한 마리를 놓고 젊은 하이에나가 노쇠한 숫사자의 뒷다리를 물어뜯어 퇴출시킨 격이다. 아시아에서 거칠 것 없는 일본은 이제 세계무대를 넘보기 시작한다.

이순신 장군과 러일전쟁의 영웅 도고 제독

대한해협에서의 승전소식이 알려지자 일본열도는 환호작약한다. 20세기 최초의 전쟁이자 처음으로 서양을 상대로 싸워 승리를 거둔 것이다. '아시아의 황색 원숭이'라는 콤플렉스를 벗는 순간이었다. 일본이 선전포고를 하자 러시아는 "이제야 이 노랑 원숭이를 혼낼 명분이 생겼다"고 기뻐했다고 한다.

러시아를 이기기 위해 전 일본은 한 덩어리가 된다. 명치천왕은 큰 전투가 있을 때마다 식음을 전폐하고 전황을 보고 받았고, 왕비는 부상자를 위해 붕대를 만들었다. 전장의 군인들은 만주의 수질이 나빠 복통과 설사 환자가 속출하자 본국에서 보내온 까만 알약을 복용하니 신통하게도 잘 들었다. 상비약처럼 거의 모든 군인들이 휴대하고 다녔다. 그래서 그 이름조차 정로환(征露丸, 러시아 정벌 때 군인들이 지녔던 환약)으로 지을 정도로 승전에 전 국민적 에너지를 결집했다. 후에 이 약은 국제관계를 고려하여 현재의 정로환(正露丸)으로 이름을 바꾼다. 물론 8 · 15항복 후의 일이다.

본국으로 돌아온 도고 제독은 영웅 대접을 받는다. 승전기념 파티장에서 기자들에게 둘러싸여 "당신은 영국의 넬슨이나 조선의 이순신을 능가하는 명장"이라는 찬사를 받자, 도고는 "넬슨에 나를 비견하는 것은 용인하나, 이순신에 비하면 나는 일개 하사관도 되지 못한다"라고 말해 주위를 놀라게 했다는 유명한 일화가 있다. 일본에서 도고는 용(勇), 지(智), 덕(德)에다 운(運)까지 갖춘 완벽한 제독으로 알려져 있다(도고의 전투 대형이 이충무공의 학익진(鶴翼陣)이라는 설이 있으나 문서로 확인할 수 없고, 다만 그가 해사 생도 때 충무공의 전술을 배웠다 하니, 어느 징도 영감을 받았으리라 추측된다).

넬슨이나 도고는 모든 것이 다 갖춰진데다가 국민의 전폭적인 지지 속에서 승리했다. 반면 우리의 이순신 장군은 어떠한가. 사령관에서 '무등병'으로 강등되는 수모를 겪는 등 만난(萬難)을 무릅쓰며 무에서 유를 창조했다. 그는 수많은 전투에서 단 한번도 패한 적이 없다. 충무공 이순신을 인류 해전사상 가장 위대한 장군이라 해도 이의를 달 사람은 아무도 없다. 그러니 위에서 말한 일본에서 가장 존경 받는 두 무인도 충무공에 비교하면 족탈불급(足脫不及)이다. 충무공에 대한 우리의 흠모나 존경심은 새삼스러운 것이 아니지만, 이 반제키 다리 위에서 느끼는 감정은 각별했다. '두 바퀴 나그네' 도 이런 훌륭한 조상이 있다는 사실에 뿌듯함을 느끼며 핸들바를 그러쥐고 힘차게 페달을 밟아 남으로 길을 재촉했다.

오후나고시(大船越)를 지나니 대마공항(空港)이 나타난다. 대마도는 평지가 없어 산을 깎아 활주로를 만들었다고 하니, 섬이라기보다 '바다에 떠있는 산'이라는 표현이 더 나을지 모른다. 공항을 지나자마자 기야마(城山)에 가기 위해 우회전하니 시라다케(白嶽, 515m)산의 웅장한 자태가 눈에 들어온다. 대마인들에게 이 산은 경외의 대상이라 는데 민족의 영산(靈山) 백두산과 필시 연관이 있으리라는 생각이 든다.

24번 도로에서 빠져 좁은 산길을 30분 정도 올라가면 가네타노키(金田城)의 입구가 나온다. 이곳은 나당연합군의 공격을 막기 위해 구축한 큐슈의 다자이후(太帝府)에 있는 7세기 후반의 백제 성터와 함께 대마도에 남아 있는 백제식 산성인 '국가지정 특별사적 금전성적(國家指定特別史跡 金田城跡)'이란 팻말이 서있고, 더 이상 자전거를 끌고 가기 어려운 산길이다. 애마(자전거)와 잠시 이별하고 걸어서 좁고 험한 산길을 20분 올라가니 시야가 트이며 옛 성터가 나온다. 오랜 풍화작용으로 아름드리 각진 돌들이 닳아 모서리가 숭숭 뚫리고 이지러져 많은 세월이 흘렀음을 말해준다.

24번 도로에서 382번으로 갈아 타고 15km 내려오다가 가미자카 코엔(上見坂公園)이라는 안내판을 보고 우회전해 40분 정도 땀을 빼는 업힐을 하면 가미자카 전망대에 다다른다. 전망대에 서니 이즈하라와 아소만에 밥주발(周鉢)을 엎어놓은 듯한 섬들이 한 눈에 펼쳐지며, 맑은 날은 큐슈와 한국 남해안의 높은 산들까지 보인다고 한다. 전망대 옆으로 돌아가면 구일본해군의 대형 포대와 군 막사의 흔적이 눈에 띈다. 폐가처럼 방치되어 음습한 이곳에도 안내 팻말이 서있는 것으로 보아 제국주의의 잔재지만 역사를 잘 보존하려는 일본의 의도가 엿보인다.

가마자카 공원을 내려와 큰 터널을 빠져나오니 이번 여행에 종착지로 고대하던 이즈하라다. 부산을 떠난 지 꼭 12일 만이고, 누적 거리는 766km를 가리키고 있다. 이즈하라 시내로 들어오자 곧바로 옛 조선통신 사들이 묵었다는 세이잔지(西山寺)로 향했다. 임진왜란이 나기 직전, 일본 사정을 살피러갔던 황윤길과 김성일 일행도 머물렀던 기록이 있다. 그러한 연고 때문인지 대마도에서 유일한 유스호스텔이 절 안에 있다(아뿔싸! 힘들게 찾아간 그 곳은 건물보수 공사가 한창이었다. 꼭 여기서 하룻밤 자 보고 싶었지만 발길을 돌려야만 했다. 올 연말 완공 예정이라 한다). 시내의 여관이나 민숙은 값도 비쌀 뿐 아니라 아리랑 마츠리 때문에 대부분의 숙박 시설이 만원 상태였다. 참고로 대마도의 일반 물가는 동경 이상이다.

해도 기울고 '오늘 분의 에너지'도 거의 소진되어 가지만, 캠핑할 만한 곳은 큰 산을 넘어 남쪽으로 10여km 떨어진 오우라(尾浦) 해변에 인접한 아오시오노 사토(青潮の里)밖에 없다. 아무리 빨리 페달을 돌려도 한 시간은 족히 걸릴 듯했다. '바이크캠핑' 여행은 매일 오후만 되면 잠자리 마련과의 치열한 투쟁! 선택의 여지가 없을 때는 정해진 목표를 향해 지체없이 행동으로 옮기는 것이 상책이다.

바다 멀리 수평선에 떠 있는 오징어잡이 배들이 황혼 속에 하나 둘 등을 밝힐 때, 겨우 캠프장에 도착했다(입장료 600엔). 서둘러 텐트를 치고 저녁을 먹었다. 대마도 근해는 오징어가 많이 잡혀 여름밤이면 등불이 바다 위를 현란하게 수놓는데 일본 사람들은 이것을 이사리비(漁火)라 부른다.

바닷가 캠핑이 얼마 만인가. 1971년 여름 대학시절 남해 상주 해변에서 캠핑했던 기억이 떠올랐다. 일출을 보기 위해 새벽같이 올라간 금산(錦山)에서 내려다본 여수만의 절경이 아직도 머리에 각인되어 있다. 그때 옆에 있던 벗들은 지금은 다 무얼 하는지…. 수평선 너머 불빛 따라 밤늦은 이국의 해변을 거닐다 텐트로 돌아왔다.

내일은 이번 여행을 마무리 짓는 날이라 생각하니 여러 가지 상념이 떠올라 잠자리를 뒤척였다. 얼마나 잤을까, 집어등(集魚燈) 불빛인 줄 알았더니 먼동이 터 오고 있었다. 짐은 캠핑장에 두고 단촐한 행장으로 대마도의 '전설의 고향' 땅끝 마을을 향해 길을 서둘렀다.

상(上)대마보다 하(下)대마가 높은 산이 많아 해변에서 도로까지도 가파른 경사를 한참 올라가야 한다. 또다시 우치야마(內山)를 넘어 세가와천(川)을 따라 한참 다운힐을 하면, 은어가 돌아온다는 '아유모도시 자연공원'이 나온다. 캠핑 장소로 대마도에 손꼽는 이곳에 잠깐 들러(무료) 거대한 화강암반 사이로 흐르는 시원한 물에 발을 담그니 시간 가는 줄 몰랐다. 이 부근의 산세는 우리 나라와 너무 비슷해서 강원도 고지대를 여행하는 느낌이 든다.

조선과 대마도의 인연

아유모도시 자연공원을 떠나 큰 산을 넘으면 길옆에 비죠츠카(美女塚)라 불리는 비석 하나가 서있다. 이 지역에 내

위) 반제키교를 건너 힘차게 페달을 밟고 있다
가운데) 굴곡이 심한 리아스식 해안선을 자랑하는
　　아소만을 내려다 보면서
아래) 대마도 천연기념물 살쾡이 주의보 표지판도
　　지나고

려오는 전설을 소개하면, 이 마을에 가쿠노우(鶴王)라는 처녀가 살았는데 재색을 겸비하고 효성 지극한 그녀는 천황의 시중을 드는 궁녀로 발탁되자 늙은 홀어머니와의 이별을 비관해서 상경(上京) 도중 이 언덕에서 혀를 깨물어 스스로 목숨을 끊는다. "나는 잘난 죄로 이렇게 가지만, 앞으로 이 마을에서 미인이 태어나지 말지어다"라는 유언을 남기고. 어딘지 모르게 우리의 '전설따라 삼천리' 냄새가 강하다. 대마도의 향토 사학자의 말을 빌리면, "이런 벽촌에서 궁녀 발탁으로 혀를 깨문다는 것은 일본 여자가 아니다. 이 지역에 살고 있던 풍습과 언어가 다른 도라이진(渡來人)이 틀림없다"고 하니, 십중팔구는 한반도에서 건너간 우리 조상일 것이다. 누가 언제 갖다 놓았는지 모르는 꽃 한송이가 비석 앞에 있다.

여기서 남쪽으로 20여분 페달을 밟으면 일본 신도(神道)의 모태라 할 수 있는 천도신앙의 발원지 츠츠 지역이 나타난다. 어느 날 한 여인이 배를 타고 이 부근의 고오자키(神崎)에 도착한다. 이 여인은 아침 햇살에 대고 오줌을 누다 정(精)을 받아 회임(懷妊)하고 아기를 낳으니 그가 천도동지다. 이 일대에서 가장 높은 다데라(龍良) 산에는 돌을 쌓아 만든 탑이 성지로 되어, 제를 올리는 사람 외에는 출입이 금지되어 있다 하니 우리의 성황당과 너무 비슷하다. 츠츠자키 조망대에 서니 여기가 땅 끝 즉 대마도의 최남단이다.

돌아가는 길은 남쪽 해안도로를 택했다. 업다운은 심하지만 차량 통행이 적어 라이딩에는 별 무리가 없다. 그러나 5군데의 터널을 지나야 하므로 안전에 만전을 기해야 한다. 아자모(淺藻), 쿠아(久和), 아가미(安神)를 거쳐 오우라 캠프장으로 돌아왔다. 패니어에 짐을 챙겨 자전거에 부착하고 이즈하라로 향했다.

먼저 반쇼인(萬松院)을 찾았다. 이곳은 대마도를 다스린 소오(宗)가의 보리사(菩提寺, 한 가문의 무덤이나 위패를 모시는 절)이자 일본의 3대

묘지 중의 하나다. 임진왜란 때 제1군으로 선봉장이었던 19대 도주 소오 요시토시(宗義智)가 죽자 아들 요시나리(義成)가 아버지의 명복을 빌기 위해 세웠고 그 이름도 아버지의 법명을 따 만송으로 지었다.

돌계단을 올라서면 역대 도주들의 묘석들이 상단 중단 하단으로 서열별로 나뉘어져 있다. 하단은 소오가에서 출가한 사람, 중단은 측실과 어린이, 상단은 역대 도주와 정부인의 묘석이 있다. 도주들은 큰 일이 있을 때마다 19대 도주 요시토시의 무덤 앞에서 결정을 했다고 한다. 그 이유는 조선과의 평화를 최우선으로 하라는 그의 유언 때문이었다고 한다.

반쇼인을 돌아보며 혹시 조선의 마지막 황녀 덕혜옹주(德惠翁主)의 흔적을 찾아보았다. 고종 황제가 60에 얻은 고명딸인 옹주는 귀여움을 독차지하며 자란다. 그러나 행복한 시기도 잠시, 일제는 옹주를 인질로 일본으로 끌고 간다. 왕가와 백성의 관계를 끊고 이씨 왕족부터 말살시키려는 계략이었다.

어린 나이에 얼마나 마음고생이 많았을까. 17살 때 어머니인 복녕당(福寧堂)의 부음을 듣자 그 충격으로 얼굴에 어떤 표정도 띄지 않는 조발성 치매증으로 고생한다. 건강이 조금 나아지던 18세 때, 내선일체(內鮮一體)를 앞세운 일제는 본인의 의사와는 무관하게 마지막 대마도주 소오 다케유키(宗武志)와 강제 결혼시켜 또 한번 모진 운명의 족쇄를 채운다. 이렇게 한 결혼이 행복할 리 없다. 하나 얻은 딸 정혜마저 현해탄에 몸을 던지니 그녀의 정신병은 악화되어 낙선재로 돌아와 숨을 거둔다. 어쩌면 남편 소오 다케유키도 시대의 희생자다. 대마도는 이렇게 마지막 순간까지 조선왕조와 악연의 사슬이 얽혀 있다.

우울한 생각을 애써 떨쳐버리고 마츠리 행사 준비 본부가 있는 향토자료관으로 향했다. 가라몬(高麗門) 옆 마당에서는 행렬 준비를 위한 리허설로 북새통을 이루고 있었다. 무더운 날씨에 조선 관복을 입은 행사 인원들은 땀으로 목욕하는 듯하지만 표정만은 다 밝았다.

　오후 3시부터는 매년 8월 첫째주 일요일에 열리는 옛 조선통신사 행렬의 재현으로 아리랑 마츠리는 피크에 이른다. 행사 총 책임자를 만나 나의 일본 자전거여행 목적을 설명하고 이 행렬에 꼭 참여하고 싶다고 말하니, 후덕하게 생긴 야마모토 히로미(山本博己, 대마도관광협회 이사)씨는 알았다며 방을 나갔다. 잠시 후 다른 사람을 시켜 조선 관복을 보내왔다. 옷을 갈아 입고 행렬에 참가하라는 것이 아닌가. 순간 망설이지 않을 수 없었다. 내가 머뭇거리자 그는 이 옷을 입을 사람이 급한 일로 오늘 참가 못하니 당신은 운 좋게도 대신 참여할 수 있다고 한다. 좋은 기회이기는 한데 관복을 입고 자전거를 탈 수도 없고….

아리랑 마츠리 행렬에 자전거 타고 동참

　이 길은 내가 스스로 정한 이번 자전거 여행의 피날레 아닌가. 여행의 대미(大尾)를 도보로 장식할 수는 없다. 미안하다며 징중하게 거절하니 굳이 사정이 그렇다면 행렬 맨 뒤에서 자전거로 따라오라고 한다. 행렬은 하치만구(八幡宮)에서 출발해 약 2km 떨어진 이즈하라항까지 가서, 정사(正使)가 대마도주에게 국서(國書)를 전달하는 것으로 마츠리 행사는 끝이 난다.

　도요토미 히데요시가 죽자 5년 후인 1603년 도쿠가와 이에야스(德川家康)는 명실 공히 일본을 통일하고 막부(幕府)정권을 세운다. 그는 먼저 조선에 화해의 손짓을 보내며 수교를 요청한다. 1605년 3월, 조정의 특사격인 유정 사명대사(惟政四溟大師)를 만난 도쿠가와는 "조선의 침략은 도요토미가 저지른 것으로 나는 한 사람의 병사도 보내지 않았다. 그러니 조선과 막부는 서로 미워할 이유가 없으므로 하루 빨리 선린관계를 회복하

대마도아리랑축제 통신사행렬에 자전거를 타고 첫 케이스로 참가허가를 얻어 동참하면서

자"는 뜻을 전한다. 이에 사명대사는 "다시는 침략하지 말 것을 국서로 약속하고 성종과 중종 능을 파헤친 범인과 임진왜란 때 잡아간 피로인들을 인도할 것을 수락한다면 통교에 응하겠다"는 뜻을 밝힌다. 중간의 막후교섭은 대마도주 요시토시가 맡았다.

하여튼 사명대사는 조선인 포로 1,390명을 데리고 귀국하니, 막부와의 관계가 급진전되어 1607년 첫 통신사 일행이 요시토시의 호위로 에도에 도착한다. 통신사의 구성은 정사(正使), 부사(副使), 종사관(從事官), 제술관(製述官, 文士)을 필두로 약 500명에 달했다. 한양을 출발해 대마도를 거쳐 에도(동경)를 돌아오는데 6~7개월이 걸렸다니 양국의 경비 지출도 엄청 났으리라. 막부의 최고 통치자 쇼군(將軍)에게 보내는 국서를 비롯하여, 각종 문화행사와 각계각층의 선물을 준비하니 일본 측도 해로와 육로에 걸쳐 접대가 융숭했다. 조선은 1811년까지 200여 년 동안 12회의 통신사를 파견한다. 임진왜란의 아픔을 극복한 양국의 밀월 시기였다.

급히 시내에 가서 일장기를 구하려 했으나 헛일이었다. 일요일이라 모든 가게가 문을 닫았기 때문이다. 다시 야마모토 씨에게 부탁하니 어렵게 구했다며 제국주의의 상징인 해군기와 함께 준다. 태극기와 일장기를 X 자로 핸들바에 맸다. 이제 내 애마는 한일우호의 상징 조선통신사 대열에 낄 만반의 준비를 마쳤다. 선두에서 정사를 태운 가마가 출발하자, 내 애마의 건각(健脚)도 힘찬 걸음을 딛기 시작했다. 길 양 옆으로 운집한 군중은 2만으로 추산하니, 대마도 인구의 거의 절반이 거리로 쏟아져 나온 셈이다. 연도에 늘어선 사람들의 박수와 카메라 세례를 받으며 '애마의 이마'에는 양국 국기가 펄럭이기 시작했다.

우리가 아무리 대마도가 과거에 우리 땅이었다고 한들, 과거에 훌륭한 역사를 가지고 있었다고 외쳐본 들 그것은 공허한 메아리나 넋두리일 뿐, 그것이 현재에 무슨 도움이 되겠는가. 그렇지만 우리는 역사를 알아야 한다. 특히 일본 속의 한국 역사는 꼭 알아야만 한다. 역사는 학자들이 말하는 것처럼 어려운 것도, 케케묵은 것도 아니다. 역사는 현재를 살아가는

자전거를 타고 통신사행렬에 동참하여 종착점에서 국서교환식을 지켜보면서

지혜를 알려주며 미래를 보는 거울이다. 망각해서는 안 될 역사를 가슴 깊은 곳에 새겨두자.

두 바퀴 나그네는 스스로 '작은 역사가'가 되어 되풀이되는 악연의 윤회를 끊는데 일조하고 싶다. 두 나라의 더 나은 미래를 위해 일본 속의 한국을 찾아 더욱 힘찬 페달을 밟아 나갈 것이다. 그러고 보면 이즈하라는 여행의 종점이 아니라 출발점이다.

달려라, 애마야! 또 다른 한일 양국의 밀월 시대를 향하여!

■ 조선통신사 12회 파견 일람표(朝鮮通信使 派遣一覽表)

연대			정사 (正使)	부사 (副使)	종사관 (從事官)	파견 목적 (派遣目的) [조선 측 의도]	부속 의례 (附屬儀禮)
서기	조선 / 일본	간지					
1607	선조(宣祖) 40 케이쵸(慶長) 12	정미 丁未	여우길 呂祐吉 (癭渼)	경섬 慶暹 (七松)	정호관 丁好寬 (一翠)	국교회복(國交回復) [왜정탐색.피로인쇄환 (倭情探索・被虜刷還)]	귀로에 수루가 오오고쇼 에서 이에야스 예방(歸送 駿府大御所家康表敬)
1617	광해(光海) 9 겐나(元和) 3	정사 丁巳	오윤겸 吳允謙 (楸灘)	박재 朴榟 (雲溪)	이경직 李景稷 (石門)	오사카 평정 축하 (大坂平定賀) [위와 같음]	
1624	인조(仁祖) 2 칸에이(寬永) 1	갑자 甲子	정립 鄭岦	강홍중 姜弘重 (道村)	신계영 辛啓榮 (仙石)	이에미츠 습직 축하 (家光襲職賀) [위와 같음]	오오고쇼 히데타다빙례 (大御所秀忠聘禮)
1636	인조(仁祖) 14 칸에이(寬永) 13	병자 丙子	임광 任絖 (白麓)	김세렴 金世濂 (東溟)	황호 黃㦿 (漫浪)	태평 축하(泰平賀) [왜정탐색・신통교 체제 확인(新通交體制確認)]	닛코 새로 조성한 토오쇼 구우 유람(日光新造替 東照宮遊覽)
1643	인조(仁祖) 21 칸에이(寬永) 20	계미 癸未	윤순지 尹順之 (涬溟)	조경 趙絅 (龍洲)	신유 申濡 (竹堂)	닛코산 치제(日光山致祭) [세자 이에츠나(家綱)탄생 축하/왜정탐색(倭情探索)]	닛코오 토오쇼구우 치제 ・헌물(獻物) ・세자에게 별폭 선물
1655	효종(孝宗) 6 메이레키(明曆) 1	을미 乙未	조형 趙珩 (翠屛)	유창 兪瑒 (秋潭)	남용익 南龍翼 (壺谷)	이에츠나 습직 축하 (家綱襲職賀)	닛코오 토오쇼구우・ 다이유인 묘(大猷院廟) 치제・헌물.
1682	숙종(肅宗) 8 텐나(天和) 2	임술 壬戌	윤지완 尹趾完 (東山)	이언강 李彦綱 (鷺湖)	박경후 朴慶後 (竹菴)	츠나요시 습직 축하 (綱吉襲職賀)	세자에게 별폭 선물 (世子別幅進呈)
1711	숙종(肅宗) 37 쇼토쿠(正德) 1	신묘 辛卯	조태억 趙泰億 (平泉)	임수간 任守幹 (靖菴)	이방언 李邦彦 (南岡)	이에요시 습직 축하 (家宣襲職賀)	
1719	숙종(肅宗) 45 쿄호오(享保) 4	기해 己亥	홍치중 洪致中 (北谷)	황선 黃璿 (鷺汀)	이명언 李明彦 (雲山)	요시무네 습직 축하 (吉宗襲職賀)	
1748	영조(英祖) 24 엔쿄(延享) 5	무진 戊辰	홍계희 洪啓禧 (澹窩)	남태기 南泰耆 (竹裏)	조명채 曺命采 (蘭谷)	이에시게 습직 축하 (家重襲職賀)	오오고쇼 요시무네 의례(大 御所吉宗儀禮), [예고 없어 중지], 세자 이에하루(家治) 의례
1764	영조(英祖) 40 호오레키(寶曆) 14	갑신 甲申	조엄 趙曮 (濟谷)	이인배 李仁培 (吉菴)	김상익 金相翊 (弦庵)	이에하루 습직 축하 (家治襲職賀)	
1811	순조(純祖) 11 분카(文化) 8	신미 辛未	김이교 金履喬 (竹里)	이면구 李勉求 (南霞)	폐지	이에나리(家齊)습직 축하 (상사: 오가사와라 타다카타 (小笠原忠固)・부사: 와키사 카 야스타다(脇坂安董代行)	

향연 (축하연주)	조선국서		일본답서		특기 사항	교토 다이부츠덴 (京都大佛殿) 앞 초청 연회(招宴)	총인원 (오사카대가) [교토대가]
	수취인	연호	발신인	연호			
혼다 마사노부(本多正信)·오오쿠보 타다치카(大久保忠隣)·사카이타다요(酒井忠世) 향응거행	일본국왕 日本國王	만레키 萬曆 35	일본국, 미나모토 히데타다 源秀忠	용집 龍集 정미 丁未	교토 유람·카마쿠라 유람·수루가 만유람(洛中遊覽·鎌倉遊覽·駿河灣遊覽)	없음	504 [100]
오와리·순푸 직계귀족 향응동석(尾·駿卿相伴饗應宴)	일본국왕 日本國王	만레키 萬曆 45	일본국(왕) 미나모토 히데타다 (王)源秀忠	용집 龍集 정사 丁巳	후시미성 빙례(伏見城聘禮) 被虜人說諭官巡回	중·하관초청연회(中·下官招宴)	428 (78)
순푸·미토 직계 귀족 향응 동석(駿·水卿相伴饗應宴)	일본국왕 日本國王	텐케이 天啓 4	일본국(왕) 미나모토 이에미츠 (王)源家光	용집 龍集 갑자 甲子	피로인 설유관순회 (被虜人說諭官巡回) 조총 구입(鳥銃購入)	다이부츠덴구경 (大佛殿周覽)	460 [114]
오와리·미토 직계귀족 향응동석(尾·水卿相伴饗應宴)	일본국대군 日本國大君	즈데이 崇禎 9	일본국 미나모토 이에미츠 源家光	칸에이 寬永 13	조선국왕 앞 별폭선물 처음 시작(朝鮮國王宛將軍別幅)	우천중지 (降雨中止)	478 (불명)
오와리·키이·미토직계 향응동석(尾·紀·水卿相伴饗應宴)[演能(式三番)]	일본국대군 日本國大君	즈데이 崇禎 16	일본국 미나모토 이에미츠 源家光	칸에이 寬永 20	마상재 공연 관람 [馬上才(藥畑御覽)]	다이부츠덴구경희망·연회·산쥬산겐도 앞소오씨(三十三間堂前宗氏)초청연회	477 (불명)
오와리·키이·미토직계향응동석(紀·尾·水卿相伴饗應宴)[演能(式三番)]	일본국대군 日本國大君	을미년 乙未年	일본국 미나모토 이에노부 源家綱	메이레키 明曆 1	마상재(馬上才) 공연 없음	위와 같음	485 (100)
키이·미토·코오후츠나토미 직계향응동석(紀·水卿·甲府綱豊相伴饗應宴)	일본국대군 日本國大君	임술년 壬戌年	일본국 미나모토 츠나요시 源綱吉	텐나 天和 2	마상재(馬上才) 야요슈 강변 (八代洲河岸) 공연	위와 같음	473 (113)
코오케·양장로·소오대마수 접대 향응(高家·兩長老·宗對馬守接待饗應宴)(다른날)[12가지 가무]	일본국왕 日本國王	심묘년 辛卯年	일본국왕 미나모토 이에요시 王源家宣	쇼토쿠 正德 1	마상재[타야스몬내(田安門内)]도중연회 5개소 지정, 상사 위문시 의례변경(上使問慰時儀禮變更)·쇼시다이 위문(所司代問慰)	위와 같음	500 (129)
키이·미토 직계 귀족 향응·동석 (紀·水卿相伴饗應宴)	일본국대군 日本國大君	기해년 己亥年	일본국 미나모토 요시무네 源吉宗	쿄호 享保 4	마상재[타야스몬내(田安門内)]활쏘기묘기(弓射藝)[우에노구루마사카밑(上野車坂下)]·쇼시다이 위문(所司代問慰)	분쟁이후 관례대로 실시.[종사관(從事官) 불참.]	475 (129)
키이·오와리 양직계 향응 동석 (紀·尾兩卿相伴饗應宴)	일본국대군 日本國大君	무진년 戊辰年	일본국 미나모토 이에시게 源家重	엔쿄 延享 5	마상재[타야스몬내(田安門内)]활쏘기묘기(弓射藝)[우에노카지쵸(上野下寺町)]·쇼시다이 위문(所司代問慰)	중지	477 (109)
키이·미토 세자 향응동석(紀·水世子相伴饗應宴)[타야스(田安)·히토츠바시(一橋)양가측은 불참.]	일본국대군 日本國大君	갑신년 甲申年	일본국 미나모토 이에하루 源家治	호오레키 寶曆 14	마상재[타야스몬내(田安門内)]활쏘기묘기(弓射藝)[우에노카지쵸(上野下寺町)]·최천종자살사건(崔天宗刺殺事件)·조선인국역금 면제조소(朝鮮人國役金御免賴訴)쇼시다이 위문(所司代問慰)	중지	477 (106)
양축사절 향응 (兩使饗應宴)	일본국대군 日本國大君	신미년 辛未年	일본국 미나모토 이에나리 源家齊	분가 文化 8	대마부중 빙례(對馬府中聘禮)·국역금 5개년부과(國役金五年賦)·마상재(馬上才) 없음		328

■ 조선통신사의 길, 서울(漢城)에서 에도(江戶)까지

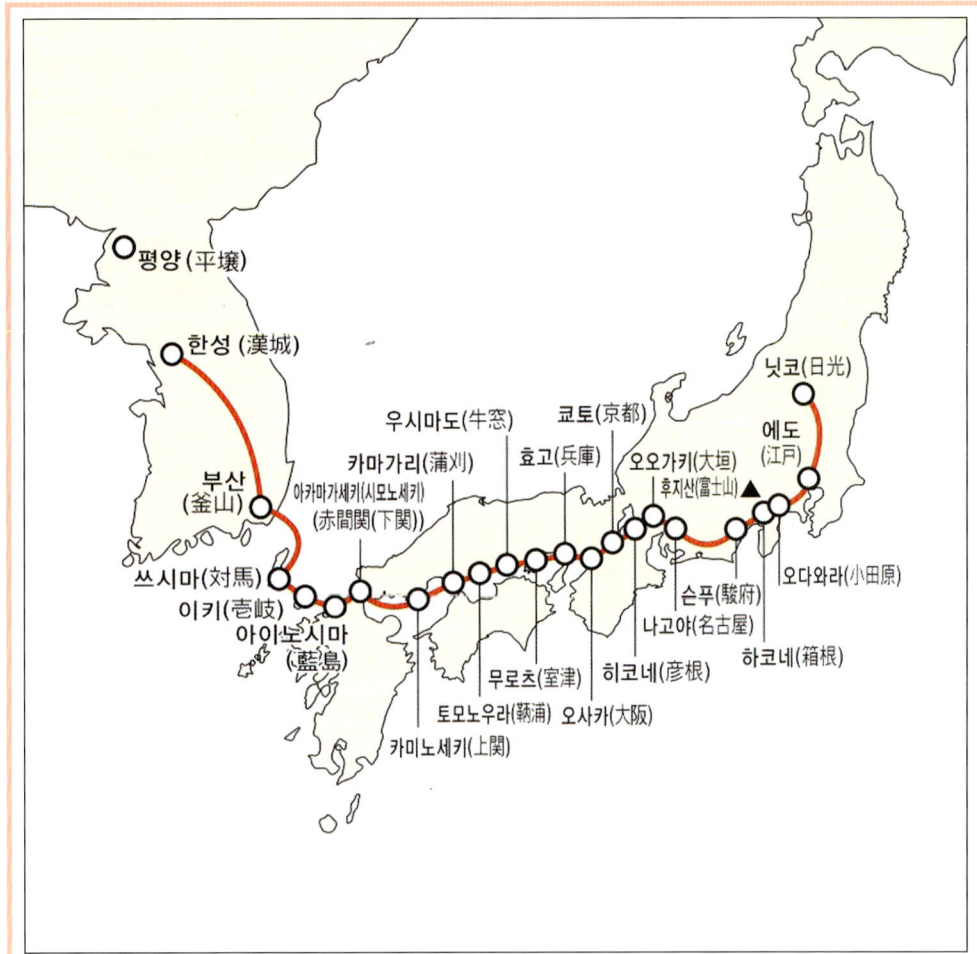

제3부

부록

관광레저 가이드

上対馬町
比田勝

A

鰐浦

B

C

佐須奈

上県町

仁田

D

三根 峰町
佐賀

豊玉町

曽

E

仁田

F

浅茅湾

G

美津島町

阿連

雞知

J

巌原

巌原町

I

豆酘

K

H

쓰시마 방문을 환영합니다

쓰시마시청 관광교류과

(對馬市廳 觀光交流課)

쓰시마는 규슈(九州)와 한국 사이에 위치하고 있는 국경의 섬입니다. 쓰시마에서 후쿠오카(福岡)까지의 거리는 138km이고, 한국의 부산까지는 49.5km로 한국에 더 가깝습니다. 이로 인해 고대로부터 조선과의 교류가 활발하였습니다. 하지만 도요토미 히데요시(豊臣秀吉)에 의한 두 번의 조선 침략(임진왜란, 정유재란)이 일어나고, 이후 수년간 양국의 단절 상태가 계속되었습니다. 이는 조선과의 무역으로 생계를 이어가던 쓰시마번(對馬藩)으로서는 그야말로 사활이 걸린 문제였고, 전쟁이 끝난 다음 해부터 쓰시마 번주(對馬藩主), 소요시토시(宗義智)는 몇 번이나 반복해 사신을 조선에 파견하여 국교 회복을 도모하였지만 실패로 끝났습니다.

1603년에 도쿠가와 이에야스(德川家康)가 정이대장군(征夷大將軍, 막부 정권의 주권자)이 되어 에도막부(江戶幕府)가 세워지게 되었습니다. 막부는 쓰시마번에 국교 회복교섭을 명령하고, 소 요시토시의 많은 노력으로 1607년 조선조정은 일본국서에 대한 회답국서를 지참한 통신사를 일본에 파견하게 되었습니다. 이것을 계기로 국교가 회복되고 1609년에 기유약조(己酉約條)가 체결되었습니다.

그 후 통신사는 1811년까지 12회에 걸쳐 일본에 파견되었고, 그때마다 쓰시마번은 에도(江戶)까지의 여정을 호위하는 임무를 담당하였습니다. 통신사는 정사(正使), 부사(副使), 종사관(從事官) 등 3사 이하 300명에서 500명에 이르는 대 사절단이었으며, 당시 최고의 학자, 문인, 서예가, 화공도 사절단에 포함되었습니다.

통신사에 의한 교류는 일본문화에 큰 영향을 미쳤으며 오늘날에도 일본 각지에서 통신사와 관련되는 행사가 이어지고 있습니다.

그 대표적인 행사의 하나가 바로 매년 8월 첫 번째 토, 일요일에 쓰시마에서 개최되고 있는「이즈하라항마츠리 쓰시마아리랑축제(嚴原港祭り對馬アリラン祭)」의 조선통신사 행렬재현입니다.

이 행렬재현 퍼레이드는 1980년에 쓰시마 현지 상점주인 등이 중심이되어 조선통신사행렬진흥회를 설립하고, 정사와 부사 역, 무용단을 한국에서 초청하였습니다. 또 행렬의 의상은 서울에서 영화와 드라마 의상을 제작하고 있는 회사에 주문하여 에도시대 중기의 통신사 의상을 충실히 재현하고 있습니다. 행렬은 쓰시마번주를 선두로 약 500명이 이즈하라마치(嚴原町) 시가지를 순회하고, 축제 행사장에서 국서(國書) 교환식을 거행합니다.

밤에는 특설 무대에서「예능의 밤」공연이 개최되어 프로가수의 가요열창, 쓰시마 시민의 무용과 한국전통무용의 공연이 펼쳐지며 피날레는 불꽃놀이로 막을 내립니다. 해마다 한국 TV와 매스컴이 이를 취재하여 한국 전역으로 방송하여 이제는 대단히 유명한 축제로 알려지고 있습니다.

쓰시마에는 이 외에도, 한일 뮤지션들이 참가하는「쓰시마친구음악제(對馬ちんぐ音樂祭)」와「국경마라톤IN쓰시마(國境マラソンIN對馬)」도 아울러 개최되고 있어 한국에서 많은 분이 참가하고 있으며, 학생들의 홈스테이와 스포츠 교류도 활발하게 이루어지고 있습니다.

또 축제 이외도 쓰시마를 방문하는 사람들이 많습니다. 쓰시마와 한국의 역사교류 탐방투어, 영산(靈山) 시라타케(白岳) 등반, 국가지정공원인 리아스식 해안 아소만(淺茅灣) 크루즈, 여름 캠핑 등 1년 내내 인기가 높습니다.

이렇게 현재 많은 한국인 관광객이 방문하는 계기가 된 것은 1999년에 운항을 시작한 (주)대아고속해운의 부산~쓰시마 간 국제항로 덕분입니다. 2000년의 대마도 입국자 수는 8,295명이었으나, 2005년에는 36,636명, 2007년에는 65,491명으로 증가하였습니다. 급격하게 증가한 것은 2005년부터였습니다. 그 이유는 비자 면제 실시, 원화 가치상승과 엔화의 약세, 토요일 휴무제 정착 등에 기인한 것으로 생각됩니다.

현재는 주말 승선권을 예약하기가 힘들 정도로 인기가 많은 항로이지만, 개설 초기에는 승객이 적어 평일 승객이 3~4명이었던 적도 있었습니다. 이로 인해 1~2년 정도 계속되다가 운행이 중단되지 않을까 걱정되었으나, 대아고속해운의 많은 노력으로 현재는 평일에도 상당한 승선율을 기록하고 있습니다.

지금은 시플라워(Sea Flower) 2호(정원 376명)와 드림플라워(Dream Flower)호(정원 300명)가 운행되고 있으며 현재 3번째 선박의 도입이 검토 중에 있습니다.

그러나 관광객이 증가하여 좋은 일만 있는 것은 아닙니다. 지금 가장 큰 문제는 낚시입니다. 한국에서 낚시하러 오시는 분이 증가함에 따라 쓰시마 시민들이 자주 고충을 호소합니다. 그것은 밑밥을 대량으로 사용하여 어장을 오염시키고, 새벽과 야간에 이동할 때 소음을 일으키고, 낚시터에 쓰레기를 그냥 버리는 행위 때문입니다.

일본에서는 낚시할 때 밑밥 사용이 법규상 금지되어 있습니다. 이 법규를 위반한 경우 3년 이하의 징역 또는 400만엔 이하의 벌금이 부과됩니다. 쓰시마의 바다는 어민들의 생활에 빼놓을 수 없는 중요한 자원이며, 또 시민에게는 소중한 보물입니다. 아니 일본의 보물이라고 해도 과언이 아닙니다.

낚시하러 오시는 분 모두가 반드시 이 법규를 지켜서, 아름답고 귀중한 자연을 보호하여 후세에 넘길 수 있도록 노력해 주실 것을 부탁합니다.

낚시하러 오시는 분 이외에도 여러 가지 문제가 발생하고 있습니다. 한국의 매스컴이 '대마도는 작은 한국'이라 보도한 적이 있어 오해를 사기도 합니다. 쓰시마의 문화, 풍습은 완전히 일본식이며, 한국의 문화와 풍습대로 행동하게 되면 쓰시마 사람들과 충돌이 발생하게 됩니다. 쓰시마에는 한글 간판과 한글 메뉴를 갖춘 식당이 있지만 한국어는 통용되지 않으며 한국의 원화도 사용할 수 없습니다.

음식점거리에 '한국인 손님을 받지 않습니다'라는 표식이 붙어 있는 가게가 있는 것은 매우 유감스러운 일입니다. 여행지에서 해방감으로 그만 과음을 하여 한국의 술집으로 착각하는 사람이 있는 것 같습니다. 한국에 가깝다고는 하시만 분명히 외국이기 때문에 주의해 주실 것을 부탁합니다. 가능하면 쓰시마를 여행하기 전에 일본 문화와 풍습, 매너 등에 대해 알아 두시기 바랍니다. 문제가 발생하더라도 한국어가 통하지 않기 때문에 해결하기 어렵다는 점을 양해해 주십시오.

여러 가지 어려운 부탁을 드립니다만, 이것은 한국 분들이 쓰시마에서 기분 좋게 지내고 가시기를 바라기 때문입니다. 조그마한 일로 여러분이 좋지 않은 기억을 만들지 않기를 바랍니다. 이전에도 지금도 쓰시마는 한국인 방문객 여러분들을 환영합니다.

현재 쓰시마가 관광 요소로써 주목받고 있는 것, 그것은 오염되지 않은 천연의 대자연과 대륙과의 교류의 역사입니다. 섬의 대부분이 산림이며 게다가 귀중한 수목이 혼재하는 원시림을 포함하고 있습니다. 특징으로

이즈하라 국제터미널에 골든위크를 맞아 한국관광객의 안전을 위해 안전경계를 펴고 있다

들 수 있는 것은 원시림에서 볼 수 있는 수많은 거목, 그리고 여기에 서식하는 쓰시마 야마네코(살쾡이)를 비롯한 희귀한 동식물들입니다. 이러한 동식물의 관찰은 쓰시마 트레킹의 호재가 되어 애호가들의 흥미를 끌고 있습니다.

산과 마찬가지로 레저의 대표적인 장소로 바다를 들 수 있습니다. 많은 해수욕장이 여러 곳에 분산되어 있어 언제나 가볍게 바다에서 즐길 수 있습니다. 그리고 최근 인기를 얻기 시작한 것이 시 카야쿠 체험입니다. 국가지정공원인 아소(淺茅)만은 물결이 잔잔하며 굴곡 많은 해안선이 특징이며 여기서는 도시 생활에 지친 사람들의 마음을 편안하게 쉬게 해 줍니다.

또 한 가지, 쓰시마가 그 지리적 특징을 살려 흥미를 끄는 것이 있다면 중국, 한국 그리고 러시아와의 역사적인 관계라 할 수 있습니다. 동아시아 여러 나라와의 교류창구였음을 입증하는 조선통신사의 유적은 평화를 상징하는 것이지만, 산성과 포대의 흔적 등 전쟁의 역사를 말해주는 유적도 여러 곳에 남아 있습니다. 쓰시마는 여러 외국과의 '교류의 섬'임과 동시에 '요새의 섬'이기도 했던 것입니다. 이러한 역사와 유적을 접할 수 있는 관광도 쓰시마의 특징이라 할 수 있습니다.

이상과 같이 쓰시마의 재산은 우거진 녹음과 깨끗한 바다입니다. 거기에서 얻어지는 채소와 천연 어패류는 분명 여러분이 만족할 것입니다. 그리고 이 섬에서 생활하는 사람들은 소박하고 누구에게나 따뜻하게 대하며 인정이 넘칩니다.

가족과 함께, 친구와 함께, 직장 동료와 함께 꼭 한번 쓰시마에 와 주십시오. 여러분의 방문을 환영하며 기다리고 있겠습니다.

매년 8월 첫째 토요일과 일요일에 개최되는 이즈하라항마츠리 쓰시마아리랑축제(嚴原港祭り對馬アリラン祭)」의 조선통신사 행렬재현(왼쪽)과 마라톤대회(가운데)와 친구음악제(오른쪽). 이 축제와 행사에는 한일 양측에서 많이 인사들이 참여하고 있다

대마도 섬의 석양

국경의 섬 대마도 현황

- 위　　치 : 동경 129도 북위 34도
- 거　　리 : 한국(거제도)에서 쓰시마까지 49.5km이다.
　　　　　쓰시마에서 일본 본토 후쿠오카까지 132km로 한국이 더
　　　　　가까우며 부산 해안을 육안으로 볼 수 있다.
- 면　　적 : 709㎢(우리나라 울릉도의 10배, 88%가 산림지대)
　　　　　동서 폭 18km, 남북 길이 82km
　　　　　일본에서 니이가타현의 사도가시마(佐渡島)섬과 가고시마
　　　　　현의 아마미오오시마(奄美大島)에 이어 3번째로 큰 섬이다.
- 구　　성 : 본섬 외에 109개의 섬이 있으며 유인도는 그 중 5개이다.
　　　　　본섬은 두개의 섬으로 나뉘어져 있고 다리로 연결되어 있다.
- 인　　구 : 약 4만 3천명
- 행정구역 : 나가사키현 대마시(對馬市)로 6개마치(町)로 구성.
- ○ 상대마(上對馬) - 카미쯔시마마치(上對馬町) / 인구 약 5천 3백명
　　　　　　　　- 카미아가타마치(上縣町) / 인구 약 4천 7백명
　　　　　　　　- 미네마치(峰町) / 인구 약 2천 9백명
　　　　　　　　- 토요타마마치(豊玉町) / 인구 약 4천 8백명
- ○ 하대마(下對馬) - 미쯔시마마치(美津島町) / 인구 약 8천 6백명
　　　　　　　　- 이즈하라마치(嚴原町) / 인구 약 1만5천 3백명
- 주요산업 : 어업과 수산양식업

부산 ○
1시간 50분
49.5km
2시간 50분
5시간 20분 페리
4시간 35분 페리
쓰시마
2시간 15분 제트포일
이키 30분
○ 후쿠오카
35분
N
W E
S
나가사키
선박편
항공편

대마도에서 멀리 부산을 비롯한 우리 나라의 야경이 보이고 있다

주요 선박 항공 도내 교통편 안내

선박편

출발	도착	편수(왕복)	소요시간	편명	예약문의
부산	이즈하라	월,목,금,토	2시간 50분	시플라워2(드림플라워)	(주)대아고속해운
	히타카쓰	수,목,일	1시간 50분		051-465-1114(부산)
이즈하라	후쿠오카	하루 2편	2시간 15분	제트포일(이키 경유)	규슈우선
		하루 3편	4시간 35분	페리(이키 경유)	092-281-0831(후쿠오카)
히타카쓰	후쿠오카	하루 1편	2시간 55분	제트포일(이즈하라 경유)	0920-52-0001(이즈하라)
		하루 1편	5시간 20분	페리(직항)	0920-86-2002(히타카쓰)

항공편

출발	도착	편수(왕복)	소요시간	예약문의
쓰시마	후쿠오카	하루 4~6편 AIR NIPPON	30분	0920-52-7171 (쓰시마) 0927-52-8800 (후쿠오카)
쓰시마	나가사키	하루 4~5편 오리엔탈 에어브릿지	35분	0920-52-7171 (쓰시마) 0957-53-7114 (나가사키)

관광셔틀버스편

운행일	시플라워II가 히타카쓰로 입항하는 날 이즈하라↔히타카쓰 간 1회 왕복 요금 이즈하라 입항 시에도 부정기 운행		1,000엔	
코스	히타카쓰터미널↔미우다 해수욕장↔한국전망대↔미네마치 역사민속자료관↔ 에보시타케 전망대↔와타즈미 신사↔만제키바시↔100엔숍↔이즈하라터미널			
문의	(주)대아고속해운 T.051)465-1114 / 예약제, 5인 이상 출발			

도내교통편

구분		문의(지역번호0920)			
정기노선버스, 전세버스	쓰시마 교통	52-1810			
전세버스	호텔 쓰시마	52-7711	그린넷관광	86-4585	
관광셔틀버스	대아고속해운(부산)	051-465-1114			
콜택시	이즈하라	이즈하라택시	52-0227	호텔쓰시마 택시	52-0500
	미쓰시마	미쓰시마 택시	54-4444	도요타마 택시	58-1251
	도요타마	쥬부 택시	58-0194	나카쓰시마 택시	58-1131
	미네	미네 택시	83-0140	사카 택시	82-0779
	가미아가타	가미아가타 택시	84-2036	다이이치 택시	84-5311
	가미쓰시마	쓰시마택시	86-2131	가미아가타 택시	86-2104
렌터카		요시나가렌터카	54-4111	재팬렌	54-2220
		도요타렌터리스 나가사키	54-5300	쓰시마렌터카(히타카쓰)	54-2221
자전거렌트(예약제)		하타시마	52-0308	라이토쿠상회	52-0182

렌트카 요금표

	4인승	5인승		3,6인승 화물용 밴	8인승	10인승
	660cc	1300cc	1500cc			
1일	7,000	9,000	12,000	11,000	22,000	28,000
2일	12,000	15,000	21,000	19,000	41,000	50,000
3일	17,000	21,000	30,000	27,000	60,000	72,000
화송료	7,350	전 차종 히타카쓰항 반납시				

주요 관광 코스 안내

선린교류 역사의 확인과 자연을 만끽
할 수 있는 쯔시마(對馬)관광 코스

■ 1박 2일

- 공항 - 카미자카(上見坂) 전망대 -
  아유모도시 자연공원 - 쯔쯔자키
  - 이시야네(石屋根)

- 최익현 선생의 순국비 - 조선통신
  사의 비 - 고려문 - 나가사키(長崎)
  현 쓰시마(對馬) 역사민속자료관
  - 아즈하라쵸(嚴原町) 향토자료관 -
  반쇼인(万松院) - 무가 저택 - 덕
  혜옹주결혼기념비 - 아메노모리
  호슈(雨森芳洲)의 묘

■ 1박 2일

- 공항 - 신라사신 순국비 - 이
  국이 보이는 전망대 - 조선국
  역관사 조난위령비 - 한국전
  망대

- 아지로(網代)의 연흔 - 와타
  즈미(和多都美) 신사 - 에보
  시타케(조(鳥帽子) 산 전망대
  - 만제키(万關) 다리

■ 2박 3일

- 공항 - 와타즈미(和多都美) 신사 - 신라
  사신 순국비 - 조선국역관사 조난위령
  비 - 한국의 야경

- 한국전망대 - 만제키(万關) 다리 - 카미
  자카(上見坂) 전망대 - 조선통신사의 비
  - 고려문 - 나가사키(長崎)현 쓰시마(對
  馬) 역사민속자료관 - 이즈하라쵸(嚴原
  町) 향토자료관 - 덕혜옹주결혼기념비 -
  최익현 선생의 순국비 참배

- 아유모도시 자연공원 - 쯔쯔자키 - 이시
  야네(石屋根)

■ 카미쯔시마마치

나루타키
대마도는 섬 88%가 산림지역이지만 강은 가파르지 않아 폭포가 적다. 나루타키는 대마도 유일의 폭포로 주변 경치가 뛰어나다.

한국전망대
쓰시마 최북단 와니우라의 한국전망대는 한국이 가장 가까이 보이는 곳으로 유명하다. 한국까지 49.5km, 후쿠오카까지는 132km로 한국에 훨씬 더 가깝다. 한국의 건축양식으로 1997년에 세워진 것이다.

아지로의 연흔
가미쯔시마마치 아지로지역에 해변을 따라 길이 약 200m, 높이 약 15m 규모의 울퉁불퉁한 모양의 바위가 있다. 얕은 바다의 잔물결의 흔적이 화석화된 것으로 이를 연흔이라 한다.

■ 카미아카타마치

센뵤마키야마
대마도에서는 보기 드물게 풀로 뒤덮인 산. 보리와 메밀의 씨를 천섬(千俵:센뵤) 정도 뿌릴 수 있는 웅대한 산이라는 의미에서 센뵤마키야마로 불리게 되었다.

한국이 보이는 언덕의 전망대
센뵤마키야마 근처에 있는 전망대로, 기상조건에 따라서는 부산 시내의 건물까지 확실히 볼 수 있다.

사오자키 공원
부산시와는 불과 49.5km밖에 떨어져 있지 않아, 기상조건에 따라서는 부산의 산과 아파트 등의 야경을 볼 수 있다. 러일전쟁 중 만들어진 대포대와 군시설, 쓰시마 야생생물 보호센터와 평화의 광장, 일본 최서단(最西端) 비등이 있다.

■ 미네마치

야생조류의 숲
야생 조류와 동물의 보호번식과 관찰을 위해 규슈에서 4번째로 만든 시설.

오우미노사토
대한해협의 거친 파도를 배경으로 한 계단식 논밭의 모습이 절경을 이룬다. 옛 일본 영화의 촬영지가 되기도 하였다.

엔쓰지
엔쓰지는 1408년 7대 번주(藩主)인 소 사다시게가 지은 저택으로 10대 사다쿠니가 이즈하라로 저택을 옮길 때까지 78년간 통치 관청으로 사용되었다. 절 뒤편에는 소(宗)가 일족의 묘지가 있다.
- 엔쓰지 동조약사여래좌상(銅造藥師如來坐像)
- 엔쓰지 범종

조선국역관사순난비
1703년 음력 2월 5일, 정사 한천석, 부사 박세양을 비롯한 108명의 역관사 일행이 탄 배와 쓰시마번 책임자 야마가와 사쿠자에몬이 보내준 배와 예인선 등 3척이 좌초되었다. 생존자는 없었다. 1991년 3월 20일 한일건립위원회가 이국의 바다에서 생을 마감한 역관사들의 영혼을 달래기 위해 조난 현장이 내려다 보이는 언덕(한국전망대 바로 옆)에 추모비를 세웠다.

와니우라의 이팝나무
이팝나무는 높이 15m, 둘레 70cm에 달하는 낙엽목으로, 5월 경 순백의 꽃이 활짝 피어 마치 눈이 내린 듯한 풍경이 와니우라 만의 바다에 비쳐 무릉도원을 연상케 한다. 1928년 와니우라지구는 이팝나무 자생지로서 국가천연기념물로 지정되었다. 이팝나무는 현재 쓰시마시의 시목이기도 하다.

이쿠치하마 해수욕장   센뵤마키야마 끝자락의 해수욕장

쓰시마 골프장   대마도 유일의 골프장(6홀) +81-920-85-0880

버드워칭 공원
대마도는 규슈와 혼슈, 그리고 한국과 중국을 왕래하는 철새들의 휴식지이다. 철새 544종 중, 355종을 일대에서 관찰할 수 있다.

쓰시마 야생생물보호센터
쓰시마 야마네코 등 멸종 위기에 놓인 야생생물의 생태와 현황 소개, 야생생물의 보호에 대한 계몽활동과 희귀한 야생생물의 보호 증식 사업 및 조사 연구를 종합적으로 실시하기 위한 거점 시설로 활용하기 위해 1997년 개관하였다.
09:00~16:30 | 무료 | +81-920-84-5577 | http://twcc.cool.ne.jp

가이진 신사
1871년 5월 국폐중사(國幣中社)로 지정되어 쓰시마 제일신사의 자리를 지키고 있다. 통일신라에서 조선시대에 걸친 청자 10여점과 통일신라시대 동조여래입상(국가지정중요문화재)을 비롯하여, 동검, 거울, 토기 등이 다수 보존되어 있다.

미네마치 역사민속자료관
죠몬시대부터 근세까지의 문화유산을 집약시켜 놓은 시설
09:00~17:00 | 무료 | +81-920-83-0301

기사카오마에 해변공원
부근에 캠프장, 야생조류의 숲, 전망대, 오우미노사토가 있어, 미네마치의 공원으로 조성되어 있다. 겨울에는 야생조류 관찰로, 여름에는 캠핑으로 많은 관광객이 찾고 있다.

주요 관광지 안내 2
하대마(下對馬)

網島
쓰나시마섬

田

小網 코즈나

大網 오오쯔나

志多浦

佐保

銘

豊玉町
토요타마쵸

曾

蔵敷

千尋藻 長岐바나
漣の化石

나가사키바나

卯麦

穂

仁位
니이

浦底

鏡川

塩浜

和多都美神社
와타즈미신사

横浦

濃部

賀谷

赤島

廻
마와리

水崎
미즈사키

貝口

에보시타게산 전망대

佐志賀

嵯峨

沖島

唐洲

貝鮹

芦ヶ浦

淺茅(淺海)灣

芋崎

鼠ヶ崎

小船越
코후나코시

鴨居瀬

畠浦

犬吠

黑島

쓰시마 사슴보호구
ツシマジカ保護區

尾崎
오사키

昼ヶ崎

島山

大山

淺茅山

玉調

三浦灣

吹崎

죠오산
城山

加志

箕形

黑瀬
쿠로세

만제키(다이라)
万關瀨

久須保

對馬空港
쓰시마공항

大船越

오오후나코시

美津島町
미쓰시마쵸

阿連
아레

白嶽
시라타케산

쓰시마마치
해수욕장

24

鶏知
케치

고보나하신사
小茂田兵神社

코모다
小茂田

下原

와까타
若田

고모다하다신사

根緒

찻집 이시야네
茶屋 いしやね

石屋根

椎根
시이네

樫根
카시네

日本最古の
銀山跡

上見坂
展望台
카미자카전망대

382

이시야네 보존지역

44

有明山
아리아케산

嚴原町
이즈하라마치

嚴原
이즈하라

오후나에

쿠네이나까
久根田舍

銀山上神社
の大スギ

矢立山
야타테산

24

쿠네하마
久根浜

久田

佐須瀬

붉은새매
광측지

尾浦 오우라

海水浴場
キャンプ場
해수욕장·캠프장

豆酘瀬

鮎もどし自然公園
이유모도시 자연공원

미인총
美女塚

토오가 주택
主藤家住宅

龍良山
다테라야마

久和
쿠와

豆酘
쯔쯔

与良内院

豆酘崎 公園
쯔쯔자키 공원

豆酘內院
나이인

神崎
칸자키

內院島
나이인섬

■ 토요타마마치

에보시타케 전망대
대마도 내에서 유일하게 360°동서남북 사면을 모두 조망할 수 있는 전망대. 대한해협 너머로 한국의 산들도 볼 수 있다.

쓰나시마
대한해협을 면한 절경지로 해협으로 지는 석양이 그 웅대한 모습을 자랑한다. 고릴라의 얼굴을 닮은 남쪽에 위치한 섬이 인기다.

■ 미쯔시마마치

시라타케(白嶽)
쓰시마 사람들에게 신앙이 된 영산. 519m 정상에 서면 360° 조망이 가능하다. 대한해협, 쓰시마해협, 아소만을 볼 수 있다.

가네다(金田)성유적
663년 나당연합군에 패배한 일본군이 일본 국방의 최전방이 된 쓰시마에 신라의 진출을 막기 위해 축조한 성이다.

미쯔시마마치해수욕장
인공 모래사장 해수욕장으로 수질이 좋으며, 대마도 공항과 근접해 있고 비치발리볼대회 등 여러 가지 이벤트도 개최되고 있다.

■ 이즈하라마치

쓰쓰자키
쓰시마 최남단에 위치한 곳으로, 바다 위 점점이 떠있는 작은 섬들과 암초들 그리고 바다 저편의 새 하얀 등대가 절경을 이룬다.

가미자카(上見坂) 공원
표고 385m의 전망대로, 아소만이 눈 아래에 펼쳐지며, 멀리 규슈 본토와 한국의 산들의 전망을 즐길 수 있는 곳이다.

다테라야마 원시림
다테라야마는 해발 559m로, 광범위하게 분포한 원시림은 세계적으로도 예를 찾을 수 없는 귀중한 자연환경으로 보호받고 있다.

붉은배새매 관측지
작은 새매의 일종인 붉은배새매가 9월 중순 월동을 위해 남동방향으로 줄을 지어 사라지는 모습은 장엄한 쇼를 방불케 한다.

오후나에
이즈하라 항의 남쪽 구타(久田) 포에 남아 있는 옛 에도시대 대마도 번주의 선착장으로, 돌아온 배를 격납하거나 수리한 곳이다.

이시야네 돌지붕
강풍과 화재로부터 보호하기 위해 평평한 돌로 지붕을 이은 건축형태는 일본에서도 쓰시마 시이네(椎根)지방에서만 볼 수 있다.

武家저택
성 아래의 오래된 거리 여기저기에 남아있는 저택의 돌담은 옛 그대로의 모습을 유지하고 있다.

와타즈미신사
오랜 역사를 간직한 곳으로, 천신(天神) 히코호호데미노미코토와 해신(海神) 도요타마히메노미코토에 얽힌 용궁 전설이 전해진다.

문화의 고향
공원화된 대마도 유일의 공회당으로 문화 · 체육의 거점이다.
09:00~17:00 | 무료 | +81-920-58-1116

쓰시마그린파크
매년 친구음악제가 열리며, 인공 모래 해수욕장과 쓰시마 미니어처, 야구장(다목적광장), 대형 미끄럼틀 등이 갖추어져 있다.

만제키바시
1900년 일본 해군이 함대의 통로로 인공적으로 굴삭한 해협에 다리를 세웠으며, 둘로 나뉘어진 대마도를 이어주는 교통의 요지다.

아소만
리아스식 해안으로 쓰시마 자연경관의 백미이며, 잔잔한 만곡 수면에 비친 섬들의 모습은 일본 최고로 일컬어질 정도의 절경이다.

덕혜옹주 결혼 봉축 기념비
고종의 왕녀 덕혜옹주는 대마도 번주 소 타케유키(宗 武志)백작와 결혼(1931년 5월)을 축하하는 뜻으로 건립되었다.

반쇼인　　　　　09:00~18:00 | 무휴 | ￥300 | +81-920-52-0984
낙엽수림이 뒤덮힌 일대를 포함해 「쓰시마번주 소가묘소」 국가사적으로 지정되어 있으며, 일본 3대 묘지 중 한 곳이다.

현립쓰시마역사민속자료관
도내의 문화재, 고고 역사자료, 민속자료, 소(宗)家 문고 등 귀중품을 전시하고 있다. 조선통신사행렬도를 볼 수 있다.
09:00~17:00 | 매주 월(月) 휴무 | 무료 | +81-920-52-3687

이즈하라마치향토관　　　　　￥200 | +81-920-52-0979
민예, 고고학 분야의 귀중한 자료를 볼 수 있는 시설이다.

아리아케(有明)
쓰시마의 봉우리로 불리우며, 만요슈(일본 고대 시집)에서도 읊어진 역사와 낭만이 넘치는 명산이다.

최익현 순국비
쓰시마에 유배되어 순국한 유학자이자 구국항일투쟁의 상징인 최익현 선생의 넋을 기리고자 1986년 슈젠지에 비를 세웠다.

아유모도시 자연공원
세강 유역을 포함한 다테라야마 원시림의 산기슭 약 26ha가 자연공원으로 정비되었다. 구름다리에서 내려다 본 계곡은 장관이다.

주요 숙박, 음식, 쇼핑 안내 1

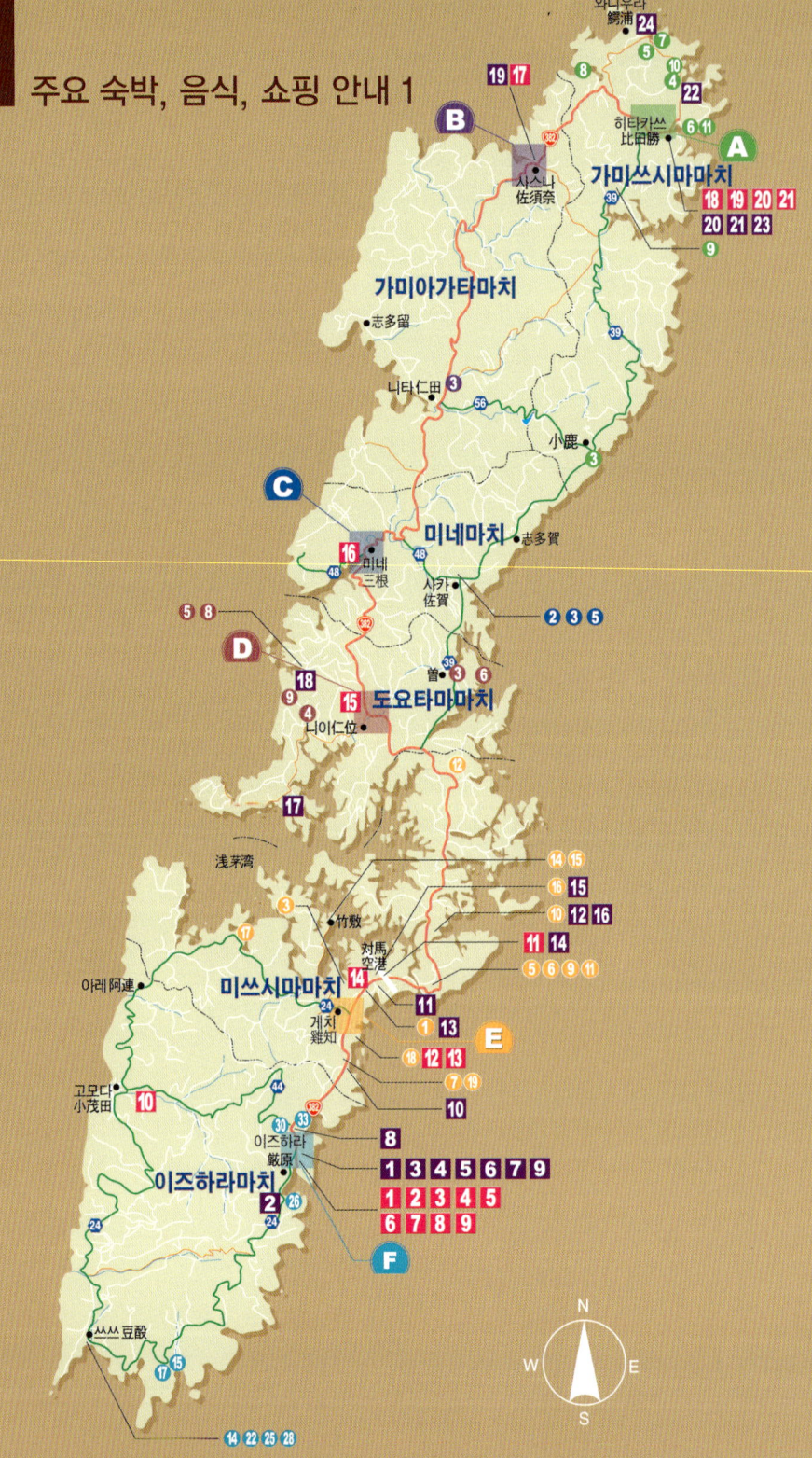

■ 카미쓰시마마치(上對馬町) ─────

숙박시설

호 텔	❶	우메야호텔(梅屋ホテル)		86-2016
	❷	쓰시마호텔 프라자(つしまホテルプラザ)		86-3216
여 관	❸	오다여관(小田旅館)		87-0065
민 숙	❹	다이슈소(對州莊)		86-3557
	❺	도요소(豊莊)		86-3262
	❻	니시도마리(西泊)		86-2685
	❼	야시마(やしま)		86-2248
	❽	야나기소(柳莊)		86-2765
	❾	다케다야(たけだ屋)		86-3332
	❿	다치바나(たちばな)		86-3173
국민숙사	⓫	가미쓰시마소(上對馬莊)		86-3120

음식점

⑱	미마츠	카레라이스, 양식		86-4240
⑲	히토쓰바타고	향토요리, 우동, 정식 등		86-2876
⑳	미나토즈시	초밥, 우동, 정식 등 86-3710	
㉑	모모타로	향토요리, 정식 등		86-3907

특산품

⑳	슈고상사	특산물	86-4133
㉑	야마하치제과	제과(가스마키)	86-2341
㉒	후지수산	수산물	86-2119
㉓	다이슈	수산물	86-3618
㉔	아와비노사토	전복	86-2321

■ 카미아가타마치 (上縣町) ─────

숙박시설

여 관	❶	하라여관(原旅館)	86-2009
	❷	미나토야(みなと屋)	84-2023
민 숙	❸	미도리소(みどり莊)	85-0483

음식점

⑰	소바도죠 아가타노사토	메밀국수	84-2340

특산품

⑲	안도제과점	제과	84-2040

■ 미네마치(峰町) ─────

숙박시설

여 관	❶	오하시여관(大橋旅館)	83-0010
	❷	도리이여관(鳥居旅館)	82-0015
	❸	하쿠스이여관(白水旅館)	82-0006
민 숙	❹	히라야마(平山)	83-0255
	❺	아지사이(あじさい)	82-1239

음식점

⑯	잇싱야	초밥, 주문배달요리, 대연회요리 등	83-0063

주요 숙박, 음식, 쇼핑 안내 2

■ 도요타마마치(豊玉町)

숙박시설

호 텔	❶	비즈니스호텔 쓰타야 (ビジネスホテルつたや)	58-0015
여 관	❷	도요타마소 (豊玉莊)	58-0026
	❸	하마소 (浜莊)	58-0258
민 숙	❹	아비루 (あびる)	58-0427
	❺	쓰나시마 (つな島)	58-0332
	❻	우라하마 (浦浜)	58-0272
	❼	야사카 (やさか)	58-0348
	❽	사에키 (さえき)	58-1777
	❾	사쿠모토 (作元)	58-2005

음식점

🔟	도요타마반점	중화요리, 정식 등	58-0783

특산품

⒘	도요타마마치진흥공사	특산물	59-0339
⒙	무라세제과	제과	58-0836

■ 미쓰시마마치(美津島町)

숙박시설

호 텔	❶	호텔쿠코인 (ホテル空港イン)	54-3329
	❷	쓰시마그랜드호텔 (對馬グランドホテル)	54-9100
민 숙	❸	아소 (あそう)	54-2138
	❹	아리타야 (有田屋)	54-2058
	❺	고센소 (公船莊)	54-2691
	❻	쓰리노이에 (つりの家)	54-2711
	❼	우에노소 (上野莊)	54-2660
	❽	가바라 (かばら)	54-4150
	❾	가모메 (かもめ)	54-2961
	🔟	기라구 (きらく)	54-3106
	⑪	구로이와소 (くろいわ莊)	54-2086
	⑫	고지마 (こじま)	55-1118
	⑬	센바 (千馬)	54-2414
	⑭	시즌 (シーズン)	54-5880
	⑮	다케시키 (たけしき)	54-2215
	⑯	롯지 쓰시마 (ロッジ對馬)	54-4111
	⑰	쓰리켄마루 (釣研丸)	54-4311
	⑱	친구 (ちんぐ)별관	54-5474
펜 션	⑲	나기 (成)	54-2312

음식점

⑪	레스토랑 로왈 (쓰시마공항내)	향토요리, 정식 등	54-4517
⑫	레스토랑 이사리비 (쓰시마그랜드 호텔내)	쓰시마정식(회, 튀김 등)	54-9100
⑬	오니가시마	정식, 오코노미야키 등	54-5234
⑭	쓰시마후루사토전승관	메밀국수	54-8311

특산품

🔟	히라야마수산	수산물	54-3102
⑪	우메공방	와카타벼루	54-4228
⑫	마루토쿠수산	수산물	54-3002
⑬	호텔쿠코인기념품센터	특산물	54-3530
⑭	쓰시마공항매점	특산물	54-4606
⑮	쓰시마물산개발㈜	특산물	54-2290
⑯	쓰시마특산 우미노모리공방	수산물	54-5068

■ 이즈하라마치 (嚴原町)

반쇼인(万松院)
후루사토정보 쓰시마관 ④
청수산(清水山)성터
아리아케(有明山)등산로 입구
나가사키현 ⑨
쓰시마지방국
덕혜옹주결혼 봉축기념비
쓰시마시 교류센터 쇼핑센터티아라
보건소
金石성터
쓰시마시청(쓰시마관광물산협회)
조선통신사의 비
고려문
쓰시마역사 민속자료관
쓰시마 남부경찰서
히요시다이 공원
세이잔지(西山寺) 권
하치만구 검찰청 신사
세지락전문점
쓰시마고등학교
이즈하라마치 향토관
호카호카테(도시락전문점)
西日本은행
나카라이(半井) 기념관
권쵸주인(이메노모리 호슈의묘)
구티 방면
우체국
편의점
이즈하라 초등학교
표류민거주지 유적
이즈하라 대교
음식점가
고쿠분지(國分寺) (옛 조선통신사 객관터)
이즈하라 여객터미널
디테가미 바위
슈젠지 최익현순국비
이사리비 도로(오징어잡이배 불빛이 잘 보이는 도로)
이사리비(漁火) 공원
이사리비노유(漁り火の湯) 족욕탕
이즈하라항
합동청사
후쿠오카 이키, 부산
쓰시마 이즈하라병원

숙박시설

호텔

❶	씨사이드 호텔 하마유(シーサイドホテルHAMAYU)	52-2769
❷	쓰타야 호텔(ツタヤホテル)	52-0806
❸	호텔 카키타니(ホテル柿谷)	52-1860
❹	호텔 킨세키칸(ホテル金石館)	52-0154
❺	호텔 쓰시마(ホテル對馬)	52-7711
❻	마루야 호텔(丸屋ホテル)	52-1970
❼	야나기야 호텔(柳屋ホテル)	52-0332
❽	쓰시마 대아 호텔(つしま大亞ホテル)	52-3737
❾	뷰호텔 미즈키(ビューホテル觀月)	52-2188
❿	씨사이드 아넥스(シーサイドアネックス)	52-2343
⓫	호텔 벨포레(ホテルベルフォーレ)	52-1301

여관

⓬	반쇼카쿠(万松閣)	52-0021
⓭	미쓰와여관(美津和旅館)	52-0334

민숙

⓮	비죠즈카산장(美女塚山莊)	57-1740
⓯	우메노야(梅乃家)	57-0096
⓰	가이코소(海喜荘)	52-0784
⓱	가즈야(かずや)	57-0303
⓲	덴포소(天峰荘)	52-3747
⓳	미나토(みなと)	52-1098
⓴	이즈하라(いづはら)	52-3100
㉑	스가와(須川)	52-6058
㉒	다치바나(たちばな)	57-0678
㉓	쓰쓰(豆酘)	52-2728
㉔	나카무라(なかむら)	52-2017
㉕	고메다(こめだ)	57-0273
㉖	페코짱(ペコちゃん)	52-1716
㉗	무라세(むらせ)	52-2095
㉘	야마무라소(やまむら荘)	57-0218
㉙	시마모토소(志まもと荘)	52-1705
㉚	친구(ちんぐ)본관	52-8820
㉛	기라쿠나야도(氣樂な宿)	52-2970

음식점

❶	시마모토	향토요리, 활어회, 이시야키 등	52-5252
❷	핫쵸	향토요리, 이시야키, 이리야키 등	52-1264
❸	다치바나	초밥등	52-6185
❹	센료	꼬치구이, 전골요리 등	52-4406
❺	론	중화요리	52-3013
❻	에브리클럽	전골요리, 철판구이등	52-3139
❼	밧텐	회, 닭꼬치, 향토요리 등	52-1518
❽	레스토랑 아미 (호텔킨세키칸내)	런치뷔페등	52-0154
❾	레스토랑 게야키 (호텔 쓰시마내)	향토요리, 정식 등	52-7711
❿	다쿠미	메밀국수	56-0118

특산품

❶	하카타해륙매점 (이즈하라항여객터미널내)	특산물	52-0793
❷	우에하라	특산물	52-0828
❸	쓰시마물산관	특산물	52-0355
❹	후루사토정보쓰시마관	특산물(진주)	52-8080
❺	와타나베과자점	제과(가스마키)	52-0571
❻	에사키태평당	제과(가스마키)	52-0315
❼	아사즈마과자점	제과(가스마키)	52-0514
❽	시마야	특산물	52-2211
❾	하타시마과자점	제과(가스마키)	52-3672

㉜	우에노(うえの)	52-2094
㉝	씨파레스(シーパレス)	52-8300

유스호스텔

㉞	유스호스텔 세이잔지(ユースホステル西山寺)	52-0444

레저 안내

※ 대마도 부산사무소 홈페이지
(www.tsushima-busan.or.kr)를
참조하시기 바랍니다.

해수욕장

Ⓐ 쓰쓰이탄카타해수욕장
　　豆酘板形海水浴場

Ⓑ 오우라해수욕장
　　尾浦海水浴場

Ⓒ 미쓰시마마치해수욕장
　　美津島町海水浴場

Ⓓ 모기하마해수욕장
　　茂木浜海水浴場

Ⓔ 미나토하마해수욕장
　　湊浜海水浴場

Ⓕ 이쿠치하마해수욕장
　　井口浜海水浴場

Ⓖ 니시도마리해수욕장
　　西泊海水浴場

Ⓗ 미우다해수욕장
　　三宇田海水浴場

씨카약

골 프

※ 쓰시마골프장 0920-85-0880

공 원

❶ 쓰시마시 패밀리파크
　　對馬市ファミリーパーク

❷ 마쓰시마공원
　　松島公園

❸ 사오자키공원
　　棹崎公園

씨카약

※ 쓰시마 에코투어 0920-54-3595

스쿠버 다이빙

❶ 나이잉 (內院)

❷ 오우라 (尾浦)

❸ 시모아나 (下穴)

❹ 다카하마 (高浜)

※ 스쿠버다이빙숍쵸쵸　0920-52-5011
　아비스(ABYSS)　　　0920-52-3595

와니우라
鰐浦

히타키쓰
比田勝

가미쓰시마마치

사스나
佐須奈

가미아가타마치

志多留

니타ㄷ田

쓰시마골프장
対馬ゴルフ場

小鹿

미네마치

志多賀

사카
佐賀

도요타마치

니이ㄷ位

竹敷

浅茅湾

아레阿連

미쓰시마마치

게치
雞知

고모다
小茂田

이즈하라마치

쓰쓰 豆酘

등산

산이름	해발	등반시간(왕복)	위치
❶ 다테리야마	559m	4시간	이즈하라마치
❷ 아리아케	558m	4시간 10분	이즈하라마치
❸ 시라타케	519m	4시간	미쓰시마마치
❹ 죠야마	276m	2시간	미쓰시마마치
❺ 미타케	490m	3시간	가미아카타마치

온천

온천	영업시간	요금	문의
❶ 다마노유	10:00~20:00	일반 : ￥400, 초중학생 : ￥150	54-2391
❷ 윳타리랜드	11:00~21:00	일반 : ￥800, 초중학생 : ￥500	54-3336
❸ 호타루노유	13:00~21:00	일반 : ￥450, 초중학생 : ￥150	83-0313
❹ 나기사노유	13:00~21:00	일반 : ￥500, 초중학생 : ￥150	56-4568
❺ 이사리비노유 (漁り火の湯)		무료족욕탕으로 이즈하라 항 언덕에 위치.	

캠프장

캠프장	부대, 인근시설	요금(1박, 1동)	FAX예약 및 문의
❶ 아유모도시자연공원	화강암 계곡의 자연공원	10인용텐트 : ￥6,000 6인용 텐트 : ￥3,600	쓰시마시 관광교류과 T.53-6111 F.53-6122
❷ 아오시오노사토캠프장	오우라 해수욕장	방 갈 로 : ￥7,000 로그 캐빈 : ￥6,000 5인용 텐트 : ￥3,000	
❸ 아소베이파크	아소만 인근에 위치	6인용 텐트 : ￥3,600	미쓰시마지소 지역진흥과 T.54-2271 F.54-2095
❹ 신화의마을 자연공원	어린이용 놀이시설과 일본 전통 가옥 형태의 교류동	방 갈 로 : ￥3,000 5인용 텐트 : ￥1,000	도요타마지소 지역진흥과 T.58-1111 F.58-0317
❺ 마우다캠프장	미우다 해수욕장	6인용 텐트 : ￥3,600	가미쓰시마지소 지역진흥과 T.86-3111 F.86-4529

시카약

	3시간 코스	1일(6시간)코스	2일 코스
요금	￥6,500	￥10,000	￥16,000
내용	아소만 씨카약 투어링	아소만 씨카약 투어링	1일 : 아소만 씨카약 투어링(6시간) 2일 : 역사탐방, 트레킹(6시간)
포함 사항	카약 대여비, 가이드비 보험	카약 대여비, 가이드비 점심식사, 보험	카약 대여비, 가이드비 점심식사, 입장료, 보험

아소만 유람선

코스		A코스	B코스	C코스
소요시간		60분	90분	120분
요금	(1인당, 4인 이상)	￥2,000	￥3,000	￥3,500
	(전세)	￥27,000	￥36,000	￥45,000

※ 쓰시마시 도요타마지소 지역진흥과 0920-58-1111, 예약제, 오전 9시~12시 한정 운행

대마도 주요 축제 안내

시기	축제명	장소	비고
2월	산조로축제	이즈하라마치 쓰쓰	舊 1월 3일 거북점의 마쯔리로 옛날부터 지금까지 전해지고 있다
2월	붉은쌀신사(神事)	이즈하라마치 쓰쓰	음 1월 10일
3월	고후나코시(小船越) 활쏘기(百手)축제	미쓰시마마치 고후나코시	음 2월 8, 9일 미쯔시마에 내려오는 궁사(弓射)의 신사(神事) 축제로 평안과 풍작을 기원하였다
5월	시마오쿠니타마미코신사대제	가미아가타마치 사스나	5월 3일
5월	이팝나무축제	가미쓰시마마치 와니우라	음 2월 8, 9일 1928년 국가천연기념물로 지정된 이래 가미쓰시마 와니우라를 중심으로 이팝나무가 자생군락을 이루고 있다
6월	시라코(白子)반딧불 축제	이즈하라마치 구타	6월말
6월	아지사이축제, 패러글라이딩대회	가미아가타마치 사고	6월 2번째 토, 일
7월	야쿠매(やくま-)축제	미네마치 기사카	
7월	국경마라톤 IN 쓰시마	가미쓰시마마치 미우다해수욕장	7월 초 수평선으로 한국이 보이는 해안을 따라 달리는 마라톤으로 '한국에 가장 가까운 국경의 섬'을 실감할 수 있는 대회이다. 한국에서도 매년 많은 마라토너가 참가하고 있다.
7월	지조봉	이즈하라마치 시내	7월 24일 지조본(地藏盆), 이즈하라 마을 어린이들이 신당에서 공양을 받치고 안전을 비는 축제.

| 8월 | 쓰시마 아리랑 축제 | 이즈하라마치 시내 | 8월 첫번째 토,일 |

쓰시마 최대 규모의 축제. 시대 고증에 근거하여 약 400여 명의 참가자가 재현하는 '조선통신사 행렬'을 메인으로 한 · 일 전통무용공연을 포함한 무대행사와 어린이 가마행렬, 노젓기대회, 불꽃놀이 등 다양한 행사가 펼쳐진다.

| 8월 | 쓰시마 친구음악제 | 미쓰시마마치 쓰시마 그린파크 | 8월 4번째 토 |

한국, 일본 양국의 뮤지션이 참가하여 펼치는 음악축제로, 행사 후 뮤지션과의 교류의 장도 마련된다. '친구'라는 단어는 쓰시마에서도 같은 의미로 사용되고 있다.

| 8월 | 와타즈미(和多都美) 신사 고식대제 | 도요타마마치 와타즈미신사 | 舊 8월 1일 |

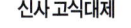

와다츠미신사제(和多都美神社祭)에 많은 주민들이 참가하여 장관을 이루고 있다

9월	가사카(木坂) 가이진(海神)신사 대제	미네마치 가이진 신사	음 8월 5일
9월	도요사키(豊埼)신사제	가미쓰시마마치 도요사키신사	9월 두번째 일
9월	이즈하라 하치만구(八幡宮)대제	이즈하라마치 하치만구신사	음 8월 15일
10월	**쓰시사 씨카약마라톤대회**	**도요타마마치 니이**	**10월 중순**
10월	반쇼인(万松院) 축제	이즈하라마치 반쇼인	10월 중순
10월	**하쓰우마(初午) 축제**	**가미아가타마치 니타**	**10월 4번째 일**
11월	이키이키 도요타마 축제 산업제	도요타마마치 니이	11월 초순
11월	고모다하마(小茂田浜)신사 대제	이즈하라마치 고도다하마신사	11월 12일
11월	우치야마 가을축제	이즈하라마치 우치야마	11월 초순
11월	**가미쓰시마 단풍축제**	**가미쓰시마마치 슈시**	**11월 초순**
12월	오히데리사마	이즈하라마치 쓰쓰	음 11월 9일

대마도 관광에 관한 문의

대마도부산사무소 www.tsushima-busan.or.kr
부산광역시 중구 대청동 1가 39-5 창국빌딩 6층
TEL. 051-254-9205

나가사키현 대마시청(對馬市廳)
長崎縣對馬市嚴原町宮谷 224
TEL. 0920-52-1712

대마관광물산협회(對馬觀光物産協會)
長崎縣對馬市嚴原町今屋敷 668
TEL. 0920-52-1566

이즈하라마치관광협회(嚴原町觀光協會)
長崎縣對馬市嚴原町今屋敷 712-2
TEL. 0920-52-7700

이즈하라마치청(嚴原町廳)
長崎縣對馬市嚴原町國分 1441
TEL. 0920-52-1211

미쓰시마마치청(美律島町廳)
長崎縣對馬市美律島町雞知甲 550-2
TEL. 0920-54-2271

토요타마마치청(豊玉町廳)
長崎縣對馬市豊玉町仁位 380
TEL. 0920-58-1111

미네마치청(峰町廳)
長崎縣對馬市峰町三根 451
TEL. 0920-83-0301

카미아가타마치청(上縣町廳)
長崎縣對馬市上縣町佐須奈甲 567-3
TEL. 0920-84-2311

카미쓰시마마치관광물산협회(上對馬町觀光物産協會)
長崎縣對馬市上對馬町比田勝 956
TEL. 0920-86-4838

카미쓰시마마치청(上對馬町廳)
長崎縣對馬市上對馬町比田勝 170
TEL. 0920-86-3111